新闻传播专业“十四五”规划教材

中国农业大学研究生教材建设项目
中国农业大学人文与发展学院资助出版

“传播与影视文化十二讲”

Understanding Communication Media and Film Twelve Lectures

李焕征 ◎ 主 编
王朋进 ◎ 副主编

中国传媒大学出版社
·北京·

本书各章节撰稿人

第一讲　导论:谈谈传播与影视研究(李焕征)
第二讲　华夏历史、文化与传播(李焕征)
第三讲　修辞传播学举要(惠东坡、李焕征)
第四讲　媒介融合的概念、特征、思路与实践(惠东坡)
第五讲　当代传播实践、理论想象与传播管理创新(王朋进)
第六讲　传播学的本土化实践与创新(李红艳)
第七讲　乡土农业知识的传承与创新发展(旷宗仁)
第八讲　健康传播与性别文化(曹昂)
第九讲　影视民俗学与民间文化传播(张志娟)
第十讲　纪录片历史与理论(陶涛)
第十一讲　西方电影理论的新发展与美欧电影文化(闫振惠)
第十二讲　新媒体时代影视文化的重构(李焕征、李聪)

目 录

第一讲　导论：谈谈传播与影视研究

俗话说：万事开头难。我们的话题从哪儿说起呢？作为一门研究生的前沿课，"传播与影视文化前沿"课程不同于教授基础知识的一般课程，需要我们打通"任督二脉"，练好基本功，目光紧盯传播学与影视文化研究的前沿领域。

当然，要想走得远，一定要踏踏实实。我想我们的课还是应该从最基础的问题谈起，最基础的问题也是我们踏上这条道路最需要多问几遍的问题。这不是无病呻吟，也不是简单重复别人。这里没有现成的答案。每个人都不能敷衍了事，或仅仅采取拿来主义的态度，而是要有自己的思考：这既是问自己，更是面向未来的询唤。

一、什么是传播？

传播学中的传播一词由英文中的 communication 翻译而来，"据考证，这个词起源于拉丁语的 communicatio 和 communis，14 世纪在英语中写作 comynycacion，15 世纪以后逐渐演变成现代词形，其含义不下十几种，包括'通信''会话''交流''交往''交通''参与'等"①。美国传播学家施拉姆说："传播一词和社区（community）一词有共同的词根，这并非偶然。没有传播，就不会有社区；没有社区，也不会有传播。"②由此来看，传播主要产生于人与人之间的交通、交流、会话、互动、共享。

（一）传播研究的两个传统

传播何时成为一个理论术语呢？确切的考证至今阙如，但在传播学史上，传播学先驱、美国社会学家库利 1909 年出版的《社会组织》一书较早地为传播下了一个定义："传播指的是人与人关系赖以成立和发展的机制——包括一切精神象征及其在空间中得到传递、在时间上得到保存的手段。它包括表情、态度和动作、声调、语言、文

① 郭庆光. 传播学教程[M]. 北京：中国人民大学出版社，1999：2.

② 施拉姆，波特. 传播学概论[M]. 陈亮，等译. 北京：新华出版社，1984：3.

章、印刷品、铁路、电报、电话以及人类征服空间和时间的其他任何最新成果。”①我国传播学者郭庆光认为，库利开创了界定传播概念的一个传统——社会学传统，而另一个传统则是符号学家皮尔士开创的符号学或语义学的传统。皮尔士认为：“直接传播某种观念的唯一手段是像(icon)。即使传播最简单的观念也必须使用像。因此，一切观点都必须包含像或像的集合，或者说是由表明意义的符号构成的。”②在早期的传播研究中，库利与皮尔士所开启的传统对于我们今天的传播研究仍然具有重要的启发和借鉴意义。

(二)动物传播和人类传播的本质区别

中国有一个成语：鸟语花香。这个境界之所以这么美妙，是因为鸟的语言、花的香气都是会传播的。前文曾讲传播主要产生于人与人之间的交通、交流、会话、互动、共享，现在又讲传播并不是人类社会所特有的现象，这是否自相矛盾呢？其实并不矛盾。传播是自然界(动物、植物)的普遍现象。人类作为一种高级动物，其传播是在自然界动物传播的基础上发展而来的，但作为高级的社会性动物，人类传播与动物传播有着本质的不同。二者的根本区别就在于语言。其实，鸟语、兽语都不能叫语言。即使人类的语言也不是与生俱来的。

在语言产生之前，人类的祖先经历了漫长的岁月，这被传播史学者称为前语言传播时代。鲁迅曾把语言的诞生归于“吭唷吭唷”的劳动号子，这与马克思主义关于劳动创造了人本身的观点是一致的。正是劳动使人类进化出了语言，而语言的出现将人类传播与动物传播彻底区分开来。

如下 3 点是需要我们认真把握的：

(1)动物传播出于本能和遗传，人类的传播则是自觉的社会习得；

(2)动物传播活动是基于条件反射的，而人类传播往往伴随着复杂的精神和思维活动；

(3)语言传播标志着动物传播到人类传播的飞跃。

(三)人类传播的历史

“语言的产生是真正意义上的人类传播的开端。”③这构成了人类传播研究的基本共识和出发点。根据语言的产生和发展，我们可以把人类传播史划分为如下 5 个划时

---

① 郭庆光. 传播学教程[M]. 北京：中国人民大学出版社，1999：2.

② 郭庆光. 传播学教程[M]. 北京：中国人民大学出版社，1999：3.

③ 郭庆光. 传播学教程[M]. 北京：中国人民大学出版社，1999：28.

代的历史阶段:

(1)口语传播阶段;

(2)手写文字传播阶段;

(3)印刷媒体时代;

(4)电子传播时代;

(5)视听媒体传播时代;

(6)互联网时代。

这只是一个笼统的划分。比如说,在文字产生以前,人类的口语传播持续了多少年?从何时起到何时止?这些都是比较模糊的。即使是手写文字传播阶段,文字何时诞生也是一个历史悬案。这些都需要更多的考古及历史研究来填补空白。另外,在口语及手写文字传播阶段,当然不只靠口语和文字,有时还要靠表情、手势等肢体符号来传递信息。

印刷媒体时代的到来是与造纸术和印刷术的发明密不可分的。我国东汉时期蔡伦造纸与北宋时期毕昇发明活字印刷术是中国古人对人类文明的两大杰出贡献。唐代邸报和宋代小报的出现也是中国人利用媒体的一种表现。这虽然与现代传媒业还有着很大区别,但毕竟是迈出了传播史上的重要一步。

15 世纪 40 年代,德国人古登堡在中国活字印刷和油墨技术的基础上进一步研制出金属活字排版印刷技术,使文字信息的机械化生产和大规模传播成为可能。对于印刷媒体时代,施拉姆曾指出:"书籍和报刊同 18 世纪欧洲启蒙运动是联系在一起的。报纸和政治小册子参与了 17 世纪和 18 世纪所有的政治运动和人民革命。正当人们越来越渴求知识的时候,教科书使得举办大规模的公共教育成为可能。"[①]可以说,现代出版业参与了 17 世纪以来的世界政治、经济、教育等几乎所有的重大历史事件和活动。

然而,人类并没有止步于印刷传播。随着科技的进步,电子传播逐渐成为可能。1837 年,美国人塞缪尔·莫尔斯发明了世界上第一台实用电报机,接近于实时传播速度的远距离信息传播成为现实。在电报、电话、传真技术发明以后,人们进一步探索视听传播。现代摄影、录音、录像技术的发展,使得视听传播时代加速到来。

1872 年,最先将"照相法"运用于连续拍摄的,是摄影师爱德华·慕布里奇。他曾在 5 年的时间里,多次运用多架照相机对一匹正在奔跑的马进行连续拍摄实验,并于 1878 年获得成功。这位天才摄影师将 24 架照相机排成一行,当马跑过的时候,照相

---

① 施拉姆,波特. 传播学概论[M]. 陈亮,等译. 北京:新华出版社,1984:18.

机的快门就被打开，马蹄腾空的瞬间姿态便被依次地拍摄下来。

从物理和技术的角度来看，这种连续拍摄和连续放映是对“视觉暂留”原理的应用。早在17世纪中叶，著名物理学家牛顿就发现了“视觉暂留”现象，并且测定出消失的物体在人的视网膜上还会滞留约十分之一秒的时间。1891年，美国发明家爱迪生据此发明了一种极为简易的放映机——“电影视镜”，它使人们能够通过一个小孔看到一些连续活动的图像。

1895年，法国人卢米埃尔兄弟发明了手提式放映机。这一年的12月28日，卢米埃尔兄弟放映了《工厂大门》《火车进站》《水浇园丁》等电影短片，这一天被全世界公认为电影的诞生日。

在电影诞生后，广播和电视也很快登场。1906年圣诞节前夜，美国人费森登和亚历山德逊在纽约附近设立了一个广播站，并进行了有史以来第一次广播。广播的内容是两段笑话、一支歌曲和一支小提琴独奏曲。真正的广播诞生于20世纪20年代。世界上第一座领有执照的电台，是美国匹兹堡KDKA电台，其于1920年11月2日正式开播。

电视出现得稍晚一些。1927年，美国电话电报公司AT&T公开演示图像输出；1928年9月，美国播出了世界上第一部电视剧《女王的信使》；1936年11月2日，英国的BBC开始播送电视节目；1939年，美国无线电公司实况播出的罗斯福总统讲话，被视为人类最早的电视讲话节目；1940年，美国出现口播电视新闻；1947年，美国全国广播公司(NBC)、哥伦比亚广播公司(CBS)等机构开始用16mm摄影机拍摄新闻，电视进入“影像新闻”的阶段，直到70年代初期，才被电子新闻摄录(ENG摄录同步)技术所取代；1962年7月，美国发射了世界上第一颗用于传送电视节目的卫星“电星一号”，人类开始进入卫星电视传播阶段。

中国第一座广播电台建于1923年1月，由美国人奥斯邦创办，属于中国无线电广播公司，首先在上海播出。中国第一家自办广播电台——哈尔滨广播电台，由刘瀚于1926年创办。1940年12月，中央人民广播电台的前身——延安新华广播电台开始播音，中国人民广播事业正式创建。

对于中国电视来说，1958年5月1日是一个难忘的日子。这一天，中国中央电视台的前身——北京电视台开始播出节目。当年6月1日播出了中国电视记者拍摄的第一条新闻片《中共中央机关刊物〈红旗〉杂志创刊》，当晚还播出了新闻纪录片《到农村去》。

在视听媒体出现以后，媒体的功能似乎已开发得差不多了，然而互联网的出现，又使媒体进入了一个全新的境界。

通过互联网，人们可以远在千里之外相互发送邮件、共同完成一项工作、共同娱乐。即使仅有两台机器，不论用何种技术使其彼此通信，我们都把它叫作互联网。

互联网始于1969年的美国，最早为军用，后转为民用。如今手机上网比例已超过传统PC上网比例，移动互联网发展迅速，带动了整体互联网的发展。

“在传播学定义里，达到5 000万人使用标准被称为大众传播，这个标准互联网早已远远超过。”①2022年8月，中国互联网络信息中心（CNNIC）在京发布第50次《中国互联网络发展状况统计报告》，数据显示，截至2022年6月，我国网民规模达10.51亿，互联网普及率达74.4%。

互联网是国际化的、全球性的。这也意味着，不管是谁发明了它，它都是属于全人类的。互联网也是全媒体的、全天候的。互联网不仅涵盖了以文字为媒介的报纸、以电波为媒介的广播，还有更大量的影视内容。新华网2015年实施改版，它的理念是“让新闻离你更近”，打开新版网站，“网民能立刻感受到首页右侧‘大屏幕’所带来的视觉冲击。这款‘全媒体播放器’，集成图片、视频、音频等多种表现形式，将发生在全球各地的重大新闻以多媒体形态立体呈现在网民眼前，给网民带来全新的沉浸式体验”②。

而以“今日头条”为代表的搜索推荐类App则瞄准受众需求，开展个体定制信息服务。对于受众而言，你想要什么，就推给你什么。在“今日头条”之后，抖音（海外版为Tik Tok）于2016年9月上线，这是一个面向全年龄段人群的短视频分享软件，不仅在国内深受欢迎，还很快风靡全球。

当下，传统媒体和有媒体属性的科技公司都开始发力拓展媒体空间，这给我们带来警示。媒体有史以来就是科技进步的产物，当新科技来临的时候，我们的态度绝不是逃避和犹豫不决，而应全身心地投入这一变革之中。正如胡正荣所说：“你不能只想到改个版面、改个节目。融合不是相加，如果我们现在还在纠结是互联网+报纸，还是报纸+互联网，广播+互联网还是互联网+广播，其实哪个加都不对，应该是一个融媒体的概念。”③

新媒体的诞生并不一定意味着旧媒体的消亡，中外传媒史的发展也反复证明了这一点。新时代提出“互联网+”的概念不是只对某一个媒体、某一个栏目的要求，而是

---

① 李良荣. 新闻学概论[M]. 上海：复旦大学出版社，2001：317.

② 蔡名照. 在新华网新版发布会上的讲话[EB/OL]. (2015-06-15)[2021-12-01]. http://news. sina. com. cn/c/2015-06-15/205631953142. shtml.

③ 景玥. 2017年首次中央深改组会议：九大领域将迎变革[EB/OL]. (2017-02-07)[2021-12-01]. http://cpc. people. com. cn/n1/2017/0207/c164113-29064057. html.

对所有媒体提出的要求。我们要适应新的发展和变化,不仅在技术和形式上有所突破,更要在内容层面和机制层面真正实现“互联网＋”。

二、传播学的学科属性

传播学是一门处于十字路口的学科,与很多学科有交叉,至今还没有完全定型。即便在其发源地美国,传播学也多被称为 Communication science(传播科学)、Communication studies(传播研究)或者 Media studies(媒体研究),而不是一门完全独立的 discipline(学科)。

那么,我们怎么认识传播学呢?

郭庆光说:“传播学是研究社会信息系统及其运行规律的科学。”①邵培仁则强调:“传播(科)学是一门探索和揭示人类传播的本质和规律的科学,也是传播研究者对人类传播现象和传播研究成果进行系统分析和有机整合而发展成的知识体系。”②两位学者都认为传播学要研究传播的规律。

对于已经从事传播研究或者刚刚开始学习传播学的学生来说,究竟什么是传播的本质和规律? 我们首先要了解:

(一)传播学的研究宗旨是什么?

传播学的研究宗旨,就是从人类社会的普遍联系中,从人类传播的内在机制和外在联系以及各种传播因素之间的相互关系中,探索和揭示人类传播的本质和规律。

马克思主义认为:“人的本质是一切社会关系的总和。”传播学与其他学科一样,其最高使命就是要揭示世界和人的本质。

(二)传播学的研究对象是什么? 它包括哪些现象和领域?

哲学上有一句话叫透过现象看本质,要揭示传播学的宗旨就必须研究传播现象。人类传播现象既包括传播活动现象,也包括传播意识现象、传播关系现象和传播规范现象;人类传播既包括大众传播、组织传播,又包括内向传播、人际传播。总之,凡是客观地存在于传播活动中并产生影响的现象,都是传播学的研究对象。

1948 年拉斯韦尔在《社会传播的结构和功能》一文中提出了传播过程及传播过程

---

① 郭庆光. 传播学教程[M]. 北京:中国人民大学出版社,1999:8.
② 邵培仁. 传播学[M]. 3 版. 北京:高等教育出版社,2015:2.

中的五个基本要素,包括谁(who),说了什么(says what),通过什么渠道(in which channel),对谁(to whom),取得了什么效果(with what effect)。这个被称为5W模式的经典模式,奠定了传播学研究的五大基本内容,即控制研究、内容分析、媒介研究、受众研究、效果研究。至今,这些仍是传播研究的重要领域。

(三)传播学与新闻学的关系

传播学究竟属于什么学科呢?现在大家多倾向于认为其属于社会科学。而新闻学往往被认为属于人文学科。二者显然存在着差异。总体来看,人文是去感受、去理解、去解释,而社会科学往往是抽象、概念化的过程。

新闻学是研究新闻事业和新闻工作规律的科学。新闻学以人类社会客观存在的新闻现象作为自己的研究对象,研究的重点是新闻事业和人类社会的关系。新闻在理论上更多的是一种专业理念的教育,正如李良荣所说:“新闻学的中心议题是:客观社会的诸条件对人类新闻活动的决定、支配作用以及新闻活动对社会的反作用。”①

在传播学被引进中国的初期,“传播学就是大众传播学,而大众传播学就是广义新闻学”的观点曾产生过十分广泛的影响。的确,传播学与新闻学在演进过程中,曾有过十分密切的互动关系,新闻学对传播学的诞生也确实起过催产的作用,现在的新闻研究也经常借用传播学的方法,但两者是不能画等号的。

作为新闻传播学一级学科下的两个二级学科,新闻学与传播学既有密切的联系,也有不同:

第一,学科背景不同。一般认为:新闻学是报刊时代的产物,偏重于业务研究或“术”的研究,作为一门人文学科,它以培养记者、编辑为职;传播学是电子时代的产物,侧重于理论研究或“学”的研究,现代传播研究诞生于美国,如李普曼的《舆论学》(1922年)、拉斯韦尔的《世界大战中的宣传技巧》(1927年)都和社会实践与需求密切相关,是跨学科研究的成果。

第二,研究范围不同。新闻所研究的主要是传统的以报业为主甚至是以报纸为主的新闻、评论,而传播还涉及广播、电视、电影甚至多媒体等几乎所有媒体的所有内容,以及广告、公关、民意测验等。

第三,研究方法不同。新闻学多沿用传统的人文学科的思辨定性的方法,以文学、哲学为基础;传播学则依托新兴的社会科学的优势和特点,往往以社会学、心理学、统计学为基础,并借鉴这些学科的研究方法。

---

① 李良荣.新闻学概论[M].上海:复旦大学出版社,2001:1.

第四,学科历史不同。以我国为例,我国开展传播学教育仅有四十多年的历史,1997 年传播学才被正式定为二级学科;而我国的新闻学教育如果从 1918 年 10 月北京大学新闻学研究会成立算起,至今已有 100 多年的历史。

(四)传播学两大学派

传播学的诞生和发展受惠于 18 世纪诞生于西方的社会科学。多元、开放、缺乏体系是传播学的最大特点。

一般认为,传播学研究有两大学派:一是来自美国的经验学派。经验的方法就是获得可观察、可测定、可量化的经验材料,并以这些材料来对社会现象、社会行为进行分析的方法,这种方法自 19 世纪后期出现以来,广泛应用于现代社会科学。传播学的另一大学派来自欧洲,被称为批判学派。批判学派认为,经验学派对现行社会体制是否合理并不关心,而是维护与改进现存社会体制及其功能。其不同于美国实证分析、经验研究派别的立场,是不同观点、不同方法的集合体。其主要分支有传播政治经济学派、文化研究学派、意识形态"霸权"理论和哈贝马斯的批判理论。

(五)理论传播学与历史传播学、应用传播学之间的关系

在传播学的研究中,理论传播学是研究的主干和核心。科学的理论传播学可以为历史传播学、应用传播学和边缘传播学提供锐利的思想武器和理论武器,从而使传播研究建立在科学的基础上。

传播的历史是自人类出现以来就存在的历史。历史传播学是研究的基础;应用传播学是理论研究和历史研究的落脚点,即理论传播学与历史传播学的研究,其最终目的和归宿都是服务于人类的传播实践活动,为传播实践活动提供知识体系和方法。

三、传播相关新兴学科的拓展

传播学是一门正在发展中的学科,虽然还比较弱小,但孕育了一些新的增长点。从世界范围来看,近些年,一些传播学新兴学科的崛起就证明了它的生命力和发展前景。

(一)媒介地理学与景观社会

在国内,邵培仁是比较早向国内介绍这一学科的学者。他认为:媒介地理学关注和重视特定地域产生的特定媒介形态和传播行为,及相同媒介形态中呈现出的不同地

理样本和地理形式,认同和理解生活在不同地理环境中人的不同传播特点,以及不同区域受众对媒介内容会有不同的地理“看”法。借助于大众媒介和传播科技,地球表面的各种自然和人文现象可以更真切地呈现出来,而传播学研究中的信息盆地、文化沙漠、知识鸿沟、传播屏障、信息污染和知识风暴等现实问题也可以通过地理学的知识和方法进行分析和解释。[①]

媒介地理学(geography of media)的概念在国外最早出现在1985年。它是从媒介学与地理学的交叉边缘地带划分出来的一块小小的学术领地,也是由传播学、媒介学、地理学、政治学、经济学、文化学、社会学等众多学科的知识搅拌、混合而建成的一座理论大厦。但是,从其学科渊源来看,它发端于文化地理学。

西方文化地理学形成于20世纪20年代,标志是1925年美国文化地理学家索尔(Carl O. Sauer)《景观的形态》一书的出版。索尔首次将“自然景观”和“文化景观”的概念引进美国,并致力于通过“文化景观”来研究区域人文地理特征。在索尔看来,文化景观是社会的一面镜子,它反映了不同文化集团的差异与特征。

与索尔的“景观”以及媒介理论中的媒体都有显著不同,法国左翼学者居伊·德波在他的《景观社会》中,激烈地批评了麦克卢汉关于“媒介是人的延伸”的观点。“在德波的理论视界里,并没有人们津津乐道的工具性媒介,看得见的,只是长袖善舞、无处不在的景观。景观,是现实资本主义统治无往不胜的新式利器,而关于大众传媒时代的动人传说,不过只是布尔乔亚意识形态的景观社会而已。”[②]

图1-1 《景观社会》1967年第一次出版,1974年同名电影制作完成

① 邵培仁,杨丽萍.媒介地理学[M].北京:中国传媒大学出版社,2010.

② 张一兵.德波和他的《景观社会》[M]//德波.景观社会.王昭风,译.南京:南京大学出版社,2017:33.

居伊·德波所描述的景观社会也被认为是媒介文化景观的一种表现。他说“世界已经被拍摄”,发达资本主义社会已进入以影像物品生产与物品影像消费为主的景观社会,景观已成为一种物化了的世界观,而景观本质上不过是“以影像为中介的人们之间的社会关系”,“景观就是商品完全成功地殖民化社会生活的时刻”。因此,与马克思分析的商品社会相比,这是一种役人于无形的更加异化的社会。德波认为:“景观是一种更深层的无形控制,它消解了主体的反抗和批判否定性,在景观的迷入之中,人只能单向度地默从。如是,方为景观意识形态的本质。”①

(二)传播生态学

传播生态学即媒介生态学。“在最宽泛的意义上,传播生态指的是信息技术、各种论坛、媒体以及信息渠道的结构、组织和可得性(accessibility)。”②《传播生态学——控制的文化范式》一书的译者邵志择在译者前言的开头就说:“传播生态环境是当今大众媒介和个人都必须面对的一个问题,而媒介与个人实际上被一种微妙的关系牵在一起:媒介为了争夺受众,而受众为了获得娱乐。”③

媒介生态学或者说媒介环境学研究自成一派,又被称为媒介环境学派。它产生于20世纪60年代,是继经验学派和批判学派之后形成的第三个传播学派,发展至今还有不断壮大的趋势。媒介环境学一词最早由麦克卢汉提出,由尼尔·波斯曼正式使用。其奠基人主要有麦克卢汉、尼尔·波斯曼、刘易斯·芒福德、哈罗德·伊尼斯、詹姆斯·凯瑞、苏珊·朗格等。

传播学者尼尔·波斯曼就媒介生态这个概念的内涵说:“媒介生态是将媒介作为环境来研究。”另一位美国学者林文刚认为:“人不仅生活在自然环境和社会环境中,还生活在由媒介创造的环境中。”大卫·阿什德则强调:“传播生态学的概念建立在对意义的追问上,而不是对原由或技术决定主义的探寻。传播的基本要素总起来为社会行为提供了一种结构、逻辑和能力。”④

---

① 张一兵.德波和他的《景观社会》[M]//德波.景观社会.王昭风,译.南京:南京大学出版社,2017:19.
② 阿什德.传播生态学——控制的文化范式[M].邵志择,译.北京:华夏出版社,2003:2.
③ 邵志择.译者前言[M]//阿什德.传播生态学——控制的文化范式.邵志择,译.北京:华夏出版社,2003.
④ 阿什德.传播生态学——控制的文化范式[M].邵志择,译.北京:华夏出版社,2003:12.

图1－2 《媒介环境学》书影

综上,传播生态学讨论的是:媒介构成了现代人的一种生态环境,这种媒介生态环境如何影响着人和人所处的社会结构。

(三)媒介考古学与电影考古学

媒介考古学旨在考掘历史上那些失落已久、转瞬即逝、止于想象的媒介物,其理论资源包括电影考古学与德国媒介理论,代表人物有基特勒与齐林斯基。媒介考古学的问题意识在于它挑战了媒介研究的非物质性偏向、媒介正史的连续性叙事,以及媒介未来的总体性构想。研究者们重返旧技术的年轻时代,力图恢复媒介的物质性、寻访媒介的异质性、捕捉媒介的复现性,从而为别样的未来构想提供丰富资源。[①]

媒介考古学是对"知识考古学"的语词挪用与意涵改造。福柯所谓的"知识的考古",不是阐释文献,而是考察文献得以排列的可能性条件。在福柯看来,这正是话语分析与思想史的差异所在:思想史所关注的问题是内容本身,即究竟"什么"被说了出来;而话语分析所关注的问题是声明如何发生,存在条件是什么,限制条件是什么,与其他声明的关系是什么,怎样的声明被排除在外了。

① 施畅.视旧如新:媒介考古学的兴起及其问题意识[J].新闻与传播研究,2019(7):33-53,126-127.

电影考古学的提法源自德国学者西拉姆(C. W. Ceram)的《电影考古学》(*Archaeology of the Cinema*,1965),研究者们致力于挖掘历史上那些被人遗忘的电影形式与电影风格,将之视作延绵不绝的艺术传统,从而清理出一条不同于电影史主流叙述的历史线索。例如,汤姆·冈宁的作为"吸引力电影"的早期美国电影研究,米莲姆·汉森的作为"白话现代主义"的上海无声电影研究,以及张真、包卫红等人的电影考古学研究等。

四、关于传播与影视文化的学习

关于研究生的学习,一定不要把研一当大五,一定要体现与本科的区别,研究生的学习是 research - oriented(以研究为主导的)和 question - finding - solving(发现并解决问题的),本科生的问题可以在书本上找到答案,研究生的问题可以与导师探讨答案,而博士生的问题可能导师也回答不上来。一个有思想的研究生应该具有发现问题的意识。

(一)何谓学问

爱因斯坦认为,问题比答案更重要。李政道认为,"做学问,要会问,不会问,非学问",没有提出问题的"学"是空泛的,当然是"脱离实践"的;它是既无"学"也无"问",而且是因无"问"而无"学"。美国华裔传播学者潘忠党认为:所谓"学问"者,学习提问也!可见,对于一个研究者来说,发现问题、提出问题是十分重要的。

另外,问题问得要达,要浅,要重要,要有不同答案的可能性。在美国,研究生是分两大类的:professional(职业类)和 academic(学术类),这里值得我们借鉴的就是要定好位。这种定位最好是研究者终身的——学业要有规划:你的研究领域、你将来可能要从事的职业,这些都要规划,当然要根据自己的兴趣、特长、知识储备等来做规划,不能盲目地去做规划。一时兴起就去搞研究,这不是个好做法。一旦研究方向确定,就不要变来变去。要博学更要专精,要有选择地去读书和学习,不要装到篮子里都是菜,要善于读经典著作,关注该领域的前沿课题。

潘忠党也提出忠告:研究生的学习,学术品位以扎实为上,灵巧次之;缜密为上,宏大次之;清晰准确为上,文采修辞次之。这是很有道理的。研究生不仅要读书,还要做研究、写文章,而扎实、灵巧、缜密、文采无疑都很重要,但这些素质的获得不是一蹴而就的,也不是不论个人条件不分主次一概而论的。潘教授的说法颇值得借鉴。

(二)传播学专业研究生在学习和研究中应注意的问题

传播学专业研究生与其他专业研究生一样都面临三个基本问题,即:

1.研究什么

前文谈到了传播研究的宗旨、研究对象、传播学与新闻学的关系等。研究对象是前提,对象选错了,即使非常明白研究的意义、方法运用很正确,也是徒劳。因此,在研究过程中,要注意研究对象选择的陷阱,如祝建华曾提到的传播研究的九大陷阱:(1)追逐重大事件;(2)追逐独特现象;(3)追逐突发事件;(4)追逐新名词;(5)追逐新媒体;(6)研究单一原因;(7)研究常数(constant);(8)为比较而比较;(9)为方法而方法。这些问题虽难以避免,但在进行研究之前,思考一下这些提醒还是会少走一些弯路。

2.为何研究

传播学的生命力不仅在于它的理论架构体系化,更在于它在实际生活中的应用价值。可以说,从古至今,各行各业,无时不传播,无处不传播。传播学的学习、研究和应用,将对社会信息资源的开发和利用,对社会信息交流系统的建设,面对新技术带来的社会变革,以及及时调整因社会变革而发生变化的人际关系,都具有十分重要的意义。

3.如何研究

我国的传播学研究是从引进开始的,首先是从翻译介绍施拉姆《传播学概论》、德弗勒等人的《大众传播通论》等宏观著作开始的。一些学人是在领会这些传播学著作原理和粗通一些传播研究方法以后,才去着手进行带有原创性的研究的。作为初学者或刚刚进入此研究领域的人,有计划地读一些经典、向前人学习是必不可少的。

(三)传播与影视文化的学问如何做

世界上的学问多种多样,传播就是一种学问。影视传播研究不仅是影视艺术研究,也是把传播与影视结合起来的一种研究。如何把二者结合起来,实在是一个有意思的话题。

笔者结合多年的教学与研究,粗略地想一下,仅从影视研究的角度,就有影视社会学(史)、影视民俗学(史)、影视传播学(史)、影视美学(史)、影视文化学(史)等领域,这可以搭建起一个学术体系。

如果进一步从影视传播的角度来思考，又可以设想，诸如影视传播学、影视观众学、影视文化研究、影视考古学、影视生态学、影视人类学、影视社会学等众多研究方向，虽然有些学者在尝试做这方面的工作，但还有许多工作没来得及做，还有好多空白需要去填补。

说到如何去做，前文已提出学问的做法，虽然那只是一些原则性的话，却是基础。当然，真正做起来也不能不掌握一些研究方法。下面笔者试举若干方法并作简单说明。

1. 电影社会学的方法

电影社会学是研究电影的社会功能、电影与社会及观众的相互关系的学科。它研究特定社会和观众的需求对电影艺术家创作的规定和影响，研究电影现象的内在过程、内在结构以及观众需求的演变引起的艺术风格变化等问题。

电影社会学作为一门学科，始于英国 J. P. 迈耶 1945 年出版的《电影社会学》，英国电影理论家 R. 曼维尔的《电影与观众》也被认为是这方面的重要著作。20 世纪 60 年代末至 70 年代初，随着西欧社会大动荡，人们日益关注电影与社会、电影与政治等的关系问题，西方电影研究界突破了被视为常规的对电影的纯艺术分析。

2. 民俗学的研究方法

民俗学的研究方法主要有 3 个：

(1)田野作业法，又叫直接观察法。因为民俗学的研究对象是广大群众的生活、文化现象，而这些一向是很少被记录的，并且随着社会情势的发展，它不免或多或少变化着。为了得到鲜活、丰富的科学资料，就必须进行实地调查、采集工作。这种工作收获的结果，就是民俗科学的建筑基础。田野作业法是民俗学研究中最可靠的研究方法，它既可以获得真实可靠的资料，又可以修正、补充前人调查资料的不足。

(2)历史研究法，又叫历史考证法。民俗学既是一门现在之学，也是一门历史之学。民俗学对任何一种民俗事象的研究都离不开对它的历史过程的考察。所谓历史研究法，就是要追溯民俗事象的纵的历史联系。在民族学研究中，学者们经常采用历史文化残余分析方法。所谓历史文化残余，是指现代各民族中还以某种变形的形式保留的文化现象。我们可以通过对这些现象的分析研究，恢复历史的本来面貌。

19 世纪的许多学派，如神话学派、仪式学派和进化人类学派等，曾用比较语言学、比较宗教学、人类学的观点和方法来解释民俗现象，而且大都把民俗作为文化“遗留”物来对待。19 世纪晚期，芬兰历史地理学派及其方法形成，这时民俗学（主要是民间文学）才有了自己的一套方法。民俗学事象不仅现在仍在民间流传，而且在历史文献中早有记载，借助古籍文献资料，可以追溯某一民俗的原始形态和它以后的发展、传承。

(3)比较研究法。作为一种科学的研究方法，比较研究法在五四运动之后，随着我国民俗学研究的开展而被引入，而且首先运用在我国民间文学研究领域，取得了显著的成绩，如神话学研究、民间故事研究和歌谣研究等。近几年来，随着民间文学和民俗学研究的深入，比较研究法引起越来越多的研究者的注意。所谓民俗学的比较研究法，是指在民俗学研究中将不同民族、不同地区、不同国度的民俗事象拿来作比较，从而找出各类民俗事象之间的纵的和横的联系，探讨某一民族民俗产生、发展和演变的规律的方法。

这几种方法都可以为传播学提供借鉴，为传播学研究者所用。

3. 文化研究法

文化研究学派，又称伯明翰学派，是传播学批判学派的一个重要分支。该学派自称继承了马克思主义的观点，主张从上层建筑和意识形态的相对独立性来研究资本主义社会的大众传播。文化研究结合了社会学、文学理论、媒体研究与文化人类学来研究工业社会中的文化现象。

文化研究者时常关注某个现象是如何与意识形态、种族、社会阶级或性别等议题产生关联的。有学者认为："跟那些定义明确、界限分明的学科或研究方法相比，文化研究明显有些另类：它既涉及文学也涉及社会学、经济学、政治学、心理学、哲学、法学等专业的知识与研究方法，也即是说，无论是研究视野、材料还是取向，文化研究都有极大的开放性与包容力。"①

文化研究方法不拘一格，定体虽无，大体须有。像戴锦华《隐形书写——90年代中国文化研究》(1999年)、王晓明主编《在新的意识形态的笼罩下——90年代的文化与文学分析》(2000年)、南帆《双重视域——当代电子文化分析》(2001年)、包亚明等《上海酒吧——空间、消费与想象》(2001年)、胡大平《崇高的暧昧——作为现代生活方式的休闲》(2002年)、陈映芳《在角色与非角色之间——中国的青年文化》(2002年)、陈昕《救赎与消费——当代中国日常生活中的消费主义》(2003年)都可以视为文化研究的中国实验版本。这些成果借鉴话语研究的方法，对社会生活、文学及影视艺术中隐藏的诸多编码进行分析，揭示其编码方式，并对其中的意识形态符码除蔽祛魅，展示了文化研究在当代中国的价值与意义。

---

① 王伟."文化研究"的意义与问题——与盛宁先生《走出"文化研究"的困境》一文商榷[J].学术界，2011(10)：99.

4. 从考据到以诗证史、图像证史的研究方法

考据学是一门中国土生土长的学问。自雍正一朝大兴文字狱之后,清朝的知识分子不得不钻进故纸堆,大兴考据之学。清政府用编修《四库全书》的方式,笼络天下知识分子。考版本、纠错谬、辨音义,终使考据之学大盛。考据学派持慎重求证的治学态度,反对空泛而粗放的论证方法。这一学派在清代的主要代表人物是戴震。

五四时期,以胡适为代表的知识分子群体提出"整理国故",开展《红楼梦考证》等考据学工作。胡适的哲学思想当然是秉承杜威的实用主义,但是他的名言"大胆地假设,小心地求证"明显有考据学派的影子。

考据派的大师还有历史学家陈寅恪,他著有《隋唐制度渊源略论稿》《唐代政治史述论稿》《元白诗笺证稿》《金明馆丛稿》《柳如是别传》《寒柳堂记梦》等。

现代治学方法中,以诗证史、以文证史、图像证史都是考据的方法在当代的运用。

以诗证史:

以诗证史是现代史家颇为推崇的一种治史方法,它有狭义和广义两种理解,狭义的以诗证史就是"以诗入史",就是以诗为史料来证史说史;广义的以诗证史可泛指将文学作品用作史料来研究历史,举凡中国古代的诗词、文论、小说、寓言,乃至政论文章,都可包括在内。以陈寅恪先生的《元白诗笺证稿》为例,其不限于狭义的范围,而包括传统典籍上集部、子部的文献,目的是想说明,运用文学作品来证史说史,当注意史事坐实上的复杂性。

图像证史:

英国历史学家,当代著名新文化史家彼得·伯克①在他的著作《图像证史》中强调:图像是历史的遗留,同时也记录着历史,是解读历史的重要证据。从图像中,我们不仅能看到过去的影像,更能通过对这些影像的解读探索它们背后潜藏着的信息。我国学者陈平原、夏晓红所著《图像晚清——〈点石斋画报〉》是国内图像证史的重要著作。

传播与影视文化研究如何做?并没有一种包打天下的独门绝技。上述方法的介绍也只是举例说明。所有研究,首先要弄清楚自己的目的,才好去选择方法。没有最好的方法,只有合适的方法。

---

① 彼得·伯克,现为剑桥大学文化史荣休教授及伊曼纽学院研究员,研究专长为西方史学思想和欧洲文化史,著作包括《图像证史》《法国史学革命:年鉴学派,1929—1989》《语言的文化史:近代早期欧洲的语言和共同体》《历史写作的新视野》《20世纪的历史与历史学家》《什么是文化史》《文化史的风景》《意大利文艺复兴》等数十种,作品被翻译成30多种文字。

推荐阅读

1. 郭庆光. 传播学教程[M]. 北京:中国人民大学出版社,1999.

2. 施拉姆,波特. 传播学概论[M]. 陈亮,等译. 北京:新华出版社,1983.

3. 邵培仁,杨丽萍. 媒介地理学[M]. 北京:中国传媒大学出版社,2010.

4. 德波. 景观社会[M]. 王昭凤,译. 南京:南京大学出版社,2017.

5. 阿什德. 传播生态学——控制的文化范式[M]. 邵志择,译. 北京:华夏出版社,2003.

6. 林文刚. 媒介环境学——思想沿革与多维视野[M]. 何道宽,译. 北京:北京大学出版社,2007.

7. 福柯. 知识考古学[M]. 谢强,马月,译. 北京:生活·读书·新知三联书店,2007.

8. 伯克. 图像证史[M]. 杨豫,译. 北京:北京大学出版社,2007.

9. 陈平原,夏晓红. 图像晚清——《点石斋画报》[M]. 上海:东方出版社,2014.

10. 张真. 银幕艳史:都市文化与上海电影(1896—1937)[M]. 沙丹,等译. 上海:上海书店出版社,2012.

11. 叶朗. 多读经典著作和大师的著作——和青年学子谈读书[N]. 光明日报,2021-05-06(11).

思考与讨论

1. 研究生怎么读书?

2. 传播学专业研究生应研究什么问题?

3. 传播与影视研究有哪些新领域值得关注?

第二讲　华夏历史、文化与传播

华夏文化博大精深，上下五千年可研究的东西实在太多了。爱好传播与影视文化的学子们从哪里开始学习呢？笔者认为，从中国的历史入手是一个不错的方法。

一、华夏历史的若干问题

中国是个史学大国，史学著作浩如烟海。我们大多数人可能都是门外汉。但是，作为中国人，研究中国的问题不能不了解中国的历史，让我们先从几个小常识入手。

（一）几个小常识

问题1：何为大一统？

《公羊传·隐公元年》："何言乎王正月？大一统也。"徐彦疏："王者受命，制正月以统天下，令万物无不一一皆奉之以为始，故言大一统也。"《汉书·王吉传》："《春秋》所以大一统者，六合同风，九州共贯也。"大，谓重视、尊重；一统，指天下诸侯皆统系于周天子。后世因此称封建王朝统治全国为大一统。"大一统"不同于"大统一"单纯就地域统一作为理念，更多是指在国家政治上的整齐划一，经济制度和思想文化上的高度集中。大一统思想在中国古代历史上发挥了极其重要的作用，更从政治、军事、经济等方面起到地缘互补的巨大优势效应。中国人很早就拥有大一统的哲学理念和政治抱负，例如孔子倡导的和而不同、天下一家，以及老子所主张的以"一"为本，"道生一，一生二，二生三，三生万物"也有"大一统"的意味。

"大一统"是中国早期国家建立之理念，后来才引申为国家在政治和文化上的高度统一。

中国人有着对"中"的崇拜或偏爱，与"大一统"观念如出一辙。中原地区处在北纬30度到40度之间，这里能够看到的明显的天象之一就是北斗星的绕极旋转①，这

① 北极星为天中，黄帝族的图腾星就是北斗星，并以"斗为帝车"。

种天象给古代中国人的启示就是要在大地上建立一种四方环绕中央的社会结构。相传武王伐纣胜利后的第一件事,就是重新确定天下之中所在地,最后选定黄河与洛水交汇处的洛阳为中土。这个选择可能有着实测的依据,因为洛阳距东海之滨和青藏高原边缘的距离大体相等,洛阳与燕山山脉、长江的距离也大体相等。

有趣的是,河图、洛书的结构也是一种中心与四方的关系,包括四方与中心,以及八方与中心。总之,中国古代特别注重中土、中原、中州,以及由此而扩展延伸的四海、九州、神州、天下。

所谓的蛮夷是古代中国人对除却中华之外的所有地区的统称,更多时候是指接近于中华帝国疆域四周的少数民族地区,如东方的少数民族被称为“夷”,南方的被叫作“蛮”,像蒙古这样来自北方的少数民族则一般被叫作“戎”,西方的则叫作“狄”(古有“白狄”“赤狄”之称,是指的旗帜颜色不同的西方少数民族)。所谓大一统,就是指在封建朝廷的领导下,四夷臣服、国泰民安。

问题2:华夏是怎样形成的?

比较早的说法是《淮南子·精神篇》:“有二神(阴、阳二神)混生,经天营地……”

另一种说法是指人类由黄帝所造,见《淮南子·说林篇》:“黄帝生阴阳,上骈生耳目,桑林生臂手……”

在所有神话中,泥土造人的说法最多,也广为流传。盘古开辟天地之后,不知经过多少年,忽然在天地间出现女娲。女娲在这荒凉天地中感到寂寞,便照自己的形体捏出泥偶,放在地上,迎风一吹,就成为活的东西,乃把其命名为人。

所谓华夏从来就不是一个民族概念,而是一个文化概念。

民族(nation)是指在文化、语言、历史与其他人群在客观上有所区分的一群人,是近代以来通过研究人类进化史及种族所形成的概念。由于历史的原因,一个国家可以有不同民族,一个民族可以生活在不同的国家。

民族不同于种族。种族也称人种,是以人的体肢形态上的某些共同的遗传特征为标志的划分,属于生物学范畴。一个种族可以包括很多不同的民族。民族也不同于国家。国家是阶级统治的工具,代表国家的是统治机构。

马克思主义认为,民族是人类在原始社会末期伴随着私有制、阶级和国家的出现而产生的。

按照斯大林的定义,“民族是人们在历史上形成的一个有共同语言、共同地域、共同经济生活以及表现在共同文化上的共同心理素质的稳定的共同体”,我们说的“中华民族”,具有国族的性质,是对当代中国境内56个民族的一个共同称呼。

国族与英文中的 nation 一词比较接近。《布莱克法律词典》对 nation 的定义是：拥有相同的起源、语言、传统等的一大群人，并组成一个政治单位，当这个政治单位等于国家的时候，通常就称为民族国家。国族是以政治目的结成的新族群，在文化习俗融合的情况下，国族不可以直接转化成民族概念。典型的国族概念有中华民族、巴西民族、美利坚民族等。

问题 3：何谓经史子集？

庙堂里的文化是最显著的文化。中国现存最重要的经典就是经史子集四大类。

所谓经即十三经，是指在南宋形成的十三部儒家经典，分别是《诗经》《尚书》《周礼》《仪礼》《礼记》《周易》《左传》《公羊传》《谷梁传》《论语》《尔雅》《孝经》《孟子》。

史部收录史书，包括正史类、编年类、纪事本末类、杂史类、别史类、诏令奏议类、传记类、史钞类、载记类、时令类、地理类、职官类、政书类、目录类、史评类 15 个大类。

谱录是记载器物、食谱、草木鸟兽虫鱼等的表册。

类书辑录经、史、子、集各类著作，所收内容相当广泛，几乎无所不包，是综合性的大型类书，可视为古代的百科全书。类书起源于三国时代，有魏文帝曹丕命儒臣所编成的《皇览》。

蒙学是学童启蒙书籍。

子部收录诸子百家著作和类书，包括儒家类、兵家类、法家类、农家类、医家类、天文算法类、术数类、艺术类、谱录类、杂家类、类书类、小说家类、释家类、道家类 14 个大类。

集部收录诗文词总集和专集等，包括楚辞、别集、总集、诗文评、词曲 5 个大类，其中词曲类又分词集、词选、词话、词谱词韵、南北曲 5 属。除了章回小说、戏剧著作之外，以上门类基本上包括了社会上流布的各种图书。①

问题 4：何谓经学、汉学？

经学，原本是泛指各家学说要义的学问，但在中国汉代独尊儒术后特指研究儒家经典，是一种解释其字面意义、阐明其蕴含义理的学问。

经学流派分为“今文学”“古文学”与“宋学”三派，其中前两者可合称为“汉学”。郑玄是汉代经学的集大成者，今传《十三经注疏》，直接、间接取自郑玄注者达 7 种，堪称冠绝古今。

自董仲舒以来，士大夫热衷谈论微言大义，为统治阶级提供治术，宣讲“皇权大一

---

① 这里的经史子集分类依照《四库全书》。

统”，甚至像公孙弘不惜采取“习文法吏事，缘饰以儒术”①的手段参与国政，这类儒家学问被称为今文经学。

经学中研究古文经籍的学术流派被称为古文经学，②与“今文经学”相对。

提到古文经学，就不能不提刘歆及其父刘向，他们不仅是古文经学的代表人物，而且还是中国古代目录学的奠基人。

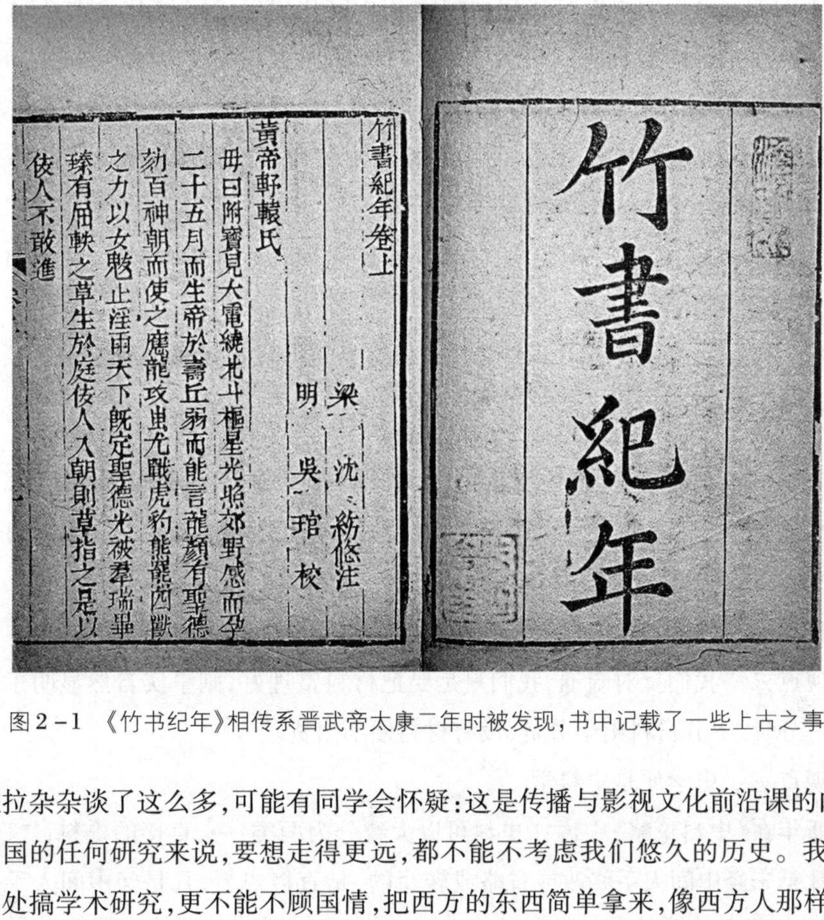
竹書紀年

竹書紀年卷上
梁 沈約附注
明 吳琯校
黃帝軒轅氏
母曰附寶見大電繞北斗樞星光照郊野感而孕
二十五月而生帝於壽丘弱而能言龍顏有聖德
劾百神朝而使之應龍攻蚩尤戰虎豹熊羆四獸
之力以女魃止淫雨天下既定聖德光被群瑞畢
臻有屈軼之草生於庭佞人入朝則草指之是以
佞人不敢進

图 2－1　《竹书纪年》相传系晋武帝太康二年时被发现，书中记载了一些上古之事

拉拉杂杂谈了这么多，可能有同学会怀疑：这是传播与影视文化前沿课的内容吗？对于中国的任何研究来说，要想走得更远，都不能不考虑我们悠久的历史。我们不是在空白处搞学术研究，更不能不顾国情，把西方的东西简单拿来，像西方人那样搞中国研究。宋代大儒陆九渊有句名言“六经注我，我注六经”，清代大学问家章学诚也说“六经皆史”，可见经史文化的巨大影响。中国历代学者都是在华夏历史文化的熏陶下开展研究的，今天的研究也必须遵循毛泽东所说的：“从孔夫子到孙中山，我们应当给以总结，继承这一份珍贵的遗产。”③

---

① 公孙弘因之被汉武帝欣赏重用，成为史上第一位封侯拜相的儒生，参见：《资治通鉴》第 18 卷 · 汉纪十。

② 秦始皇焚书期间，民间儒生将一些古文经书埋藏起来，至汉代前期，相继被发现，这些经书被称为古文经。

③ 毛泽东. 中国共产党在民族战争中的地位［M］//毛泽东选集（第二卷）. 2 版. 北京：人民出版社，1991：534.

(二)历史研究法举隅

1.钱穆的中国历史研究法

钱穆(1895—1990),与吕思勉、陈垣、陈寅恪并称为“史学四大家”。其1930年因发表《刘向歆父子年谱》一举成名,著述颇丰,专著有80种以上。代表作有《先秦诸子系年》《中国近三百年学术史》《国史大纲》《中国文化史导论》《文化学大义》《中国历代政治得失》《中国历史精神》《中国思想史》《宋明理学概述》《中国学术通义》等。

钱穆强调的以下三点对我们颇有意义:

(1)研究历史,所最应注意者,乃为在此历史背后所蕴藏而完成之文化。历史乃其外表,文化则是其内容。

(2)中国人应该知道些中国史。中国史讲的中国人之本原和来历,我们知道了中国史,才算知道了中国。

(3)近人治学,都知注重材料与方法。但做学问,当知先应有一番意义。

2.傅斯年的史料观

傅斯年(1896—1950),曾任北京大学文科研究所所长、代理校长和台湾大学校长,是著名的历史学家、古典文学研究专家。他经常被引用的名言是:“上穷碧落下黄泉,动手动脚找东西。”

其观点一:“凡一种学问能扩张他研究的材料便进步,不能的便退步。”

其观点二:“我们反对疏通,我们只是要把材料整理好,则事实自然显明了。一分材料出一分货,十分材料出十分货,没有材料便不出货。”

其观点三:“史学便是史料学。”

傅斯年在《史料论略》中说:“史料可以大致分为两类:一、直接的史料;二、间接的史料。凡是未经中间人手修改或省略或转写的,是直接史料;凡是经中间人手修改或省略或转写的,是间接史料。”

他主张客观地研究史料,“存而不补,这是我们对于材料的态度;证而不疏,这是我们处置材料的手段”;主张比较地研究史料,“第一是比较不同的史料,第二是比较不同的史料,第三还是比较不同的史料。假如一件事只有一个记载,而这个记载和天地间一切其他记载不相干,则对这件事只好姑信姑疑,我们没有法子去对它做任何史学的功夫。假如天地间事都是这样,则没有一切科学了,史学也是其一。”

3.梁启超的历史研究法

梁启超(1873—129),中国近代思想家、政治家、教育家、史学家、文学家,新史学的创始人。他1921年在南开大学讲授“中国历史研究法”，后成书并多次再版。全书共6章，虽然只有21万余言，涉及的内容却十分广泛。第1章论述了史的定义、意义和范围，第2章回顾并评价了中国的旧史学，第3章讲如何改造旧史学、建立新史学，第4、5章专谈史料学，第6章则阐述史实上下左右的联系。

他提出，史学应与现实生活发生密切联系，并对全体国民发挥教育作用，今日所需之史，要“使国民察知现代生活与过去、未来之生活息息相关”。在指导思想上则明确贯串了近代国民意识、进化史观和多角度观察历史的观点。他又从史书的写作对象、史家的视角、史家的客观态度、史书的纵向联系和横向联系等六个方面，论述了由改造旧史到创造新史的途径。

关于史料的搜集和鉴别，梁氏论述求得史实的准确是史学发展的前提，否则，“其思想将为枉用，其批评将为虚发”；治史者最见功力处，在于从表面上看似乎是孤立的材料中，把它们联系起来分析，发现问题，得出有价值的结论；应特别重视新史料的发现，包括地下发掘和外国人关于中国史事的记载；对于史料的正误辨伪，须具有严谨的态度、精密的方法，既要继承“前清乾嘉诸老严格的考证法”，又要吸收“近代科学家之归纳研究法”，二者结合方能奏效。这些都给研史者以宝贵的启迪。

4. 王瑶的文学史理论与方法

文学史研究现已成为文学研究主要的领域之一。它是与研究者对于历史的某种“独到的见解”（“史识”），或者说研究者所选择的某种理论框架、某种价值系统联系在一起的——史识、理论框架、价值系统应当从客观历史运动中抽象出来，又反过来成为选择历史事实、解释历史现象、判断历史价值、描述历史过程的基本标准与尺度。

在王瑶先生眼中，新文学的展开始终是20世纪新民主主义革命历史实践的一部分，从来不可能被孤立地对待。比如，他在20世纪80年代多次强调文学史研究要注意“上下左右”的联系。怎样理解这个“上下左右”呢？是否仅仅限于文学史内部的作家、文体、现象之间的关联？或许这只是一部分，“上下左右”同样涉及文学史背后总体的历史进程和多样性状况。

王瑶先生早期的代表作是《中古文学史论》。他的弟子陈平原认为：“王先生《中古文学史论》背后的思路明显是偏史的，其中最精彩的是对那个时候的士人生活及精神状态，还有思想潮流与文学表达的论述，这个论述背后有陈寅恪的影子在。”①完成于1986年5月的《关于现代文学史的起讫时间问题》，是王瑶先生晚年又一篇沉甸甸

① 张丽华. 王瑶教授百年诞辰纪念：魏晋风度为人但有真性情[N]. 北京青年报，2014-05-07.

的大文章。在当时有关“近代”“现代”“当代”分期问题的热闹讨论中，他的观点似乎有些保守——“我是主张中国现代文学史仍然以‘五四’作为它的起点的”，但这篇文章纵横开阖，依然显出非同一般的气象。

20世纪80年代末期，面对“重写文学史”的潮流，王瑶先生明确表示支持。后来证明，“重写”释放的活力，的确强劲推动了现代文学学科的拓展。

5. 年鉴学派的长时段理论与方法

怎样研究历史？法国年鉴学派给予我们很好的启迪。

1958年，法国年鉴学派的代表人物费尔南·布罗代尔（1902—1985）发表《历史与社会科学：长时段》一文，阐述了他的长时段历史观。他认为，历史学之所以不同于其他社会科学，主要体现在时间概念上。历史时间就像电波一样，有短波、中波和长波之分，布罗代尔分别称为短时段、中时段和长时段。

图2-2　布罗代尔及其代表作

所谓短时段，也叫事件或政治时间，主要是历史上突发的现象，如革命、战争、地震等；所谓中时段，也叫局势或社会时间，是在一定时期内发生变化形成一定周期和结构的现象，如人口的消长、物价的升降、生产的增减；所谓长时段，也叫结构或自然时间，主要指历史上在几个世纪中长期不变和变化极慢的现象，如地理气候、生态环境、社会组织、思想传统等。

他认为短时段现象只构成了历史的表面层次，它转瞬即逝，对整个历史进程只起微小的作用。中时段现象对历史进程起着直接和重要的作用。只有长时段现象才构成历史的深层结构,构成整个历史发展的基础,对历史进程起着决定性和根本性的作用。因此,历史学家只有借助长时段的观点,研究长时段的历史现象,才能从根本上把握历史的总体。这一观点成为布罗代尔全部历史思想的出发点。

布罗代尔的长时段理论冲击了传统史学狭隘的政治史观,进一步体现了年鉴学派总体历史学的思想。它不仅从内容上扩大了历史研究的对象,广泛涉及包括地理、生态、经济、社会、政治、文化、科技在内的各方面,而且从地域上延伸了历史研究的范围,把历史学的视野投向整个地中海和全世界。

布罗代尔强调历史上的深层结构对整个历史进程的长期影响,从中可以看到他的长时段理论与马克思的历史唯物主义之间具有某种相似之处。正因为如此,布罗代尔的著作得到了马克思主义史学家的高度评价。

但是历史学家们也尖锐地批评了布罗代尔历史思想的缺陷,例如没有充分阐明三个时段之间的联系,否认人在历史中的主体地位,看不到政治事件对社会结构和经济发展的反作用,以及历史观中的宿命论色彩。这些批评实际上已经隐含了新史学所面临的危机。对此,我们应该辩证地分析和看待。

二、华夏文化与美学

以长时段来看中国,几千年来,不管朝代如何更迭,社会如何动荡,被称为具有"超稳定结构"的华夏文明、文化和传播都在有效地发挥着作用,至今还有巨大的生命力,这的确是一个奇迹。人们对这个奇迹的理解和诠释是多样的。

(一)华夏文化

现在,大凡中国人都会说科举教育害死人,为什么会这样呢? 科举不是通过文化考试择优录取人才吗,怎么会害死人呢? 应该说,科举并非一无是处,它的确可以在传统文化的框架内录取到人才,但现在大家都知道这个框架是有局限的,因为它不够科学。楼宇烈先生讲:"什么是文化? 人类在社会历史发展过程中所创造的物质财富和精神财富的总和,特指精神财富,如文学、艺术、教育、科学等。什么叫科学? 大体来讲,就是一种分科的学问,如宗教、文学、哲学、艺术、物理、化学等。"①可见,中国古代并非没有文化,而是关于科学的文化比较少,关于分科的学问比较少,我们老祖宗的文化是文史不分家。通过科举选拔出来的人才是有文化的偏人文的通才,但却很少是分

---

① 楼宇烈. 中国文化的根本精神[M]. 北京:中华书局,2016:4.

科的专才。

什么是“文化”？据专家考证，“文化”是中古汉语已有之词汇。文的本义，指各色交错的纹理。《易·系辞下》载：“物相杂，故曰文。”《礼记·乐记》称：“五色成文而不乱。”化，本义为改易、生成、造化，如《礼记·中庸》有“可以赞天地之化育”的说法。归纳以上诸说，“化”指事物形态或性质的改变，同时“化”又引申为教行迁善之义。《易经·贲卦·彖传》中对此有一个很好的总结：“刚柔交错，天文也；文明以止，人文也。观乎天文，以察时变，观乎人文，以化成天下。”

但是，长期以来，中国只讲人文，不怎么讲科学，这是有问题的。到了近现代，喜欢讲科技，不喜欢谈人文，甚至出现了一句口号“学好数理化，走遍天下也不怕”，“很多人习惯性的思维方式就是科技的思维方式，缺乏人文思考”①。这当然也是有问题的。

楼宇烈先生说：“中国文化的根本精神就在于它的人文文化特质，我们不要以为科技文化是中国文化发展的根本方向。”②这是从中国历史中得来的观点。我们不能一概去否定它。

中国传统的思维方式是一种中庸之道。《礼记·中庸》：“执其两端，用其中于民，其斯以为舜乎?”儒家如此，道家也差不多。道家讲：亦此亦彼，此中有彼，彼中有此，此可以变成彼，彼可以变成此，因为事情本来就不是那么简单的。③ 正因如此，中国的传统文化除了强调要合法、合理，还要合情。④

《尚书》，又称《书》或《书经》，是中国第一部古典文集和最早的历史文献，它以记言为主。《尚书》记载，尧传舜是四个字“允执厥中”；舜传禹十六个字“人心惟危，道心惟微，惟精唯一，允执厥中”，这是儒家道统的十六字心经，也表述了中华文化的主流传统。

中国文化的基本特质是追求人与自然、人与人、人与自我的普遍和谐。为实现和谐，中国文化提供了两大法宝：一是“和”，一是“中”。

(二)华夏美学

探讨美学的问题，首先就要问一下美是什么。这并非像有些学者所说美学是感性学，只不过是翻译搞错了那么简单。谈美学不讨论美，似乎总有点匪夷所思。根据文献记录，古希腊伟大的思想家、哲学家柏拉图是比较早讨论美的西方学者，他在《大希

---

① 楼宇烈. 中国文化的根本精神[M]. 北京：中华书局，2016：17.

② 楼宇烈. 中国文化的根本精神[M]. 北京：中华书局，2016：6-7.

③ 楼宇烈. 中国文化的根本精神[M]. 北京：中华书局，2016：26.

④ 楼宇烈. 中国文化的根本精神[M]. 北京：中华书局，2016：13.

庇阿斯篇》中借苏格拉底与希庇阿斯的一系列对话，提出并阐释论证了“美是什么”的命题。两千多年来，无数哲人、思想家前赴后继，一直苦苦思索并希望找到或给出“美是什么”这一千古谜题的最理想答案，但至今仍莫衷一是。

1. 美是什么？

在中国，甲骨文被发现以前，篆书一直是中国人心中最古老的文字系统。篆书“美”字由上下两部分组成，上面是“羊”而下面是“大”。汉代学者许慎编纂的《说文解字》中作如下解释：“美，甘也。从羊从大。”由此产生了两种对“美”字本意的不同理解：一是“羊大为美”，二是“羊人为美”。

(1)所谓“羊大为美”，主要是从《说文解字》的解释入手的。这种观点认为，羊作为美的对象和畜牧业的出现是分不开的，认为羊长得肥大就是美(感性意义)。

(2)所谓“羊人为美”，从原始艺术、图腾舞蹈的材料看，人戴着羊头跳舞才是“美”字的起源(社会意义)。

在古代，“美”和“善”经常是混在一起的。《论语》中提到“美”字 14 次，其中 10 次是“善”“好”的意思①。在古希腊，美、善也是一个字。这正是沿着“羊人为美”这一偏重社会性的含义下来的。

2. 美学是什么？

有没有美学，这还真是一个问题。

比如哲学家维特根斯坦就认为：“美是什么的简明正确的回答是：美是很多不同的事物，但还没有很好地了解，就把‘美’这个名词用在它们身上了。”②“美学的蠢笨就在于企图去构造一个本来没有的题目……事实也许是，根本就没有什么美学，而只有文学批评、音乐批评的原则。”③问题在于：文学批评、音乐批评的原则不正是美学所要研究的内容吗？

在古希腊，谈艺术可以不涉及美的概念，谈美也不提及艺术。但是，艺术并不仅仅是私人的，它是公共的游戏，游戏虽无规律，却是参加者必须遵守的规则。要具体研究文化和生活，才能了解有关审美和艺术的许多词汇、语句和使用它们的规则和意义。显然，美学并不是可有可无的。

中国的“美学”(Aesthetics)一词，是20世纪初由日本学者中江肇民的日语翻译再翻译而来的。最初，德国美学家鲍姆嘉通把这个本来指感觉的希腊字转用于指感性认

---

① 李泽厚. 美学四讲[M]. 天津：天津社会科学院出版社，2001：63.
② 李泽厚. 美学四讲[M]. 天津：天津社会科学院出版社，2001：11.
③ 李泽厚. 美学四讲[M]. 天津：天津社会科学院出版社，2001：12.

识的学科。用更准确的中文翻译,“美学”一词应该是“审美学”,指研究人们认识美、感知美的学科。李泽厚认为:现代美学已成为一张不断增生、相互牵制的游戏之网,它是一个开放的家族。所谓美学,大部分一直是美的哲学、审美心理学和艺术社会学三者的某种形式的结合。①

当今世界,欧美流行并占主要地位的是分析哲学的美学,主要讨论、研究、解释艺术是什么。在我国,马克思主义美学是我们在文艺批评领域所坚持的基本原则。1942年,毛泽东在延安文艺座谈会上的讲话详细阐明了中国共产党的文艺方针,这也是新中国文艺的重要指导思想。

3. 华夏美学是什么?

华夏美学是指以儒家思想为主体的中华传统美学。它的悠久历史根据在于非酒神型的礼乐传统之中,它的一些基本观点、范畴,它所要解决的问题,它所包含的矛盾,早已蕴含在这个传统根源里。从而,如何处理社会与自然、情感与形式、艺术与政治、天与人等的关系,如何理解自然的人化和人的自然化,成为华夏美学的重心所在。

李泽厚先生是华夏美学的倡导者,他著有《批判哲学的批判——康德述评》《我的哲学提纲》《中国古代思想史论》《美学论集》《美的历程》《华夏美学》《美学四讲》《走我自己的路》《世纪新梦》《论语今读》等书。

20世纪七八十年代是李泽厚思想的成熟期,他在哲学、美学、思想史领域中全面开花,其代表性的著作也都完成于这一时期。李泽厚将康德主体性学说运用到美学领域中,提出了文化心理结构与感性问题,将马克思主义实践观、历史观具体运用到美学史研究中,提出了“积淀”说,并在《美的历程》《华夏美学》中结合美学史和艺术史加以验证,形成了自己的美学体系。

在李泽厚的华夏美学体系中,积淀说不仅具有美学的意义,也具有哲学和思想史的意义。在美学上,“积淀”主要涉及情感本体的建立问题。李泽厚是这样解释其积淀说的:“所谓积淀,正是指人类经过漫长的历史进程,才产生了人性——即人类独有的文化心理结构,亦即从哲学上讲的‘心理本体’。即‘人类(历史主体)的积淀为个体的,理性的积淀为感性的,社会的积淀为自然的。原来是动物性的感官人化了,自然的心理结构和素质转化为人类性的东西。”②

李泽厚认为:“积淀”有广义和狭义之分。广义的“积淀”指所有由理性化为感性、由社会化为个体、由历史化为心理的建构行程。它可以包括理性的内化(智力结构)、

① 李泽厚. 美学四讲[M]. 天津:天津社会科学院出版社,2001:23.
② 李泽厚. 美学四讲[M]. 天津:天津社会科学院出版社,2001:141.

凝聚（意志结构）等。狭义的“积淀”则是指审美的心理情感的构造。①

三、华夏传播学

华夏传播学，又称华夏传播理论，是通过对中华文化传统中的传播活动和传播观念进行发掘、整理、研究和扬弃，建构起来的能够阐释和推进中华文明可持续发展的传播机制、规律和思想方法的学说，亦即立足于中国历史与现实来阐释中华文明传播的变迁历程，是一种运用中华术语建构的具有中国特色、中国风格、中国气派的传播历史和理论体系。

（一）华夏传播学的建构

华夏传播的提法，最早出现在孙旭培主编的《华夏传播论》一书中，然而书中对此概念却未作详细阐释。正式将其作为概念提出的是黄星民教授，他发表的《华夏传播研究刍议》一文首先对“华夏传播研究”这一学术研究领域名称的出现进行历史回顾，接着界定了华夏传播研究的内涵，认为其是对中国传统社会中的传播活动和传播思想的发掘、整理、研究和扬弃，它与“传播学中国化”“传播学本土化”不同，但却关系密切。华夏传播研究具有重要的学术意义与强烈的时代色彩，它对当前世界传播事业的健康发展也有一定的启发。该文对华夏传播概念的科学界定起到了奠基的作用。

谢清果编著的《华夏传播学的想象力》一书，力求把握传播学这一领域前沿热点的研究成果，并进而从反思“传播学本土化研究”问题入手探讨华夏传播研究的合法性，再基于40年华夏传播研究的历史变迁与近年来的发展成果，从核心概念辨析、中国新闻传播史研究、民族文化传播学建构、华夏传播学的想象力培育、华夏传播理论体系构建等维度，全方位展示传播学“中华学派”建构的基本态势与发展路径。

通过《华夏传播学的想象力》，我们了解到一大批在华夏传播领域辛勤耕耘的中外学者及其著述，像朱传誉的宋代新闻史研究，尹韵公的中国明代新闻传播史研究，关绍箕的中国传播思想史研究，周月亮的中国古代文化传播史研究，李彬的唐代文明与新闻传播研究，刘大明的宋代新闻传播与政治文化史稿研究，金冠军、戴元光的中国传播思想史研究，谢清果的华夏文明与传播学本土化研究，杨焕英的孔子思想在国外的传播与影响研究，托马斯·弗朗西斯·卡特（美）的中国印刷术的发明及其西传研究，钱存训的中国纸和印刷文化史研究，仲富兰的民俗传播学研究，姜鹏的西部现代化进

① 李泽厚．美学四讲［M］．天津：天津社会科学院出版社，2001：317．

程中乡土文化传播研究，江岚（美）的唐诗西传史论研究，等等。华夏传播研究已结出了丰硕的果实。

谢清果对华夏传播学做了这样的表述："华夏传播学是在对中国传统社会中的传播活动和传播观念进行挖掘、整理、研究和扬弃的基础上，建构起来的能够阐释和推进中华文明可持续发展的传播机制、机理和思想方法的学说。"①

相对于欧美传播理论，华夏传播理论不应采取拿来主义的做法，套用西方理论解释中国的传播现象、传播制度和传播思想，而要真正从根本上找到中国独特的传播理论和方法，这不仅是建立中国传播学派的问题，更是传承中国理论和方法，为世界传播研究奉献东方智慧的问题。

归纳一下，华夏传播与华夏传播理论研究在传播理念、价值取向和传播方式上具有自己的一些特色：

1. 传播理念

从文化根源或者说哲学根基上来说，华夏传播是建立在华夏文化的基础上的。儒家倡导的"和为贵"，向往的是大同世界；道家倡导清静无为，追求自然、和谐；佛教则宣扬因果报应、众生平等，这些都对华夏传播产生了巨大的影响。这与建立在实用主义哲学基础之上的西方经验学派，以及源出于欧陆哲学的法兰克福学派的传播学批判学派都有很大差异。因此，在传播理念上，华夏传播与西方传播学有着很大的不同，绝不是照搬照抄西方传播学理论就能建构起华夏传播的理论大厦。

2. 价值取向

儒家的中庸之道、道家的道法自然、佛家的因果报应等观点，使得华夏传播的价值取向追求的是和谐、自然、与世无争。所以，建立在华夏文化基础之上的传播更关注人与人之间的关系，正如有学者指出的："经验学派和批判学派的总体取向是通过媒介生态的改造来改良社会生态、文化生态；华夏传播理论的总体取向是通过人际关系的协调来实现社会关系的优化。"②

3. 传播方式

中国人的表达方式往往是经验式的话语，闪耀着东方智慧。如在日常生活中大量使用格言警句、成语、俚语等，所表述的内容也不是过于抽象的理论思辨，即使是一些

---

① 谢清果. 华夏传播学的想象力[M]. 北京：九州出版社，2018：4.

② 周伟业. 东方范式：华夏传播理论的内涵、特征与价值——以汉语成语、谚语、俗语为中心的思考[J]. 南京政治学院学报，2010(5)：113.

充满机智的对话也要靠悟来实现。如电视剧《大明王朝1566》第34集,权臣严嵩倒台后与继任者徐阶的一段对话。

徐阶带着皇帝的旨意来到严府,坐下以后,开口说话:

"阁老应该都知道了吧?"

徐阶并没有显得盛气凌人、落井下石,而是颇有点君子风度。但是,"严党"一夜倾覆,严嵩不可能听不到风声。不明说,这是徐阶对分寸的把握;然而,来者不善,徐阶不是来表达同情的。所谓话里有话,其深层意涵则是讽刺严嵩把控内阁长达20年,擅权误国,终至覆灭,这应该不意外吧!

接着,徐阶将奏疏拿了出来:

"这是都察院御史邹应龙参东楼他们的奏疏,皇上叫我带来请阁老看一看。"

严嵩接过奏疏,并没有打开来看,只是问徐阶:

"徐阁老看过了吗?"

徐阶答话:

"也是刚才看到的。"

听到这句话,严嵩接着说道:

"你看了,我就不看了。"

说完,严嵩冲着徐阶伸出了一只手。

请注意徐阶此时的表现——看着严嵩,看着严嵩伸出的手,愣了好一会儿,才将自己的手伸给严嵩。

这是失败者严嵩对徐阶"示弱、示好",而徐阶的表现则很复杂。严嵩把持内阁20年,铲除异己、陷害忠良,这类事件太多了。迟疑、犹豫乃至恶心是此时此刻徐阶的真实心情,然而,礼节又使得多年的死对头不可能像泼妇骂街一样宣泄出来。

华夏传播是在华夏文化的语境中进行的,其传播方式也不同于西方,因此,华夏传播研究也必须基于华夏文化的基本理念和价值观,不能照搬西方。为此,华夏传播研究不能一蹴而就,要循序渐进,总结、探讨出一套完整的传播理论体系。

(二)华夏传播研究的根基——传播思想史研究

金冠军、戴元光主编的《中国传播思想史》(四卷本),是一部洋洋洒洒的传播思想史巨著。该书分为古代卷(上和下)、近代卷和现当代卷,"是对传播学进入中国几十年以来许多专家研究成果的消化和再梳理,力图更清晰地勾画出中国传播思想发展的轮廓”①。

研究华夏传播思想史,有充足的史料,也产出过许多可喜的成果。这是一座富矿,需要有志于华夏传播研究的学者们精研史料,去伪存真、去粗取精,用现代传播的理论和方法去融会贯通。“史的传播在上古时代就很活跃,各地方国家和中央政府几乎都有专职的史官,他们负责把当时发生的重要大事记录下来,供帝王参考或朝廷议政。……古代的宫廷史官相当于现代社会的中央特别记者,讲时效,讲实录,虽然其公开性比较有限,但是其新闻性却很强。”②

不仅国家大事由专职史官记载,留下了浩瀚的文字史料,在民间也有大量的野史、笔记、戏剧、话本、小说、演义、故事等传承民间文化、沟通古今,成为传播研究的另一块宝地。

当然,有传播就有控制。封建帝王们对于传播可以说又爱又恨,秦始皇统一六国后,提出“书同文,车同轨”,这是对传播的贡献,但“焚书坑儒”又体现了专制者对于文化和传播的压迫、控制。朱元璋“凭借起义军的力量推翻元朝建立了明朝后,他的第一件大事就是控制传播”③。清朝大兴文字狱,“其根本目的是加强思想文化领域的传播控制,树立君主专制和满族贵族统治的绝对权威。它禁锢了思想,堵塞了言路,影响了科学文化的发展”④。这些也需要我们认真研究。一个现代文明社会,是一个开放的社会,是一个自然生态、媒介生态、社会生态良性发展的、与整个世界同呼吸共命运的共同体,对传播控制的研究有助于我们批判地继承和发展两千多年来的华夏传播思想,在中华民族伟大复兴的征程中,做出我们华夏传播研究的贡献。

中华民族自古就不是一个封闭的、自足的政治经济体,对外来文明的接纳和吸收从来就没有中断过。比如佛教的传入、西方传教士在华传播基督教的过程都是如此。最重要的是近现代中国在救亡图存的过程中,“十月革命一声炮响,给我们送来了马克思列宁主义”。马克思主义思想的传播,使中国真正从站起来到富起来,再到强起来。如今,在马克思主义理论指导下研究中国本土传播学,建立华夏传播的理论体系和方法论,正当其时。

(三)华夏传播研究的主干——古代文化传播研究

周月亮说:“一部文明演进史就是一部文化传播史。”⑤“传播是社会的基本机制,

① 谢清果.华夏传播学的想象力[M].北京:九州出版社,2018:119.
② 金冠军,戴元光.中国传播思想史(第1卷)[M].上海:上海交通大学出版社,2005:294.
③ 金冠军,戴元光.中国传播思想史(第2卷)[M].上海:上海交通大学出版社,2005:205.
④ 金冠军,戴元光.中国传播思想史(第2卷)[M].上海:上海交通大学出版社,2005:293.
⑤ 周月亮.中国古代文化传播史[M].北京:北京广播学院出版社,2000:6.

传播是任何最小的人际组织都具有的基本的社会生活方式和工作方式。传播是社会系统运行的必不可少的因素,既是生产力,也是管理方式。”①从传播媒介、民族文化、民俗到人文艺术,传播无处不在。

1. 古代中国的传播媒介

中国古代没有产生过以收集和公开向社会发布新闻为职责的机构。官方和民间两套传播系统传播的内容有较大差异。主要的传播方式有:口头、信号、书信、印刷、露布、牌板等。

(1)邸报与塘报

在整个封建社会,新闻活动规模小,且大都是定向传播,民间的新闻传递以口头、书信为主要手段。新闻活动基本是由统治阶级垄断的。“皇帝是新闻总监察官”,“奉行儒家教化原则的朝廷会想办法让皇帝的声音尽量传播”。②

邸报是朝廷的喉舌,在唐宋元时期称为“邸抄”“朝报”“进奏院状报”,明清时期称为“京报”,是专门用于朝廷传知朝政的文书和政治情报的新闻文抄,主要刊登皇帝谕旨、大臣奏章、朝廷公布的法令以及官员的升迁、任免信息等,是朝廷信息的总汇。由于邸报最初是由朝廷内部传抄后张贴于宫门,公诸传抄,故又称宫门抄、辕门抄,实际上即为最早的一种新闻发布方式。告示是强制执行的法律文书,是政府管理国家的主要方式之一,既张贴在大街广场,也印在邸报上。与上令下达的告示反向的是明代一种将下面的信息迅速上报的“塘报”。所谓“塘报人”类似现在所说的信息员。塘报是明代官方机构专门用于刊载军事消息的传播工具,它以战况为主,兼及敌我动向、态势、意图以及与军事紧密相关的外交情况等。它在某些地方、某些方面类似于宋代的边报和今天军队内部的报纸等。塘报是明代官僚机构内部进行信息交流的工具之一,它只在官僚机构内部传播。塘报的形式基本上是一事一报,但也有数事一报的时候。

但是,邸报、塘报基本上没有自己采写的新闻和言论,这是它与近代报纸的根本区别。也可以说,邸报、塘报并不是真正意义上的报纸。

第一批新闻学意义上的中文报纸是在19世纪初由英国传教士创办的。如《察世俗每月统记传》(*Chinese Monthly Magazine*),是世界上第一个以华人为对象的中文报纸。该报1815年8月5日创办于马六甲,再运到广东散发。另外,还有创办于1833年的《特选撮要每月纪传》,在中国广东、新加坡出版;同样创办于1833年的《东西洋考每月统记传》在广东出版。这是最早的一批由外国人创办的中文报纸。这批报纸

---

① 周月亮. 中国古代文化传播史[M]. 北京:北京广播学院出版社,2000:12.

② 周月亮. 中国古代文化传播史[M]. 北京:北京广播学院出版社,2000:246.

是外国传教士所办，故内容以传教为主，可以说是宗教性的报纸，但也有一些自己编写的新闻和言论。

(2)民间信息场

中国古代信息传播并不发达，但官方有官方的信息渠道，民间有民间的信息场。茶馆、酒楼、妓院、庙会这样的公共场所都是活跃的民间信息场。

茶馆、酒馆都是中国社会重要的公共场所。“茶馆比酒馆、妓院更平易近人，是闲人混日子的场所，也是忙人谈生意、结交官府的交际场所，以至‘讲茶’评理、买卖人口、秘密接头、谈情说爱、打探消息，比酒店更易‘泡’而不受注意，是可供任何人使用的无业务限制的交易所。”①到了近代，茶馆、酒楼也发挥着重要的交际作用。台湾电影《悲情城市》中，黑社会的火拼就发生在酒馆，宽荣等进步人士的聚会也被安排在酒馆，而林家老大文雄与黑帮谈判的场景被安排在茶馆中，由邻里德高望重的长辈老太太担当和事佬进行调解。

在封建社会，妓院也是重要的信息交流场所。三教九流都经常在此聚集。妓女中也有大量的官妓，并且朝廷还设了专门机构教坊司对官妓进行管理。许多名妓不仅在当时名重一时，有些还成为知名历史人物，像宋代的李师师，明代的陈圆圆、柳如是、李香君等都是如此。史学大师陈寅恪晚年双目失明之后，仍以巨大的毅力写作《柳如是别传》，陈氏之所以为一代名妓柳如是作传，其意显然不在于风月故事，而是以柳如是的传奇带出晚明的官场与民间社会，这的确是别有深意的。

比起茶馆、酒楼、妓院，庙会更是一个全民性的公共空间。汉唐以来，佛教大兴，寺庙在全国大规模兴建，人们去寺庙上香、朝拜，又进而带动了文化、商业、旅游，赴庙会赶集就成了集宗教、贸易、信息传播于一体的重要活动。正如周月亮所描述的：“这里能聚集上上下下的很多人，使纷繁的信息以及由此而来的活动显得非常方便。本分的农民、手工业者、商人、正常的男女老少纷纷来赶集就不用说了，庙会上更是三姑(尼姑、道姑、卦姑)、六婆(牙婆、师婆、虔婆、药婆、稳婆、媒婆)、乞丐、戏子、跑江湖的‘广交会’，不管什么人什么事都能在庙会上出现。”②

2. 民俗传播

仲富兰认为：“民俗传播是人类特有的各种文化要素的传递扩散、传承和迁移的现象，是各种文化资源和文化信息在事件和空间中的流变、共享、互动和重组，是人类生存符号化和社会化的过程，是传播者的编码和解读者的解答互动阐释的过程，是主

① 周月亮. 中国古代文化传播史[M]. 北京：北京广播学院出版社，2000：255-256.

② 周月亮. 中国古代文化传播史[M]. 北京：北京广播学院出版社，2000：256.

体间进行文化交往的创造性的精神活动。”①

“民俗符号是民俗传播不可或缺的基本要素，是民俗文化传播的基因，是民俗传播的主要载体和工具。从这个意义上我们可以说，所谓民俗文化，究其本质乃是借助符号来传达民俗事项意义和人类行为。”②

“民俗传播模式是个什么概念呢？我以为，是民俗在传播过程中的各种特质丛集、聚合所形成的一种整体的、协调一致的系统（整体）的结构状态。”③

林语堂在《中国报业及民意史》中指出：“中国在没有文字报以前，歌谣就是当日的口语新闻。”民间歌谣在传播不发达的古代社会起到了难以估量的作用，比如历代农民起义都喜欢利用民歌民谣来发动。东汉末年的黄巾军起义提出的口号“苍天已死，黄天当立；岁在甲子，天下大吉”；隋末农民起义没有什么统一的口号，而是有一首民谣《无向辽东浪死歌》：“长白山前知世郎，纯着红罗绵背裆。长槊侵天半，轮刀耀日光。上山吃獐鹿，下山吃牛羊。忽闻官军至，提刀向前荡。譬如辽东死，斩头何所伤”；明末李自成起义，民间传诵的是“杀牛羊，备酒浆，开了城门迎闯王，闯王来了不纳粮。吃他娘，着她娘，吃着不够有闯王。不当差，不纳粮，大家快活过一场”。这些民谣既有新闻性，又是宣传，更是民间十分有效的一种传播方式。

3. 华夏传播的文艺视域

王国维在《宋元戏曲考》开篇就提出：“凡一代有一代之文学，楚之骚，汉之赋，六代之骈语，唐之诗，宋之词，元之曲，皆所谓一代之文学，而后世莫能继焉者也。”④中国文学艺术有着辉煌的历史，而文艺的传播也是华夏传播的重要组成部分。

唐诗宋词元曲借助音乐，得以广泛传播，如诗人王维的《渭城曲》被反复叠唱，又被称为“阳关三叠”；白居易的《长恨歌》通过诗歌、小说、电影等文艺作品一直传颂到今天。在宋代，文学传播已成为士人的生活方式。⑤ 以宋词为例，不仅有苏东坡的豪放词、李清照的婉约词，还有柳永与歌妓共同开创的“慢词”，其配合音乐的传唱，流传甚广，传说“但有水井处，即能歌柳词”，这多少说明了柳词传播的盛况。

从唐宋时代起，随着经济的大发展，市民阶层逐渐兴起，市民文艺也得到了广泛传播。唐代的民间说书、宋代的“说话”是当时的民间说唱艺术，如唐代白行简的《李娃传》、宋代《大宋宣和遗事》就是此类经典文本。到元代，元杂剧随流浪民间的杂剧家

---

① 仲富兰．民俗传播学［M］．上海：上海文化出版社，2007：106．

② 仲富兰．民俗传播学［M］．上海：上海文化出版社，2007：168．

③ 仲富兰．民俗传播学［M］．上海：上海文化出版社，2007：221．

④ 王国维．宋元戏曲史［M］．上海：华东师范大学出版社，1995：1．

⑤ 周月亮．中国古代文化传播史［M］．北京：北京广播学院出版社，2000：197．

的足迹而慢慢流行起来，南迁士人、知识分子最终促成了杂剧的全国化。

(1)《西厢记》传播研究

《西厢记》原名《崔莺莺待月西厢记》，作者为元代著名杂剧作家王实甫。作为一部脍炙人口的古代戏曲经典，自诞生以来，对它的各种研究层出不穷。赵春宁的《〈西厢记〉传播研究》一书从传播学视角对其进行研究，可谓华夏传播研究在文艺领域的一种尝试。作者从文本、演出、改编、批评及其影响等方面入手，结合明清社会文化的背景和戏曲发展的历史，对《西厢记》成书后的传播情况，做了深入、系统的历史考察与理论分析，清晰地勾勒出《西厢记》在历代的传播面貌，并由此对中国古代戏剧的传播特点与规律做出了颇有创意的总结。"这不仅为《西厢记》的传播研究填补一项学术空白，也为文学经典的重读，做出了新的有益尝试。"①

难能可贵的是，作为对经典名著的研究，作者能够跳出精英文化的窠臼，认识到"中国一直是一个农业社会，因此农民占据了人口总量的绝大多数，要看一个剧目、剧种的普及程度，首先要看在农村和小城镇的接受情况"②。这是非常正确的。在中国，文艺传播靠士大夫那点小趣味是很难大规模传播的，可以说，任何成功的传播案例都离不开对农业社会的把握。"对《西厢记》这样一部'天下夺魁''色声俱绝，不可思议'的'化工'之作来说，要领略其中的奥妙和丰神，要欣赏她的优美和典雅，非有相当的知识不可，这对中国古代大多数不识字老百姓来说是件不可能的事"，但是，"舞台演出却轻易地解决了这一难题。通俗的语言，生动的形象，文戏与武戏交错，冷场与热场相济，唱念做打的表现形式，使老幼妇孺一看即明"。③

(2)《西游记》传播研究

对四大古典文学名著之一的《西游记》的研究也是中国文艺传播研究的重点。胡淳艳的《〈西游记〉传播研究》一书以《西游记》目前所发现的最早刊本金陵世德堂本的刊刻为起点，主要考察、分析从明万历二十年(1592 年)前后到 1949 年中华人民共和国成立前夕 300 多年间《西游记》的传播与历史特性。"对《西游记》自身而言，从《西游记》诞生后，形成了长达数百年的'西游热'，围绕其文本形成了蕴含丰富的'西游'文化。追寻这种文化的历史与现实，探讨其背后的民族精神底蕴，是《西游记》研究中的一个期待深入研究的课题。"④全书分 6 章，从版本传播、批评传播、续本传播、改编传播、图像传播、翻译传播 6 个方面展开了专题研究。

---

① 谢清果. 华夏传播学的想象力[M]. 北京：九州出版社，2018：514.
② 赵春宁.《西厢记》传播研究[M]. 厦门：厦门大学出版社，2005：151.
③ 赵春宁.《西厢记》传播研究[M]. 厦门：厦门大学出版社，2005：151.
④ 谢清果. 华夏传播学的想象力[M]. 北京：九州出版社，2018：566.

（3）关羽形象传播研究

荆学义著《经典的传播——关羽形象传播研究》选取《三国演义》中的主要人物——关羽，对其形象的传播进行研究。该书主要从传播与接受的视野来分析，提出了若干古代文化传播的模式。

关羽形象有一个转变的过程：三国时期官方对关羽的评价，主要强调骁勇、忠义；对其性格缺陷，一般说“刚而自矜”。南北朝唐宋时期是重构关羽形象的重要阶段。不过，唐宋官方对关羽的评价还不高，这一时期，民间率先开启了神化关羽的进程。元明清时期则呈现出主流传播系统与民间传播系统融合的趋势。元朝开始由皇帝祭祀关羽，并加封关羽为显灵义勇武安英济王。清代关羽的名望进一步上升，被称为“关帝”，百姓将其与观音菩萨并列，江湖绿林帮会也开始祭拜关羽。元末明初的小说家“罗贯中等文人群体作为《三国演义》传播的把关者，如何选择、重塑关羽形象，如何强化关羽人格，这是关羽形象传播过程中最为重要的环节”①。

推荐阅读

1. 梁启超. 中国历史研究法（外二种）[M]. 石家庄：河北教育出版社，2003.
2. 李泽厚. 华夏美学[M]. 天津：天津社会科学院出版社，2001.
3. 楼宇烈. 中国文化的根本精神[M]. 北京：中华书局，2016.
4. 谢清果. 华夏传播学的想象力[M]. 北京：九州出版社，2018.
5. 周月亮. 中国古代文化传播史[M]. 北京：北京广播学院出版社，2000.

思考与讨论

阅读周月亮《中国古代文化传播史》的第十八章“官方的行政传播与市民社会的抒情渠道”，思考并讨论：中国古代的官方与民间传播渠道是怎样的？

① 荆学义. 经典的传播——关羽形象传播研究[M]. 北京：中央编译出版社，2014：16.

第三讲　修辞传播学举要

修辞学是一门古老的学科,又是一门年轻的学科。一方面,它拥有两千多年的历史,源远流长;另一方面,作为“年轻的学科”,现代修辞学建立较晚,独立系统的研究起步也较晚。并且,随着社会的发展,修辞学与其他学科也产生了广泛的交融和渗透。

一、修辞学与修辞传播学

修辞学与传播学之间有着明显的交叉。甚至有学者认为:传播学研究的源头应追溯到古希腊亚里士多德的修辞学①。美国传播学者罗杰斯的名著《传播学史》也提出:“如果人们以亚里士多德的《修辞学》和昆体良(Marcus Fabius Quintilianus)的《样式》开始来计算传播学史的话,那么这个领域在时间上先于其他的社会科学。”②传播学之所以被认为有着悠久的历史,恰恰是因为修辞学,古老的修辞学与现代传播学相结合,产生了修辞传播学这一分支。

(一)什么是修辞学?

汉语里“修”“辞”二字连用,最早见于《易·乾·文言》:“君子进德修业。忠信,所以进德也;修辞立其诚,所以居业也。”在中国古代,修辞指的是“修理文教”“作文”“文辞”“谨饰其辞”。它的含义显然与我们今天所说的修辞(rhetoric)不同。但这也说明我国较早地提出了修辞问题,比古希腊人还要早得多。在西方,rhetoric 一词有两个含义:既指有效地使用语言的艺术,也指研究这门艺术的学科。也就是说,rhetoric 一词在汉语里被区分为两个独立的术语:“修辞”和“修辞学”。rhetoric 的字根 rhe,意思是“使用语言”,也就是“说话”或“讲话”,并且这种“说话”或“讲话”与在公众场合发表“演说”意思相近,与一般的说话有很大的区别,它是包括声调、表情、动作在内的

---

① 周琴,杨海霞.亚里士多德修辞学——西方传播研究之渊源[J].东南传播,2008(4).
② 罗杰斯.传播学史[M].上海:上海译文出版社,2002:序言 6.

“全方位”的说话。

什么是修辞？什么是修辞学？从修辞学萌芽到现在，古今中外的修辞学家对此的解释就一直不断地发生着变化。对修辞、修辞学的定义也是仁者见仁，智者见智。

古希腊伟大的哲学家、修辞学家亚里士多德（又译亚理斯多德）认为，修辞是“一种能在任何一个问题上找出可能的说服方式的功能。”①日本学者岛村泷太郎认为修辞学就是美辞学，美辞学是研究辞之所以成美之学。② 苏联许多语言学家认为语体是贯穿整个修辞学体系的，语体是修辞学的重要内容。如叶菲莫夫在《论文艺作品的语言》一书中提出了“语言的文体是修辞学的基本对象”的观点。M. 科仁娜则认为：“修辞学是关于如何根据交际的题旨、情境、言语内容而尽可能贴切恰当地使用语言单位的科学。”③

我国修辞学家陈望道先生认为“修辞就是调整或适用语辞”，“修辞不过是调整语辞使达情传意能够适切的一种努力”。④ 语言学家吕叔湘指出：修辞学，应该是在各种可供选择的语言手段之间——词语之间、各种句式之间、各种篇章结构之间、各种风格（或叫作“文体”“语体”）之间进行选择，选择那些最适合需要的，用于达到当前特定的目的。⑤ 张弓提出修辞学是研究语音、词汇、语法三要素的运用的，修辞学研究应以句子为上限。修辞是为了有效地表达意旨，交流思想而适应现实语境，利用民族语言各因素以美化语言。⑥ 陈汝东对修辞下的定义是：“人们依据具体的言语环境，有意识、有目的地组织建构话语和理解话语，以取得理想的交际效果的一种言语交际行为。”⑦

综上所述，修辞首先是一种言语行为，是有效地运用语言这个工具进行交际的言语活动。当 rhetoric 作“修辞”讲时，在古典意义上，它是运用演讲来规劝或说服听众，让他们接受某一种观点或采取某一种行动；在当代意义上，它是指包括言语在内的一切象征和文化活动与人的关系。当 rhetoric 作“修辞学”讲时，它是一门研究人们如何运用演讲（古典意义）和话语、象征（当代意义）来影响人的观念和行为的一门学问。这时，“修辞”已不再是过去我们所理解的那种“修辞手法”意义上的“修辞”了。修辞学已成为一门综合性、边缘性的人文科学，它是以语言、言语为基石，以相关学科为基

① 亚理斯多德. 修辞学［M］. 罗念生，译. 北京：生活 · 读书 · 新知三联书店，1991：7.
② 岛村泷太郎. 新美辞学［M］. 早稻田：早稻田大学出版社，1902.
③ 科仁娜. 俄语功能修辞学［M］. 北京：外语教学与研究出版社，1982.
④ 陈望道. 修辞学发凡［M］. 上海：上海教育出版社，1976：1.
⑤ 吕叔湘. 我对于“修辞”的看法［M］//修辞和修辞教学. 上海：上海教育出版社，1985：3.
⑥ 张弓. 现代汉语修辞学［M］. 天津：天津人民出版社，1963：1.
⑦ 陈汝东. 社会心理修辞学导论［M］. 北京：北京大学出版社，1999：1.

础,研究修辞者顺应题旨选择、调整、美化语言以强化语言表达效果,增强说服力,提高交际功能的一般规律的科学。

(二)修辞传播:传播效果研究的重要课题

今天,修辞与传播一样,已经成为一个无所不在的概念。随着研究的深入,两门学科之间的交叉态势不断加强,并逐渐形成了一些交叉学科,如修辞传播学。修辞传播学是运用修辞学的理论和方法,以人类修辞为视点,探讨人类各种传播中的修辞现象和传播规律的学科。它以各种传播中的修辞手段、方法、规律为研究对象,以揭示修辞传播规律、提高传播效率为目的,其研究领域包括政治、人际、新闻、科技、广告、文艺、广播、影视以及网络等各种传播领域。①

1. 修辞意识:传播效果研究的一条暗线

传播效果研究的是带有目的、倾向性的传播活动的影响和结果。在这一点上,传播效果研究和修辞有着极为密切的关系,因为修辞是有目的、积极谋取效果的传播艺术。综合考察传播效果和修辞的研究核心,不难发现,两者都把有目的、谋取效果的传播活动及其各种影响因素作为研究对象。

当代新修辞学认为修辞蕴藏于人类的一切传播活动中,而且它组织和规范人类思想和行为的各个方面。随着新修辞学把研究的视角从传统的政治活动投向以言语为主的象征交流活动,修辞学逐渐向传播学演变。因此,“我们可以说,从(20世纪)20年代开始以演讲和话语为研究主体的现代修辞学的复兴为现代传播学播下了种子,作了理论准备”②。“大众传播研究一直被一种‘效果导向’(effect - orientation)主导”③,以追求话语效果为核心的修辞精神和思想渗透于传播研究的各种模式和理论中。也就是说,修辞意识一直是传播效果研究的一条暗线。

2. 修辞技巧:传播效果研究的微观考察

东西方修辞学都有着悠久的历史传统并产生了深远的影响。东西方修辞学产生于言语传播的社会实践,都研究修辞的手段和方法,都重视修辞技巧的研究,关注人类的言语传播规律。这种研究的目的是追求最佳的传播效果,从言语和语言的本体层面探讨言语传播的效果是微观的考察,也是最直接的研究。

---

① 陈汝东. 新兴修辞传播学理论[M]. 北京:北京大学出版社,2011:11.
② 宁,等. 当代西方修辞学:批评模式与方法[M]. 常昌富,顾宝桐,译. 北京:中国社会科学出版社,1998:1.
③ 洛厄里,德弗勒. 大众传播效果研究的里程碑[M]. 3版. 刘海龙,等译. 北京:中国人民大学出版社,2009:1.

大众传播时代,随着社会科学研究的"语言学转向",很多社会科学领域的研究课题都试图从以语言为基本传播手段的话语中寻求问题的答案。在传播学中,对信息内容的研究形成了独特的内容分析方法,内容分析从本质上说就是微观的言语技巧和规律研究,也可以说是修辞技巧研究。即使是宏观的传播效果研究,也往往是从最基础和微观的层面展开的,例如"议程设置"理论是从媒介内部的信息采集和加工过程以及"议事日程"这些微观的层面,来探讨影响和制约新闻报道内容取舍选择、安排设置的时空因素、社会文化规范、社会认知和价值倾向的。

3. 修辞语境:传播效果研究的宏观观照

语境是中西方修辞学的重要研究对象,语境的构成、性质、功能、分类等是共同的研究内容。修辞语境是传播效果研究的宏观观照,这是因为,新闻话语的建构、传播、解构大都是依据实际发生的具体事件情景和宏观的社会政治、经济、文化、心理、历史、技术背景进行的。可见,新闻语境是在新闻话语生产过程中生成的,是在传者和受众,传者、受众与社会实在、自然存在的现实相联系、动态互动过程中创造出来的。所谓新闻语境,是指在新闻话语建构、传播、解构过程中动态存在的社会环境、自然环境和具体的新闻情景。其对新闻话语的建构、传播、解构起着制约、影响、解释、控制、协调、补充的作用。根据新闻语境的层级构成和形成规律,可以把新闻语境分为话语语境、情景语境,以及自然、社会语境。话语语境包括语体语境和上下文语境;情景语境就是新闻事实实际发生的环境,具体包括事件语境、人物语境、时间语境、地点语境等;自然、社会语境包括主观语境、客观语境,主观语境包括人文背景、社会角色、社会关系、个性心理等,客观语境包括自然环境、社会文化、社会政治、社会心理等。每类新闻语境还可以再向下细分,例如事件语境还可以细分为事件性质、事件场所、事件进程等;人物语境可以向下细分传者语境、受者语境、受访者语境等。

4. 修辞话语分析:传播效果研究的重要方法

从历史上说,话语分析可以追溯到古典修辞学。[①] 亚里士多德已经详细论述了话语的各种结构和其在公共话语中的劝服功能。20 世纪中叶以后,语言学研究由语言研究转向言语研究,同时发轫于语言学、文学理论、符号学、社会学等学科的现代话语分析在 60 年代末 70 年代初得到了迅速发展。这一时期,修辞的本质、属性被重新审视,修辞被界定为运用话语和象征来达到某种效果的传播行为,研究对象几乎涵盖了社会生活中的一切传播行为。修辞开始在各个领域、各种话语系统的话语分析中扮演

① 迪克. 作为话语的新闻[M]. 曾庆香,译. 北京:华夏出版社,2003:18.

重要角色。它已经从遣词造句、美化语言、劝服策略、结构调控等传统的定义演变成建构话语、生产知识、象征力量等更宏观、更广义的一种理论和方法。

话语就是人类知识、信息、思想、意识的外在表现形式,或者说话语是知识、信息、思想、意识进入交际和传播的言语形式。根据杨信彰(2000)的归纳和分析,话语分析的方法有5种:结构分析法、社会文化分析法、认知分析法、批评话语分析法、综合分析法。这5种话语分析方法都隐含着修辞学的思想和理念。修辞概念内涵和外延的演变反映了人们对话语建构、传播、解读规律和特点的认识与把握。因此,从历史渊源、关注内容等诸方面来看,话语分析实质上是一种修辞分析。

二、我国新闻话语修辞研究的现状与趋势

早在20世纪60年代,新闻开始在语言学领域得到关注,相关研究主要采用了文体学与批判语言学的视角。从修辞学角度研究新闻是从20世纪80年代中期开始的。1985年,华东修辞学会在复旦大学举办了"现代汉语语体学术会",会上有学者提出"新闻修辞"这一概念。[①] 此后的90年代,修辞学研究成果不断涌现,特别是21世纪以来,新闻修辞研究取得了更为显著的发展。

(一)我国新闻修辞研究概况

根据1978年以来的研究成果和新闻修辞传播研究自身的演进,可以把我国的新闻修辞研究分为以下三个阶段。

第一阶段:萌芽和初创期(1978—1991年)

这一时期,没有专门的以"新闻修辞"作为系统研究对象的专著。一些著作中论述了新闻修辞的一些话题,主要包括方言的《新闻初探》、穆青的《新闻工作散论》、徐铸成的《新闻艺术》、刘黑枷的《新闻创新谈》等论述新闻文采、新闻可读性等修辞性问题的著作。洪天国在《现代新闻写作技巧》(1986)中第一次把"修辞"作为专章列入。"新闻修辞"作为一个正式命题出现在专著中,是吴士文、唐松波主编的《公共关系修辞学》(1989),其中"新闻修辞"是作为一章出现的。林兴仁的《实用广播语体学》(1989)是第一部运用语体学理论研究广播话语的专著,对"广播新闻"这一分语体进行了修辞性研究。此阶段大部分研究成果形式是期刊论文,从语言本体的角度探讨修

① 此据吴士文先生给罗远林《新闻修辞研究》所作序言。

辞手段在新闻报道中的应用,如新闻标题中的修辞格,新闻语体,消息、通讯语言的特色和要求,新闻语言的特征,等等。

第二阶段:快速发展期(1992—1999 年)

20 世纪 90 年代是修辞学研究的繁荣期,新闻修辞研究成果也不断涌现。此阶段最大的亮点是出现了三部专门系统研究"新闻修辞"的专著:巩衍杞等的《新闻修辞》(1992),罗远林的《新闻修辞研究》(1994),曹保健、胡东霞的《新闻修辞艺术》(1995),三部专著比较系统地探究了新闻修辞研究的对象、内容、方法、性质、目的等基本理论问题,初步建立了我国新闻修辞研究的框架,新闻修辞研究出现了第一个高峰。

这一阶段研究成果的另一种形式是期刊论文,例如,郑旷在《新闻知识》发表的《试论新闻修辞的基本原则》。《新闻三昧》在 1995 年第 9 期到 1996 年第 3 期刊发了中国人民大学新闻学院李宝瑾撰写的"新闻修辞系列讲座";1996 年 1 月至 1997 年 1 月还刊发了吴鸿业撰写的"新闻语体系列讲座"。这一阶段探讨的焦点话题是"新闻体裁"和"新闻语言"。这些论文沿用传统修辞学的方法,细致、具体地分析了新闻报道中的修辞现象。

第三阶段:繁荣拓展期(2000 年至今)

自 21 世纪初以来,新闻修辞研究异常活跃。新闻修辞研究逐渐细化、深化,研究视角向多向度拓展,涉及新闻话语、新闻语篇、新闻叙事、新闻语体等方面。此阶段一大特点是,大量硕博论文开始以新闻修辞作为选题方向,从多视角探讨了新闻修辞实践的各个方面。从话语角度研究新闻报道成为一个热点,这方面的论文既有宏观的理论探索,如曾庆香的《论新闻话语》等;也有中观的研究,如对娱乐新闻话语、体育新闻话语、财经新闻话语、评论话语的研究;很多研究是微观的,具体探究了一些重特大新闻事件的话语建构问题,如神舟五号、北京奥运会、汶川大地震等。大量有关新闻修辞的学术论文不再局限于"能指"的微观层面,而是拓展到"所指"的中观和宏观的研究层面。也就是说,研究者对语言本体层面修辞现象背后隐含的意识形态、文化语境、时代背景更感兴趣。

此阶段还出版了很多新闻修辞研究相关的专著,新闻修辞的交叉研究受到重视。例如:曾庆香从话语角度研究新闻叙事,在"新闻话语的事实建构"这一层面明确论述了事实建构的词语选择和句式选择等新闻修辞问题;何纯的《新闻叙事学》单列一节论述了"新闻叙事修辞",认为新闻叙事是有要求有规矩有劝告有限制的叙事,它不是单向度的封闭叙事,而是面向受众的暗含劝服性特征的叙事,通过劝服赢得受众的认同；周雷的《深度写作：新闻叙事修辞学例话》（2009）第四章对新闻写作中的修辞因素进行了归纳和总结，他以《纽约客》《时代周刊》等国外期刊的典型文本为材料，探讨了基于文章结构的潜在修辞。

另外，新闻修辞和新闻语言、语体、语篇、话语密切相关，很多著作虽然不以新闻修辞命名，却或多或少地会论述到新闻修辞这一命题。李元授、白丁的《新闻语言学》（2001）探讨了新闻语言学中一些规律性的问题，诸如新闻语言的基本要求、新闻语体特点等内容。高歌东的《广播语体修辞学》（2005）讨论的主要是广播话语中的各种辞格。李水仙的《电视新闻语体研究》（2007）运用语境理论，从词语、句法、修辞、语篇结构的角度系统描述了电视新闻这一类型化的话语运用体系。蔡玮的《新"新闻语体"研究》（2010）从叙事学、篇章学、语言学以及语体学的角度对新闻报道语篇和新闻谈话语篇进行了对照式的描述。胡曙中在《英汉传媒话语修辞对比研究》（2007）一书中列专章，从修辞学和话语分析的角度对比研究了英汉新闻在主题和叙事方面的差异。代树兰的《电视访谈话语研究》（2009）融合了新闻传播和话语分析的理论，揭示出电视访谈在话语结构、话语角色及其转换规律、话语策略等方面的话语特征。

2009 年 6 月，北京大学新闻与传播学院主持召开了国际修辞传播前沿论坛，这在新闻传播修辞研究的历史上具有里程碑意义。来自中国、法国、韩国、日本、美国等国家的语言学界、文学界、新闻学界、传播学界的学者，聚集一堂，以"多元文化与多学科交叉中的修辞传播学研究"为主题，从语言学、文学、新闻学、传播学、哲学、伦理学等多学科视角，共同探讨了不同文化背景中修辞传播研究的领域、新趋势。

全球修辞学会会长、北京大学陈汝东教授的专著《新兴修辞传播学理论》借鉴传播学等相邻学科的理论和方法，从传统与现代、中国与外国、本体与交叉、语言与建筑、人文与社会，以及修辞学研究的全球化和跨学科等多重视角，对修辞传播学、视觉修辞学、建筑修辞学、宗教修辞学、修辞伦理学、比较修辞学以及公共修辞学等新兴交叉学科的前沿理论及其在新媒体环境中的应用，做了较为系统、深入的前瞻性探索。该著作拓展了修辞传播学研究的领域，丰富了我国修辞传播学的理论体系。

惠东坡的专著《我国重大突发事件新闻话语修辞研究》（2013）以我国主流媒体重大突发事件报道为研究对象，从话语修辞的视角初步探讨了重大突发事件新闻生产的机制、特点和规律。从重大突发事件报道的话语修辞建构、话语修辞传播、话语修辞认知三个层面，揭示了"事实建构"作为一条主线贯穿于新闻话语生产整个过程的特征，描述了自中华人民共和国建立以来我国重大突发事件报道"事实建构"经历的零度建构、低度呈现到当下全息建构、高度呈现的发展历程。通过历时与共时、宏观与微观的典型文本分析，探讨和总结了我国重大突发事件新闻话语修辞语境的动态生成机制和话语修辞传播策略。通过解析预设、同一、隐喻、解读等话语修辞认知的关键环节，考察了政府、媒体、公众对重大突发事件的修辞认知差异。

总之，21 世纪以来的新闻修辞研究不再以静态的语言系统为唯一的研究对象，不再局限于对词语、句子以及修辞格的具体分析，而是从话语、语篇、语用的视角，把新闻报道看作一个过程，结合社会语境考察其话语修辞的目的和效果，大大拓展了新闻修辞研究的视野。值得一提的是，研究方法也有了新的突破，一改传统的主观描述式的研究方法，定量研究方法在新闻修辞研究领域被广泛运用。①

（二）我国新闻修辞研究的趋势

我国的新闻修辞研究已经悄然走过了 30 多个春秋，从最初鉴赏式分析、感悟式体验的主观随意研究阶段，发展到相对科学化、现代化的定性与定量相结合的研究阶段。新闻修辞的概念、内涵、目的、原则、研究对象、研究方法等基本理论问题和研究框架正在逐步清晰和明确。

"新闻修辞的形式不仅仅是建立在语法层次的音韵学、形态学或句法的基础上"，"它完全是通过运用提示新闻特征的各种相关性或显著性的方式来实现强调具体内容的目的"。② 作为一个关系范畴，新闻修辞将得到双向甚至多向和互动性修辞建构。新闻修辞也会继续从对单向度的文本的考察走向对话语实践和社会实践的考察，新的阐释也将从新闻语言形式转向非语言的诸多环境因素之间的逻辑联系。这种阐释已不再主要依靠自我内心体验，而是注重从修辞交际所关涉的社会因素、心理因素以及社会心理因素等的实际运作过程来解析修辞行为实施的社会机制及其功能效果。③

西方思想界将修辞意识在人文科学领域的迅速蔓延看成继"语言转折""解读转折"之后出现的又一重大转折，并称其为"修辞转折"。伴随着这一转折，修辞学本身也转向了"批判性"。批判性修辞更加注重修辞的过程，力图通过演绎的方式，批判性地还原和解析修辞过程，以帮助修辞学成为向其他学科提供用以解读和分析修辞现象的权威理论资源。④

① 惠东坡. 我国新闻修辞研究的现状与趋势［J］. 现代传播（中国传媒大学学报），2011(4)：153-154.
② 迪克. 作为话语的新闻［M］. 曾庆香，译. 北京：华夏出版社，2003：87.
③ 陈汝东. 中国修辞学：20 世纪回顾与 21 世纪展望［J］. 平顶山师专学报，2001(3)：27.
④ 惠东坡. 我国新闻修辞研究的现状与趋势［J］. 现代传播（中国传媒大学学报），2011(4)：153-154.

三、影视修辞

修辞不仅蕴藏于人类一切传播活动中，还组织和规范人类的思想和行为的各个方面。特别是随着现代传媒业的建立与快速发展，从文字语言修辞到视听传播修辞，从书籍、报刊到影视、互联网，修辞学边界的拓展因应了这一巨大变化。

（一）电影修辞理论

影视修辞建立在机器（机械媒介）—电子（新媒体）基础上的直观动态画面与时空上的任意组合——蒙太奇艺术——之上，它与一般语言修辞有很大不同。正如李显杰在《电影修辞学：镜像与话语》一书中所指出的："影像就其表意的载体形态和'表意'方式（手法）而言，不是一般意义上的'语言'方式那种严格的'言说'（口头的或文字的），而是一种'非词汇'的视觉感知。"①电影语言只是一种比喻的说法，是一种类语言。

1. 电影语言与文学语言的区别与联系

电影是一种由活动的画面所组成的影像感知系统。它与由文字所组成的符号语言系统有明显的不同，"并不是像有些电影艺术家所说的，是体现在表述的题材、对象上。即某些题材是文学性的，而某些题材是电影性的。电影与文学最大、也是最重要的差异体现在语言的表述形态与表述方式上。确切地说就是，电影与文学分别属于不同的表意体系"②。

（1）电影语言是由物象符号组成的，这意味着电影是在用摄录设备记录下来的肉眼可见的物象符号表现现实世界，而文学语言是由高度抽象的文字符号组成的，即便是发源于象形文字的汉字，经过几千年的发展也变得高度抽象化了。即：电影是可以直观感知的，而文学要依赖于抽象的语言符号，要靠想象和联想才能明了其含义。

（2）电影语言中的本体与喻体是重合的，文学语言中的本体与喻体则是分离的。比如把一个坏人比作猫头鹰，影视镜头可以直接在这人的形象上叠化一个猫头鹰的形象，或者在人物出现以后直接出现一个猫头鹰的形象，而文学描写可能会说这人像一只猫头鹰那样狡诈。

（3）电影语言作为一种艺术语言，与音乐、绘画一样，更具有普世性，也可以被称

---

① 李显杰. 电影修辞学：镜像与话语［M］. 北京：文化艺术出版社，2005：1.

② 贾磊磊. 电影语言学导论［M］. 北京：中国电影出版社，1996：97.

为真正的世界语，不同国家或地区的语言不需要翻译就能看懂大意。而文学语言作为一种典型的民族语言，如不经翻译，有些含义根本搞不懂。

(4)电影语言中的事物是具体的、个别的。总是独特的“这一个”。比如，电影从不表现“房子”或“树木”这样抽象的概念，而是表现“某座特别的房子”“一棵具体的树”。文学语言表述的既可以是特指的、具体的，也可以是一般的、泛指的、抽象的。

当然，我们也必须清楚：电影语言能否作为一种独立的语言，至今还存在争议。事实上，电影语言之所以被视为语言，恰恰是因为它与文学（文字）语言拥有近乎一样的逻辑。

英国人罗宾·乔治·科林伍德指出：“在某种意义上，语言完全是一种思维活动，而思维就是语言所能表达的一切；语言……不属于感觉范围或心理经验范围，而是属于思维范围。”①从这个意义上来说，电影语言与文学（文字）语言具有相近的思维方式。

在人类几千年的文明史中，文字语言文化占据了主导地位。因此，语言的观念常常局限在文字语言的范畴，被认为是“以语音为物质外壳，以词汇为建筑材料，以语法为结构规律构成的体系”②。但现在，人们也经常提到“音乐语言”“舞蹈语言”“绘画语言”等，这表明，音乐、舞蹈、绘画乃至电影电视等艺术创作日益摆脱技巧、感觉的层面，成为一种类语言的表达方式。对于影视艺术，我们当然可以说，它有一种特殊的语言——影视语言，所谓影视语言，笔者曾把它界定为“人类在文字语言的基础上，获得的一种全新的艺术语言——动态的、具有三维立体感和逼真视听效果的视听综合语言”③。

如此来看，影视语言与文字语言仍然有着紧密的联系。从修辞的角度讲，影视语言与文字语言的修辞也有一定的关联性。

2. 什么是电影修辞

从某种意义上讲，一部影片之所以能得到观众的认可，并不仅仅是因为该片的导演是一个善于用影像“讲”故事的人，更重要的是他是一个善于掌握他与观众“共同使用的代码”的人，这“共同使用的代码”就是修辞。

直观可感、动态流动的影像修辞格，显然与一般语言修辞建立在“语音—词汇—语法”系统上的修辞格不同，电影影像的辞格形态和功能意义往往取决于影像的具体

---

① 科林伍德. 艺术原理[M]. 王至元，陈华中，译. 北京：中国社会科学出版社，1985：258.

② 《教师百科辞典》编委会. 教师百科辞典[M]. 北京：社会科学文献出版社，1987：368.

③ 李焕征. 影视艺术基础教程[M]. 北京：中国电影出版社，2013：5.

呈现内容与其语境、主题间的对应关系，或者说是“常态”形象与“特殊”形象之间的变化和组合，而不是“词”与“词”之间的搭配与对比，因此电影修辞的“方式”与手法和一般意义上的“语言”修辞具有明显的差异性。①

但是，我们也应该看到：“如果说严格意义上的语言学（口头语、文字书面语言）是建立在‘语词’系统上的话，那么电影影像并不具有这种‘词汇’性（或者说只有很弱的词汇性），因为影像并不是联想式的指称，而是呈现性的感知。”所以，简单地套用文字语言的修辞格是不可取的。②

电影语言的研究与普通语言的研究具有相似性，但与普通语言相比，电影又是一种仅仅具有百余年历史的新媒介，它与普通语言有着非常大的差异。这种差异并不体现在对电影语言外在现象（如修辞格）的把握上，也不体现在对语言功能、效果、美学价值和艺术规律的探索上，而集中于如下两个方面：一是电影能指本身的特殊性，一是由虚构的故事（想象界）所导致的能指阅读（观影）的想象性。这就是“想象的能指”这一概念的由来。

电影影像由于与物象的亲近性而具有了不同于普通能指的特性。这些特性包括电影能指与所指的重合、能指的流动性、能指信息的多重复合性（如影像符号的分节特性）等。这样，电影语言便与依靠偶然性关系将能指与所指相联结的普通语言有了本质差别：后者可以以字、词、句等离散单元为尺度，限定在纯语言的符号系统中，围绕其展开的研究主要观照语言的文本层面，在语言系统中考察符号现象及其运作规律；但围绕前者展开的研究必须始终考虑到电影的“词语”问题，在一个没有“固定词汇”的语言系统中对一些具有普遍性的“固定用法”进行研究。20世纪50年代，很多理论家认为“电影符号”似乎是一个伪概念，他们的理由是：如果借助结构主义语言学模式研究电影，作为能指的符号和作为所指的现实是如何被量化和界定的？如果借助结构主义语言学研究电影，那么作为语言的符号是如何集合在一起的，即电影语言的语法是什么？法国著名电影心理学家米特里和早期的麦茨都认为，这两个问题无法解答。

在麦茨之前的传统电影理论看来，电影毫无疑问是一种语言，电影理论史基本上可以看作电影语言发展的历史。

在对影片的文本分析中，不可忽视的是影像及其构成方式。它包括：镜头景别、摄像机的机位、影片的轴向、观众的观看视点、观众的位置等。影片的文本分析实际上首

① 李显杰. 电影修辞学：镜像与话语[M]. 北京：文化艺术出版社，2005：43.
② 李显杰. 电影修辞学：镜像与话语[M]. 北京：文化艺术出版社，2005：36.

先就是影片的影像语言分析,影片的创作实践考虑到这种影像修辞,则可以看作其掌握了与观众"共同使用的代码"。反之,则可能拍出一部观众看不懂的电影,不管导演的想法多么伟大,其结果总是不能令人满意的。

电影画面既有一种明显内容,也有一种潜在内容。对于明显的内容,我们不必去过多地分析,相信大多数观众能够根据常识作出判断;而对于潜在的内容,尤其是具有隐喻和象征意义的镜头,则要从电影的语言语法角度作出认真解读,否则是不容易弄明白的。

3. 处理电影修辞问题的三种方式

对待电影修辞,经典电影理论和现代电影理论以及反结构主义时期的电影理论是有很大不同的。

(1)经典电影理论中的修辞研究

经典电影理论一般是指20世纪60年代中期结构主义符号学电影理论兴起之前的以研究电影本体为核心的电影理论,主要包括电影美学、电影心理学、电影社会学等诸多形态,它关注的论题包括电影的本性、电影的特性等,其中最重要的是电影与现实或者说电影与真实的关系问题。

此一时期电影理论主要关注两个层面的修辞问题:一是影像之间的关系,二是声画之间的关系。镜头是电影语言的最小单位——词汇,而蒙太奇就像电影语法运用中的句子表达,由一个个蒙太奇句子组成段落。蒙太奇是这一时期最重要的研究内容。如爱森斯坦借用汉语中的"口＋鸟＝鸣"这一象形文字的特点来说明蒙太奇,他认为,蒙太奇是十分准确地服从一种辩证法规律的:每个镜头都必须含有能在下一个镜头中找到答案的元素(呼唤或缺席),观众身上产生的紧张心理(注意或疑问)应当由后续镜头来解决。

电影修辞的意义不仅表现为叙事,更多的是在隐喻和象征的层面展开的。

所谓隐喻,是指通过蒙太奇手法,将两幅画面并列,而这种并列又必然会在观众思想上产生一种心理冲击,其目的是便于观众看懂并接受导演有意通过影片表达的思想。所谓象征就是指含义并非产生在两幅画面的冲击之中,而是蕴藏在画面内部,如爱森斯坦的处女作《罢工》把工人遭枪杀与牲口遭屠宰的镜头反复交叉剪辑(隐喻),再比如卓别林默片时期的杰作《摩登时代》把工人卷入机器的过程淋漓尽致地表现出来(象征),这些都是重要的修辞手段。

(2)现代电影理论时期的电影修辞研究

现代电影理论一般是指20世纪60年代中期开始兴起的一系列新的电影理论思

潮和流派,和经典理论不同,现代电影理论重视的不是作品本身的美学价值,而是其背后更广阔的社会历史文化意义。它采用的方法主要是符号学、精神分析、女权主义、意识形态和叙事学研究等。

与经典理论不同,现代理论研究更关注电影作品和观众的关系。它并不通过对作品的解释来回答电影与现实的关系,而是通过分析影像与观众的关系来解读作品和观众的关系。从经典理论到现代理论的过程,就是一个从单纯对客观世界的探究进入对主客观世界关系的探究的过程。这个过程的演变也意味着电影理论研究对象的根本转变,即由对电影本身的研究转变为对电影性或电影关系的研究,由对电影艺术的研究转变为对电影文化的研究,由本体研究转变为符号学研究,由生产美学转变为接受美学,由产品美学转变为观众心理学。现代理论最终使电影研究与电影创作一分为二,也使电影理论与电影评论一分为二。

这一时期电影理论主要关注的也是两个层面的修辞问题:一是文本形式研究,二是心理机制研究。

现代电影理论对修辞的关注主要是从电影语言和电影符号学的角度展开的,如麦茨的大组合段理论。

麦茨后期著作《想象的能指》标志着第二电影符号学的诞生。该书经过极其精密和复杂的论证,得出了令人信服的结论:电影文本仅属于外在媒介层面的电影语言,而并不是真正的语言,但其符号运作的内在元机制与普通语言完全一致。

意识形态电影研究与女性主义电影研究也是此时期电影修辞研究的重要内容。如达扬关于意识形态"缝合"理论的研究,"实质上便是试图解释最规范的镜头语言所具有的'修辞效果'"[①]。劳拉·穆尔维的女性主义电影研究则是借助于弗洛伊德和拉康的精神分析方法,对观影主体获得愉悦的两种心理机制进行了研究。她首先将电影观众的观看模式区分为两种:窥淫式观看与拜物式观看。窥淫式观看包含一种控制性凝视,穆尔维认为这与虐待狂有关:"快感存在于罪行的确认中——通过惩罚或谅解以便确认对有罪者施加控制并使之屈服。"与之相反,拜物式观看包含"对于拜物客体的替换,或者被再现的人物本身转变成一种神物以便确认不是危险。这样就建构了客体的身体之美,将之转化为自身满意的某物。这类色情意图仅仅聚焦于外表"。拜物式观看导致对于女性形象的过高评价,并且产生了对于女电影明星的崇拜。[②] 女性主义所分析的这两种观看,都是根据两性差异对电影中的视点段落(其中尤其强调男性

---

① 赵斌.电影语言修辞研究[M].北京:中国电影出版社,2009:20.

② 穆尔维.视觉愉悦与叙事电影[M]//李恒基,杨远婴.外国电影理论文选(下册).修订本.北京:生活·读书·新知三联书店,2006:637.

对女性的“凝视”)进行编码和结构的。

(3)从结构主义到反结构主义的修辞研究

在结构主义仍然占据着电影理论的主位并未退场的时候,反结构主义(或称后结构主义)已开始登场。法国理论家吉尔·德勒兹成为此时期的反传统哲学的先锋,是米歇尔·福柯之后又一位对世界产生广泛影响的法国思想家,他在电影理论方面的著作主要体现为1983年至1985年相继出版的两本重要著作《运动—影像》(*L' Image - Mouvement*)和《时间—影像》(*L' Image - Temps*),人们习惯上把这两本著作称为电影哲学。德勒兹在《时间—影像》中把“我们不应再问‘什么是电影’,而是应该问‘什么是哲学’”这样一句论断性的话语放在全书的结尾部分,鲜明地表明了作者的研究特点。在德勒兹的电影研究中,电影的具象实践变成了抽象理论,电影影像被解读为概念本身。

德勒兹认为,诸如经典好莱坞剧情片之类的古典影片表现的是“运动—影像”,这种模式的突出特点有鲜明的因果关系、逻辑体系以及“运动—感知”模式的充分运用等。对于“二战”后的法国新浪潮电影和意大利新写实主义电影等范畴,德勒兹认为在这些电影中,运动—时间的关系已经转变,影像表现出分散、即兴的特点,故事情节被片段化,因果关系被“跳接”等剪辑打破,而这就是“时间—影像”。德勒兹认为这种转变酝酿已久,而且表现形式多样,诸如小津安二郎、曼凯维支等人的电影,甚至在一些音乐喜剧都有体现。德勒兹明确指出,与“运动—影像”相对应的是“感知—运动”情境,与“时间—影像”相对应的是视听情境。

德勒兹对于电影修辞研究的贡献主要体现在以下三个方面:一是德勒兹反对用欲望解释修辞发生作用的内在机制,反对结构主义时期大行其道的精神分析学说;二是德勒兹秉承尼采、伯格森的反黑格尔传统,强调非逻各斯—非欲望中心—非叙事—非动作,完全脱离了麦茨的精神分析符号学;三是他重视考察“电影作为现实的影像修辞”的一系列属性(如修辞的时间和空间的可能性),而不再聚焦于结构主义所关注的电影语言学和符号学。

(二)蒙太奇与电影修辞格

李显杰的《电影修辞学:镜像与话语》一书是在其关于电影修辞格研究的博士论文基础上完成的,虽然书名已改成了电影修辞学,但主要内容还是影像的修辞格。

修辞不等于修辞格,但修辞格无疑是修辞的关键所在。与古典修辞学把修辞格看作“表意”方式和“言说”技巧不同,现代修辞学将修辞格的运用与“诗学”的追求、“文学性”的建构密切联系起来。① 对于电影修辞来说，“诗学”的追求、“电影性”的建构是它的重要内容。

如巴赫金谈语言时所说：“人们交流的不是句子，正如同不是单词（在严格的语言学含义上）、不是词组一样；人们交流的是思想，亦即表述。”②对于电影而言，运用影像辞格来叙事表意，关键在于蒙太奇。

蒙太奇是法语 motage 的音译，原是建筑学术语，用于电影中意为剪辑、组合，即对各个镜头进行组织、剪辑，使之产生连贯、对比、联想、衬托、悬念及各种节奏效果。

蒙太奇的主要特点是形成画面之间以及画面和音响、画面与色彩之间的组合关系，造成影片紧张或舒缓的艺术节奏和氛围。同时，把在不同时间和不同地点拍摄的片段有机地组接起来，使影片中的时间与空间的变换具有令人信服的真实感。这实际上就是电影主要的修辞手法。

1. 叙事蒙太奇与影音辞格

叙事蒙太奇是蒙太奇最简单、最直接的表现，其将许多镜头按一定逻辑或时间顺序分段剪辑在一起，这些镜头中的每一个镜头自身都含有一种事态性内容，其作用是从戏剧角度和心理角度去推动剧情发展。

叙事蒙太奇又可以分为两种：一种是线索的蒙太奇（又称顺序式蒙太奇），它确定一部含有一个统一的、用一系列按时间或逻辑顺序安排的场景去展示的影片的组织结构，是最常见的蒙太奇修辞；另一种是颠倒的蒙太奇（又称倒序式蒙太奇、闪回式蒙太奇），其为了表现一种纯属主观的、富于戏剧性的效果，自由地从现时转至过去，又从过去转回现时，从而打乱了时间顺序的蒙太奇，像意大利电影《天堂电影院》以自然、流畅的回叙语态将小多多的成长经历与电影往事融合到一起，同时直接或间接地表现了电影艺术和技术发展的一段历史。

2. 表意蒙太奇与影音辞格

表意蒙太奇又称表现蒙太奇，以镜头的平行、交叉剪辑为基础，目的在于通过两个或两个以上画面的冲击来产生一种直接而明确的效果。在这种情况下，蒙太奇致力于表现一种心理、感情或思想。

平行的蒙太奇（对比的蒙太奇、交叉的蒙太奇）：这是指两个或更多的戏剧动作通过插入属于各个动作交替出现的片段而得到并列表现，其目的在于从两者的对比中体

---

① 李显杰. 电影修辞学：镜像与话语[M]. 北京：文化艺术出版社，2005：11.

② 巴赫金. 巴赫金全集（第四卷）[M]. 白春仁，等译. 石家庄：河北教育出版社，1998：158.

现出某种含义。平行蒙太奇是最细腻、最有力的一种蒙太奇样式。对比的蒙太奇是平行蒙太奇的一种特殊形式,其特点在于:插入的镜头意义相反,形成对比。交叉的蒙太奇则是一种更为复杂的平行、对列,至少有三个或三个以上的镜头反复交叉出现。电影史上经常被提及的是爱因斯坦在《战舰波将金号》中关于敖德萨台阶的一组平行、交叉蒙太奇的运用。在这个经典段落里,既有各种不同动作的并列,也有沙皇军队与普通百姓的对比,还有反复出现的石狮子的镜头,蕴涵了非常丰富的意义。

隐喻或象征的蒙太奇:如前文所讲到的经典时期的电影修辞关于隐喻和象征的部分,普多夫金导演的电影《母亲》的开头,以春天河流坚冰的融化来指人们的觉醒就是一种隐喻,日本电影《裸岛》整个影片就像是日本这个民族历史文化的象征。

复现式蒙太奇:反复出现的物象,形成一种紧张、悬疑的气氛。如《正午》中的时钟反复出现,隐隐地让观众感觉到可能有什么意料不到的事情将要发生。这类似于修辞中的反复手法,就是通过一遍一遍地重复个别词语或句子,达到强调的目的。

心理蒙太奇:这是电影中心理描写的重要手段,广义上仍属于表现蒙太奇类型。它通过镜头组接或音画有机结合,直接而生动地展示出人物的心理活动、精神状态,如表现人物的闪念、回忆、梦境、幻觉、想象、遐想、思索甚至潜意识的活动。心理蒙太奇手法在电影中比比皆是。其特点表现为形象(画面或声音)的片段性、叙述的不连续性、节奏的跳跃性。其多用对列、交叉、穿插的手法表现,如电影《八部半》开头的堵车场景,主人公基多飞出车窗外,想飘向空中,脚却被一条绳索捆住,从心理上暗示了主人公在家庭、情感、事业方面所遭遇的危机;《野草莓》开头的梦幻段落通过一系列惊悚的镜头,讲述了大学教授伊萨克对生命时日无多的恐惧和焦虑。

3. 色彩修辞与声画修辞

从色彩的角度看,影片最早是黑白影片,后来才出现彩色影片,但像《雁南飞》《裸岛》那样的黑白影片就可以看作影片的一种修辞。而像《辛德勒的名单》,影片开头是彩色的,中间主体部分则是黑白的,偏偏是影片中在黑白的人群中出现了一位穿着橘红色衣服的犹太女孩,这就是色彩修辞,对这一色彩的突出就是对纳粹暴行的无声谴责。

从声画修辞的角度看,声画之间的关系还可区分为声画对位的蒙太奇与声画分立的蒙太奇两种。声画对位的蒙太奇指声音来自画内或邻近画面的画外,声音与画面是同时发生的。声画分立的蒙太奇指声音与画面不是同时性的,一般是现在时的画面与过去时声音的结合,适宜表现回忆和心理活动。

4. 长镜头与影音辞格

长镜头理论是蒙太奇理论的一种补充和完善。法国电影理论家安德烈·巴赞主张在电影中使用景深镜头和长镜头，以保持影片空间的真实性和完整感，以及在时间上的延续性。镜头究竟要多长才能称为长镜头？实际上并没有一个标准，只要是一个镜头内完成一定意义上的场面调度就可以称为长镜头。长镜头在极端的情况下甚至有所谓一镜到底[①]的拍摄案例。早在2002年，俄罗斯导演索科洛夫就采用一镜到底的方式创作了《俄罗斯方舟》，好莱坞大片《1917》用一个镜头展现一位士兵数小时内曲折的战场遭遇，这无疑是该片吸引观众的最大噱头。

长镜头一般来说能形成凝重、舒缓、纪实性强的影片抒情风格，有时也能表达诗意和梦幻。比如费穆导演的经典之作《小城之春》中的长镜头，就是一种东方风格和情调的修辞。再比如苏联电影《雁南飞》中男主角鲍里斯牺牲前的一个段落，既刻画了英雄倒下时的光辉形象，也描绘了濒死瞬间的英雄对未婚妻的思念，同时也以非常现实的笔触揭示了英雄身后的世态炎凉，是一种复杂的长镜头修辞。

（三）电视修辞

电视的发展比电影要晚得多。目前关于电视修辞的研究也屈指可数。在作为新闻信息载体的电视新闻语言研究成果中，比较有代表性的著作是黄匡宇的《电视新闻语言学》(2006)，其对中外电视新闻的传播现象，以及业内、业外人士对电视新闻语言构成的诸多认识，进行分析与整合，论述了电视新闻语言诸因素的构成关系。当然，这与系统的电视修辞研究的要求相比还有不小距离。

清华大学新闻与传播学院张小琴教授编著的《电视修辞学》作为中国首部电视修辞学著作，从修辞学角度对电视本质属性进行了再认识和再解读，揭示了电视现象背后的普遍规律，建立了电视修辞学的理论框架、概念、范畴和研究方法。这是一个很有意义的探索。

其他还有厉震林的《中国电影和电视的修辞学分析》(2004)、李智的《全球化语境下电视的修辞与传播》(2013)，这些关于电视修辞的著作有助于我们从修辞的视角对电视做进一步的探讨。但毋庸讳言，对电视修辞的探索还处于起步阶段，远没有电影修辞研究那样深入；与一般语言修辞研究的成熟相比，更是不可同日而语。当然，这也说明，电视修辞研究还是一片希望的田野，有待于大批有志之士去开拓。

➔ 推荐阅读

1. 迪克. 作为话语的新闻[M]. 曾庆香，译. 北京：华夏出版社，2003.

---

① 一镜到底指的是取消剪辑的痕迹，影片从开始到结束由唯一且不间断的长镜头组成。

2. 陈汝东. 新兴修辞传播学理论[M]. 北京:北京大学出版社,2011.

3. 惠东坡. 我国重大突发事件新闻话语修辞研究[M]. 北京:人民日报出版社,2013.

4. 谢立中. 走向多元话语分析:后现代思潮的社会学意涵[M]. 北京:中国人民大学出版社,2009.

5. 费伦. 作为修辞的叙事:技巧、读者、伦理、意识形态[M]. 陈永国,译. 北京:北京大学出版社,2002.

6. 胡春阳. 话语分析:传播研究的新路径[M]. 上海:上海人民出版社,2007.

7. 周雷. 深度写作:新闻叙事修辞学例话[M]. 福州:福建人民出版社,2009.

8. 刘涛. 视觉修辞学[M]. 北京:北京大学出版社,2021.

9. 张小琴. 电视修辞学[M]. 北京:清华大学出版社,2013.

10. 李显杰. 电影修辞学:镜像与话语[M]. 北京:文化艺术出版社,2005.

11. RICHARDSON J. Analysing newspapers: an approach from critical discourse analysis[M]. New York: Palgrave Macmillan, 2007.

思考与讨论

1. 什么是修辞?

2. 我国新闻话语修辞研究的现状与趋势如何?

3. 讨论:蒙太奇与电影修辞格之间的关系。

第四讲 媒介融合的概念、特征、思路与实践

随着互联网技术迭代、5G 逐渐普及和硬件设备成本下降，移动互联网成为网络传播的主流，以报纸、广播、电视为代表的传统媒体也开始求新求变，媒介融合在实践层面持续深入推进，无论是传统媒体，还是新兴网络媒体，都将媒介融合视为自身发展的重要途径。媒介融合在中国已经经历了十数年的发展，媒介技术的融合、传媒生产与传播渠道的整合、不同类型传媒机构的聚合共同构建了媒介融合的实践方向。媒介融合始终是一个正在进行的过程，问题与挑战可能不断出现，但正是对挑战的不断认识与思考，为媒介融合时代新闻生产与传播提供了新的进路。①

一、媒介融合的背景、概念与类型

传播学者德弗勒曾经提出这样的问题：是否有一种传播媒介，不管它传播什么样的信息，在传播这个信息和影响受众方面，比其他媒介更有效？是不是在传播某种信息或者产生某种影响方面有一种媒介是最好的？这些问题对教育工作者、宣传人员和广告客户来说特别重要。例如，如果目的是要尽可能多地传递事实性信息，那么，演讲、印刷品、电影和录像带是否更有效？如果希望改变受众的态度，使用电视、招贴画、广播以及其他一些媒介是否更好？对于某一些受众，是否有一种媒介比其他媒介能达到更佳效果？②

在当下，探求哪种媒介最好或不好已变得不那么重要，融合媒介成为今天这个时代最重要的媒介形态。

① 张峥，甘元. 媒体融合时代新闻生产与传播的挑战及应对[J]. 中国出版，2021(17)：38-41.

② 展江. 大众传播通论[M]. 北京：中国人民大学出版社，2011：418.

(一)从单一媒介到混合媒介

混合媒介的出现为我们带来了什么？一般人的回答可能是新闻信息量的大量增加,克瓦克和罗森斯特认为并不这么简单。媒体的空前发达并没有相应大幅增加新闻信息量,这使得媒介越来越多地倾向于炒作热点新闻,并且常常在事件尚在发展的时候就妄下断言。这个时代的新闻观是“妄下断言”而不是“探求真实”。①

1. 混合媒介时代的“妄下断言”

《极速》的第一章中谈到了一个有趣的故事:1964 年,当时的美国联邦调查局局长胡佛欣喜地弄到了一批录音带,上面记录了马丁·路德·金婚外恋的证据。胡佛邀请了一批记者去听那批带子,结果所有到会的记者没有一个将此事公之于众,尽管其中不乏和胡佛私交甚好,或讨厌马丁·路德·金的。如果换成现在,恐怕大多数记者都会迫不及待地把这件事捅出去。是什么引起了这么大的变化？是混合媒介时代带来的激烈的媒介竞争。

首先,让我们假设,这些录音带可能会落到编写网络新闻的人的手里,“最快报道世界动态”的 CNN 必然会想尽办法抢在它的对手 MSNBC 之前把新闻报道出来。同样,知道有这样的事情发生,广播节目难道不会展开大规模讨论吗？而与此同时,想要电视不以“脱口秀”的形式来炒作恐怕也是不可能的。在目前白热化竞争的情况下,各种媒介都想尽办法争取更多的受众,因为这同时也意味着更多的市场份额和利润。

其次,互联网和 24 小时连续播出新闻的广播、电视台需要新闻。这就像市场供求矛盾一样,人们希望在任何时间接触媒介都会获取不同的新闻,而并不是时时刻刻都有足够多的新闻可以满足人们的需求。矛盾的解决有两个方法:一是降低新闻选择的标准,编辑、记者们以相对低的成本获取更多的新闻;二是加强新闻炒作的力度,抓住某一新闻事件大做文章。换言之,是人们的需求和巨大的利润吸引着媒介争先恐后地炒作新闻,是媒介过多带来的竞争甚至是恶性竞争使然。但事实上,无论哪种方法都会引起冲淡新闻价值的结果。②

2. 混合媒介文化特征

克瓦克和罗森斯特认为,“混合媒介文化”(mixed media culture)的特征可以归纳为以下 5 点:

---

① 沈玲.从媒介形态变化看媒介文化发展[J].苏州大学学报(哲学社会科学版),2002(3):76-79.

② 任湘怡.“极速”时代的媒介文化——美国传播学者评媒介文化新动向[J].国际新闻界,2000(2):54-56.

(1)24 小时不间断的报道状态使新闻永远处于待续状态。正是这种不间断报道状态才使媒介倾向于提供结论,而不是寻找真相。新闻报道是个需要大量的证据、数据和观察的活儿。如果记者们不得不疲于奔命去寻找更多的“新闻”来充斥报纸版面、广播电视的时间,他们就没有时间去追踪一个处于萌芽状态的新闻事件,也没有时间为新闻报道添加素材。新闻只好永远处于待续状态。

(2)新闻源支配新闻界。我们现在抱怨记者不能提供“绿色新闻”,是因为他们过多地卷入了“条线”,而在混合媒介时代,新闻的需求大大增加,造成了新闻市场的供给和需求的失衡,新闻源开始“贩卖”新闻。几家媒体争相报道同一事件,人为造成热点也就很容易理解了。

(3)不再有“守门人”。由于受众的范围扩大了,媒体选择新闻的标准也随之扩大。一方面,新闻可以更加丰富,内容可以更加民主、刺激,以便让更多的受众乐于接受;另一方面,出于对市场份额和商业利润的担心,专业甄别新闻的眼光也就不由得随意一点。在实际操作中,低俗、大众化的新闻总是会代替高雅、严肃的新闻,成为媒体选择的对象。

(4)论断压过了报道。论断式的新闻文化总是和求证式的新闻文化不相容。许多媒体越来越喜欢对信息加以评点,形成报道,而不是和以前那样把信息搜集起来。评论、聊天、猜测、争论占用了大量的媒介空间。这样看来,MSNBC 简直就是一个巨大的聊天机构。

(5)“一鸣惊人”的心态。媒体总是希望通过提供更多有趣的新闻来吸引受众,这就是“一鸣惊人”出现的动因。这样的新闻更多地和名人、丑闻、下台、性有关,就像辛普森、戴安娜、莱温斯基,他们的新闻被炒作的部分原因是这类新闻的制作成本较低,还有就是简单。媒体不用煞费苦心地想出各种分类新闻就可以吸引住受众。①

(二)从跨媒体到媒体融合

混合媒体更多意味着媒体间的竞争,而跨媒体则意味着媒体间的合作,这是未来媒体发展的趋势。申丽在《电视新闻发展的趋势》中指出:电视新闻有视听合一、形象生动的突出优势。报纸新闻却有明显的易读看、好留存的优点。将两者结合起来,使新闻信息得以双重传播,必将产生优势互补、相得益彰的宣传效应。这种媒体联动,作为电视新闻发展的一种新趋势,正在悄然兴起。②

① 任湘怡.“极速”时代的媒介文化——美国传播学者评媒介文化新动向[J].国际新闻界,2000(2):54-56.

② 申丽.电视新闻发展的新趋势[J].青年记者,1999(5):12-13.

1. 跨媒体传播的优势

跨媒体在传播业发达的国家并不是新概念，在那里，单一媒体很难抵抗市场的巨大竞争风险，像维亚康姆、新闻集团、时代华纳无一不是集各类媒体业务于一身的传播集团。有人认为跨媒体传播指的是媒体之间的交叉传播与整合互动。跨媒体传播有两层意思：一是指同一信息在不同类型的媒体之间的交叉传播与整合互动，二是指不同媒体之间的合作、共生、互动与协调。学者陶然提出，跨媒体这一概念至少包含三个层面的意义：其一，不同媒体个体之间的合作，如 CCTV 和 TVBS 签订的交互协议，新浪网和《舰船知识》杂志社的合作等；其二，不同媒体公司之间的整合并购，包括产权整合、运营整合、产品整合等多种形式；其三，不同媒体界限的交融互动，构造新的更加适应时代需求的新的交流平台，这是跨媒体发展的最终走向，时代华纳和美国在线的合并就是一例。在国内，新浪网并购阳光卫视，兼具第二点和第三点特征。合并之后，阳光卫视从单一电视媒体变为跨媒体的形式，而且增加的是互联网形式，这是作为新媒体所必需的。对新浪而言，它的新闻频道是国内名气最大的网络新闻集散地，学术界把互联网当作第四媒体，但碍于国内的新闻政策，新浪一直在规避媒体概念，和阳光卫视的结合使得新浪的媒体概念变得名正言顺。①

跨媒体传播的优势至少表现在六个方面：一是可以最大限度地扩大受众覆盖面，二是可以大幅度地降低传播成本，三是可以提高信息传播效率，四是可以综合利用媒介资源，五是可以充分满足受众需求，六是可以提高媒体的抗风险能力。

2. 数字技术打破媒体界限

新技术尤其是网络技术的迅速发展为跨媒体传播提供了必要的技术保障。利用多媒体技术可以将丰富多样的传播功能融合在一个系统中。多媒体指的是使用数字压缩和网络技术将广播、电视、电话、传真、电子出版、计算机通信等各种信息媒介联成一体，对声音、影像、文字、数据等进行一元化高速处理并提供给用户的双向信息系统。不同媒介之间的交叉与融合、合作与共生将越来越普遍，媒介之间的界限将越来越模糊。最终出现的结果可能是，这个世界上不再有单纯的报纸、广播、电视和网络，而只有一个东西：大众传播媒介。跨媒体传播预示着传媒领域可能走向“大同世界”。②

数字技术的发展打破了媒介间的界限，可以在一个平台上汇总展示广播、电视、报纸、杂志等不同媒介的内容。在下一代网络（NGN）传送平台上，任何业务信息对网络

---

① 陶然. 跨媒体在国内的发展现状和前景——由新浪网并购阳光文化引起的思考[J]. 新闻知识，2002(2)：15-16.

② 王晴川. 跨媒体传播：传媒领域的“大同世界”[J]. 南方电视学刊，2000(6)：4-6.

来说都是一样的,以三大业务来分割市场和行业的基本技术基础不复存在。新技术会使现有的互联网成为一个整合平台,也会带来一个全新的真正意义上的全媒体。互联网的开放性,使传统媒体在新闻的采集上可以接触到更多的新闻源。传统媒体在网络上可以突破时空限制,扩展报道内容,增进报道深度。传统媒体在网上还可以突破原先各自的媒体形式,向多媒体发展。数字化会极大地改写现有传媒市场的版图和游戏规则,使旧有的运作架构和盈利模式日渐式微,催生出与这一时代发展相适应的新型产业模式。数字化传媒在颠覆传统产业的同时,创造着新的产业和新的商机。[①]

(三)媒介融合的概念与类型

关于媒介融合,相关学者从传播形态、内容生产、技术运用、组织机构、人才培养等方面进行了论述。媒介融合最先是从技术领域开始的,之后延伸到组织机构、所有权,引发了媒介生态系统的结构性变化。媒介融合这一概念最早由美国马萨诸塞州理工大学教授 I. 浦尔(I. Pool)在《自由的科技》一书中提出,他认为媒介形态的融合正在消融各种媒介之间的边界,包括人际传播媒介和大众传播媒介,任何一种媒介都需要承载与过去相比更多的服务,与此同时,过去只能通过一种媒介提供的服务如今可以由多种媒介提供。

在新媒体环境下,媒体融合是传统媒体与新媒体在业务、资本、机构与生产方式上的多方位结合。在媒体融合时代,强势的传统媒体加紧布局新媒体,出现了融合性媒体集团等;互联网企业也在加强对传统媒体、新媒体的兼并,推动形成整合产业链上下游的商业集团。在政策、资本、媒体与用户等的推动下,媒体融合成为一种发展潮流。[②]

对于媒介融合的类型,早在 2003 年,美国西北大学教授戈登便归纳了美国当时存在的 5 种媒介融合(新闻融合)类型:

一是所有权融合(ownership convergence)。大型的传媒集团拥有不同类型的媒体,因此能够实施这些媒体之间的内容相互推销和资源共享,如美国佛罗里达坦帕市的媒体综合集团(the Media General Company)、美国俄亥俄州的新闻电讯集团(Dispatch Media Group),都是将各自在同一地区所拥有的报纸、广播电台、电视台和网站进行了融合。

二是策略性融合(tactical convergence)。这是指所有权不同的媒体之间在内容上

---

① 石磊. 分散与融合:数字报业研究[M]. 北京:中国社会科学出版社,2010.

② 姚怡云. 媒体融合的场域视角分析[J]. 教育传媒研究,2017(3):87-90.

共享，如分属不同媒体集团的报社与电视台之间进行合作，相互推介内容与共享一些新闻资源。

三是结构性融合（structural convergence）。这种融合与新闻采集与分配方式有关，如美国《奥兰多哨兵报》决定雇用一个团队做多媒体的新闻产品，使报纸新闻能够加工打包后出售给电视台。在这种合作模式中，报纸的编辑记者可能作为专家到合作方电视台去做节目，对新闻进行深入报道与解析。

四是信息采集融合（information - gathering convergence）。这主要指新闻报道层面上一部分新闻从业者需要以多媒体融合的新闻技能完成新闻信息采集，兼文字、摄影、视频等多项技能于一身的“超级记者”的工作便属此类。

五是新闻表达融合（storytelling or presentation convergence）。这主要指记者和编辑需要综合运用多媒体的、与公众互动的工具与技能完成对新闻事实的表达。

这些是美国确实存在的一些现象，但这种划分的标准并不一致，前三种是“媒体组织行为”的划分，后两种则是以从业人员的角度进行的划分。

与戈登不同，戴默等几位在美国鲍尔州立大学任教的学者提出了“融合连续统一体”这个新概念。他们根据自己所掌握的美国及其他国家的媒体情况，界定了“融合新闻”的几种模式以及每一种模式的具体含义：

一是交互推广（cross - promotion），指作为合作伙伴的媒体相互利用对方推广自己的内容，如电视介绍报纸的内容。

二是克隆（cloning），指作为合作伙伴的媒体不加改动地刊播对方的内容。

三是竞合（coopetition），指作为合作伙伴的媒体之间既有合作也有竞争，如一家报社的记者编辑在某电视台的节目中对新闻进行解释和评论，某一媒体为自己的合作伙伴提供部分新闻内容，等等。作者认为合作的媒体之间依然存在着相互戒备，在电视上露面的报纸记者不会愿意透露那些构成报纸独家新闻报道的关键信息。

四是内容分享（content sharing），指作为合作伙伴的媒体定期相互交换线索和新闻信息，并在一些报道领域中进行合作，如选举报道、调查性报道等，彼此分享信息资源，甚至共同设计报道方案，但各媒体的新闻产品仍然是由各自的采编人员独立制作的。

五是融合（convergence），指作为合作伙伴的媒体在新闻采集与新闻播发两个方面进行全方位的合作，他们的共同目标是利用不同媒体的优势最有效地报道新闻。多个媒体的记者编辑组成一个共同的报道小组，策划新闻报道并完成采编制作，并且决定哪一部分内容最适合在哪个媒体上播发。

戴默教授的划分明显更为合理，五种模式的新闻融合程度由弱到强、由简单到复杂。媒介融合是一个不断发展的过程,因此应该按照媒介融合的发展过程进行分类。①

(四)媒介融合引起媒介变革

彭兰通过对新一代电子报刊的研究,指出媒介融合在多个层面引起了媒介变革:

1. 业务形态融合:多媒体日益兴起

多媒体化是各种传统的单媒体的内容汇聚到一个平台后的自然结果,是对单媒体业务的继承与革新。多媒体内容是对单媒体技术与资源的一种重组,更是一种创造性的结合。

2. 市场融合:产品相互嵌入多元组合

从市场的角度看,数字化使各种媒体产品有了共同的平台基础,这带来了媒体产品组合的灵活性,各个媒体的内容可以更加方便地实现相互嵌入。市场中的产品将出现更为多样化的版本,以满足更个性化的需求。各种产品汇入一个大的市场,再根据受众需求进行组合与分装。

3. 载体融合:发行渠道的"合"与接收终端的"分"

对于一个产品的生产流程来说,融合也许不是终极目标,而只是一个环节或一个途径。网络不一定要作为各种媒介产品的直接载体,而是可以仅仅作为媒介产品的发行渠道。媒介融合将带来的是载体的"先合后分"的局面,即各种媒介产品都将汇流到网络中进行传输,而后又分散到各种不同的接收终端中,这样仍然可以保持媒介产品的多样化。

4. 机构融合:更高层次的再分工

技术的发展将促进网络新闻生产更加细化、专业分工更为明显,同时可能导致在网络新闻发布通道与平台上形成新的力量对比,从而带动多样化的合作模式的形成。也许在未来,网络新闻内容的生产与新闻内容的发布这两个环节会更明显地分离,特别是在多媒体内容方面。②

---

① 陈浩文. 媒介融合的分类[N]. 中华新闻报,2007-07-04(C02).

② 彭兰. 从新一代电子报刊看媒介融合走向[J]. 国际新闻界,2006(7):12-17.

二、媒介融合的条件与特征

任何一种新的传媒形态的产生都有特定的条件，媒介融合的形成同样如此。考虑到各种各样的因素，这将是一个漫长、复杂、艰难的过程。

（一）媒介融合的条件

1. 技术条件

媒介融合产生的先决条件是媒介技术的发展。在人类媒介的发展中，电话是对语言传播和电报传播的整合，广播是对电话和唱片机的整合，电视是对广播和电影的整合，网络媒介体现的是对报纸、广播、电视以及更多媒介的整合。随着卫星技术、数字化技术和网络技术的进步，尤其是作为媒介融合核心的计算机技术的突飞猛进，以及这些技术在广电、通信领域的全方位渗透与应用，传统媒介的界限渐渐模糊，新媒介形式层出不穷。一直局限于特定业务的媒介组织开始在政策的允许范围内尝试着拓展自己的业务范围。

技术力量改变着媒介的特征。单从媒介的技术形态和物理介质看，人们已经很难划分“第×媒介”了，各种媒介相互渗透、包容、转化和整合，形成了一种“你中有我、我中有你”的媒介生态环境。在数字技术与网络传播推动下，各类型媒介通过新介质真正实现汇聚和融合。①

2. 社会需求

“媒介即信息”，这是麦克卢汉的经典论断。任何一种新的媒介形式的出现，都极大地拓展了信息传播的途径。当今社会呈现出“碎片化”的状态，并由此延伸到市场的“碎片化”和受众的“碎片化”，大众时代过渡为分众时代，媒介受众由以往的单向阅听人的角色转变为需要为其量身定制娱乐、资讯服务的用户。融合媒介可以根据不同受众需要，制作不同类型的产品供他们选择。

如同一新闻事件，可以先用最快的速度和最简洁的语言从互联网或短信中发出，以满足部分生活节奏快而只需了解事实梗概的人的需求；然后将载有对新闻事件及相关背景详细介绍的报道刊载于报端，报纸也许是时间较为充裕且对事件的经过有浓厚兴趣的读者的最好选择；而制成生动直观的电视节目向观众娓娓道来，可能为家庭妇

---

① 赵志立. 媒介融合的四个优势[N]. 中华新闻报，2007-07-04(C02).

女和孩子们所爱。

3. 产业政策

媒介融合不仅仅是报纸、广播、电视和网络的融合，而且涉及广播产业、电视产业、电影产业、信息通信产业、电子制造产业、出版产业等多个产业，各个产业的规模、组织、市场结构及组织的市场行为都在不同的层面促进或制约着媒介融合的范围和程度。为了推进媒介融合，发展文化产业，西方发达国家出台了相应的法规和政策。

美国1996年颁布《电信法》，放宽了对广播电台、电视台所有制的限定，并打破对媒介种类的限制和隔绝，允许电话公司参与有线电视市场的节目竞争。欧盟于1997年发布《迈向信息社会之路》，规定不同的网络平台能一同传送电话信息、电视信息和计算机信息与数据，认为网络融合不仅是不同技术的融合，而且是不同业务（包括各种电信、电视、广播和计算机图像及文本数据业务，以及交互型多媒体业务）的融合。①

在我国，1999年，国家曾有相关文件禁止广电和电信的互相渗透，但媒介融合的潮流不可阻挡，在IP电视、手机电视等业务上，不少企业已经在不抵触政策的前提下，作了一些试验和探索。从目前媒介的融合情况来看，我国需要“三网合一”的政策支持。三网合一是指现有的电信网络、计算机网络以及广播电视网络相互融合，逐渐形成一个统一的信息通信网络系统，由一个全数字化的网络设施来支持包括数据、语音和视像在内的所有业务的通信，即电视、计算机以及手机的融合。

目前的移动多媒体广播技术已经可以承载20多套电视、30多套广播以及各类信息服务。电信的手机电视能提供个性化服务，而广电系统的服务则更普遍、更大众。这意味着广电系统以后不只是做广播台、电视台了。广电行业关注的领域还会涉及公路、铁路、内河航运、汽车，以满足更多民众的实际需要。随着互联网尤其是移动互联网的快速发展，年轻人不看电视只上网已不是新闻，传统的广电用户正在流失。

面对严峻的竞争，广电网络不得不迅速延伸产业链条。就未来发展而言，广电除了挖掘自身的新技术以外，还要加入对互联网视频、手机电视市场的争夺，以逐步扩大电视内容的影响范围。在信息化时代，广电业要想走得更稳更远，就要充分利用电信、互联网的优势，实现“三网融合”，整合创新，努力让每一张网上都能跑视频、跑音频，承载综合性业务。②

---

① 刘艳，童婵瑶. 媒介融合的动力分析[J]. 现代视听，2008(12)：17-20.

② 陈栋. 市场导向 整合创新——2007年中国传媒十大创新报告之广电篇[J]. 今传媒，2008(1)：19-21.

(二)媒介融合的特征

不同的媒介平台有不同的特征。报纸的权威性强,利于传播思想性强的评论文章;电视集声音和画面于一体,具有极强的感染力。那么,媒介融合又有哪些特征呢?

1. 技术化与全能化

(1)媒介融合首先是技术的融合

媒介融合根本的和直接的诱因是数字技术的成熟,新一代数字技术、广播技术、信息技术的飞速发展成为媒介融合的直接推动力。因此,媒介融合是技术上的融合。

数字报、手机报、网络电视、IPTV、手机电视、卫星移动电视等新媒介不断崛起,与传统媒介一道呈现出丰富的融合特征,传统媒介间、行业间的界限被轻而易举地打破。以 IPTV 为例,随着视频压缩技术和流媒体传输技术的快速发展,传统的电视节目可以通过高速互联网实现直播、点播以及时移播出,更大限度地满足受众的观看需求。由于可以通过电视机和计算机两种终端观看,IPTV 已经很难被划归于单一的广电业还是信息业的范畴。①

技术融合导致不同产业之间技术性进入壁垒逐渐消失,使不同产业具有共同的技术基础,并使不同产业间的技术边界趋于模糊,最终导致产业融合产生。② 电信网、广播电视网、计算机网的三网融合,表现在技术层上趋向一致,网络层上可以实现互联互通,业务层上互相渗透和交叉,应用层上使用统一的通信协议,有利于网络资源实现最大程度的共享,也使不同的产业进行融合。③

随着数字化生活的普及和通信技术的不断革新,融合的界限已经从原来的三网融合扩张为语音、数据、视频与移动的四重融合,它为新通信时代的各个不同侧面作出了最好的诠释:通信与 IT、移动与固网、电信与广电、家庭网络与消费电子设备……从底层到应用,从网络到终端,再到后台支撑,一切都在趋向统一。④

(2)媒介融合整合不同媒介功能

在媒介融合的时代,依托于不同媒介的文化形态竞争与融合,表现出多元文化的技术性与全能性。它不像任何一种文化形态那样边界较为清晰地归属某一文化区域,它具有巨大的技术整合力,在文化的任一区域均可兼跨。它不仅体现着大众文化的精

① 王虎. 媒介融合背景下传统电视与新媒体的整合营销策略[J]. 视听界,2009(1):46-49.
② 陈柳钦. 技术创新、技术融合与产业融合[J]. 科技与经济,2007(3):19-22.
③ 张建伟. 叩响三网融合的大门——初识 IPTV[J]. 电脑与电信,2007(2):7-10.
④ 伊佳. 技术融合与应用创新[N]. 通信产业报,2007-01-15(016).

神，也兼容并包着精英文化、世俗文化、高雅文化与娱乐文化的精髓，从而呈现出一种全能文化的形态。

由此可见，每一次传播革命都将人类带入一个新的时代。语言传播不仅使人类可以交流信息、积累知识，它同时也成为社会的凝固剂，使人类由野蛮时代进入文明社会。书写传播不仅可以让人类记录下自己的经历和思想，也可以让人类超越时间和空间的限制进行传播。印刷传播打破了少数人享有的传播特权，带来了文化和教育的普及，也使人类传播由人际传播时代进入大众传播时代。电信传播不仅是传播方式上质的改变，同时也将人类由区域内传播时代引入区域间传播时代。互动传播则将人类以往各自独立的单一传播转变为综合传播，将单功能的媒体发展为多功能的媒体，而且将人类由工业社会带进了信息社会。

2. 集约生产与全民写作

（1）变单一的内容生产为集约化生产

媒介融合改变了内容的生产模式与传播模式。媒介融合意味着不同类型的媒介从各自独立经营转向多媒介联合经营，以更大限度地降低生产成本，一种新的新闻传播模式“融合新闻”（multiple - journalism）产生了。融合新闻与传统的单一媒介的新闻传播活动有着巨大差异，其主要特点是将多种媒介的新闻传播活动整合进行，采用多媒体、多渠道的方式传播新闻。①

以凤凰集团为例，其在媒介融合的过程中实现了媒介文化的集约化生产，它开展媒介融合活动大致有四类表现：

首先，表现在产业层面上。凤凰集团不同的电视频道、凤凰网、《凤凰周刊》等均由附属于集团的全资或非全资但由集团控制的子公司经营。这些子公司按照自己的业务目标开展融合新闻业务，产品形态表现为栏目及其组合、DVD 系列、丛书、短信系列服务等。

其次，表现在个人或团队层面上。一般由某个电视栏目的负责人，或周刊栏目的主编、责编，或网站部门的负责人，负责指挥或实施融合新闻业务。产品形态表现为某个栏目、某本书、某套 DVD、某个电视节目的宽频文件乃至某个稿件等。

再次，表现为项目的方式上。这往往是在由集团组织的重大新闻报道活动或其他活动时采用的方式。一天内的报道素材被不同栏目、不同媒体使用，有即时报道，有连线，也有深度报道，通过多重开发和利用制造更大的声势。这种项目式的融合新闻业

① 蔡雯. 新闻传播的变化融合了什么？——从美国新闻传播的变化谈起[J]. 中国记者，2005（9）：74-76.

务往往是由集团统一协调来完成的，有时还要专门成立项目组来完成，而前面两种方式往往是公司或栏目自发来做的。

最后，表现为资料库服务的方式上。随着该集团自制电视节目数量的增加，将可成立自己的高质量、以市场为主导的中文媒体内容资料库。该集团有计划地把资料库许可给其他电视台、互联网平台及其他媒体经营商使用，这样，这一资料库又成为凤凰集团的另一收入来源。①

(2)变传媒组织的内容生产为全民生产

媒介融合在内容的集约化生产方面，不仅表现为传媒组织的合作，还表现为内容生产上的全民写作。在传统大众媒介垄断新闻传播与文化生产的时代，为新闻媒介提供信息的主要是政府机构、社会团体和企业组织，负责采集与发布新闻信息的主要是职业新闻工作者及作为“准新闻工作者”的新闻通讯员。

新媒介的出现，使普通公民获得了从未有过的参与新闻传播的能力。他们借助手机、博客、播客、BBS 等，发布新闻表达观点。在全世界范围内，“草根记者”在重大突发事件现场发布的新闻一次次产生了全球性的轰动效应，从东南亚海啸到英国伦敦地铁爆炸事件，第一时间发出的现场新闻报道都出自普通民众而非职业记者。②

3. 内容融合与渠道融合

媒介融合的途径很多，概括起来可以分为内容融合和渠道融合两种。

(1)内容融合实现内容增值

内容从物理形态上看，可以分为文字、声音、图形、影像等；从媒介载体上看，可以分为报纸、广播、电视、互联网、手机等媒体上的内容。内容融合的目的是实现内容增值，内容增值的实现有两个阶段：一是在内容的生产环节，借助媒介融合进行通用性生产，降低内容生产的成本，极大地释放内容生产力，使内容生产具有更高的效率；二是在内容的使用环节，同一内容或大致相同的内容在多个不同的终端上使用，以内容产品的多层次利用提高内容产品的使用效率。

内容融合绝不只是简单的技术变革，它从根本上改变了以前内容生产上的各自为政，变单一的线性生产为由大规模的内容生产融合、内容形态融合和内容应用融合所构成的数字化生产方式，从而引起内容生产方式和传媒组织结构的变革，在内容融合中提升传媒内容的加工、生产能力和增值服务能力。

---

① 吴海荣. 凤凰卫视媒介融合策略探析[J]. 西南民族大学学报(人文社科版)，2006(9)：152-155.

② 蔡雯. 媒介融合前景下的新闻传播变革——试论“融合新闻”及其挑战[J]. 国际新闻界，2006(5)：31-35.

(2)渠道融合打造跨媒体跨地域传媒集团

数字技术打破了各种传媒介质之间的界限,不同的传媒渠道呈现出融合的特征。报业集团和广电集团可以发展成为拥有各种传播介质的跨媒体跨地域传媒集团。渠道融合贯穿于传媒内容生产的全过程,主要是网络和终端的融合。一方面,通过渠道融合,传统媒体进入网络平台和移动平台,并进一步向娱乐产业集团发展;另一方面,传统媒体要对已有的渠道进行有效整合,提高利用效率。①

三、媒介融合的思路和实践

在互联网快速发展的时代,媒介融合的优势逐渐显现出来,并开始冲击传统媒体的市场地位,而传统媒体要想稳定发展下去,走融合发展道路已成必然。

(一)国外媒介融合实践:BBC

以英国为例,2007 年 12 月 25 日,BBC(英国广播公司)的 iPlayer 播放器正式上线。在 BBC 节目首播一周后的任何时间,英国用户都能利用 iPlayer 软件免费下载 BBC 广播台、电视台、网站上的所有音频、视频节目,然后用收音机、电视机、电脑、手机或者其他移动终端观看。至此,BBC 首次从技术上打破了不同类型的媒介之间的界限,实现了广播、电视、网站、移动终端等传播渠道的大融合。②

1. BBC“创造性的未来”计划出台的背景

BBC 是世界上最早创办广播台和电视台的老牌新闻机构,是当今世界上机构庞大、覆盖面广、影响力大的新闻机构之一。BBC 在英国经营 10 条国内广播网和 46 个地方广播频道,同时在全球有 33 种语言的广播。1994 年成立的 BBC 在线也从早期 BBC 电台、电视频道节目的“推介员”发展成全球访问量第六高的新闻网站,紧随 Google 新闻之后。1994 年,BBC 成立了一个名为 BBC 环球公司(BBC Worldwide Limited)的全资附属商业分支机构,以协调开拓 BBC 的一些商业活动并提升 BBC 节目及出版物的价值。从 1994 年 BBC 环球公司成立后,BBC 就开启多元化的经营策略,具体业务包括在国内外销售音像、印刷制品,成套销售频道,向国外销售节目,品牌推销,以及点播服务如电视、出版、互联网及互动媒体服务等。

即使是世界传媒巨头,在互联网的冲击下,传统优势也开始日渐式微。2005 年,

---

① 石磊. 数字报业的内容融合与渠道融合——媒介融合时代的报业发展战略[J]. 新闻界,2009(2):14-16.
② 付晓燕. BBC 官方网站在媒介融合中的角色与作用[J]. 中国记者,2009(8):86-87.

BBC 有 10 个不同部门的成员联合开展了一项为期一年的受众研究。研究表明，16—24 岁的青少年中有 1/4 的人一周内不会收看任何 BBC 节目。而 1994 年，96% 的英国家庭每周至少有两个小时收听 BBC 的节目。2006 年 1 月，BBC 开展了一项关于"目前受众首选的主要国内新闻和国际新闻来源"的问卷调查。调查数据显示，BBC 新闻网站以 32% 的比例名列第一（较 2004 年 10 月增长了 8 个百分点）；BBC 的 24 小时新闻频道，以 15% 的比例名列第二。

2. BBC 开拓新媒体业务的优势

（1）享誉世界的品牌

BBC 的独特属性中，最重要的就是 BBC 的品牌——一个极具竞争力的财产和可增值的服务。借助 BBC 品牌的强大影响力，BBC 的杂志、书籍和音像制品也获得了成功。它们的成功又进一步增加了 BBC 的品牌价值，为 BBC 进军数字媒体领域奠定了基础。

（2）丰富的媒介资源

BBC 在全世界有 50 家分社，比任何一个新闻机构都多，它聚集了很多术业有专攻的新闻人才。它拥有巨量的新闻收集和节目制造的资源，包括超过 5 000 名新闻记者和每年由公共基金赞助的 28 亿英镑额外收入。在节目储备方面，BBC 有着独一无二的优势，它的节目库有超过 40 万小时的电视节目内容。这或许是商业竞争对手最害怕的。

（3）多媒体节目的制作经验

在互联网出现以前，电视就已经将各种信息符号——文字、声音与图像融为一体。电视的多媒体融合性，使其从业人员早就把对语言符号使用技巧的重视转移到声像效果和形象上，这一点与互联网时代受众的需求不谋而合。

3. "创造性的未来"计划的改革措施

（1）马提尼媒介

BBC"创造性的未来"计划中首要的主题就是"马提尼媒介"（马提尼是一种调制的鸡尾酒的名称，马提尼媒介即由多种不同媒介混合而成的"融媒"）。这一概念从本质上看是一种跨平台的传播策略，其目标是"让受众用最适合自己的方式来获得信息，并且要快、准、精"。BBC 希望受众随时随地都能够通过音乐播放器、手机、电视和网络等不同终端方便地获取想要的信息。

（2）推行点播服务

BBC 推出 iPlayer 业务，正是为了适应公众需求的变化，其成功也是因为 iPlayer 这样的多媒体点播服务使人们利用媒介和媒介内容的主动性大大增强，让用户能够在任何时间和任何地点、以任何方式获取自己想要的媒介服务。点播服务不仅仅是传送方式的革新,同时也引起BBC关于节目制作、包装、传输方式的反思。今后,BBC将为受众提供更加便利、易于检索以及多媒体的新闻服务。

(3)BBC网站首页改版

为了提升网站的服务功能,BBC决定重新改造自己的网站。其目的一是要提升网站的导航功能,BBC新版首页更加简洁、明快,首页上的内容不多,有大量留白,但重要的功能却一个不少,如检索、天气预报、股市行情等。其目的二是以用户为中心建立一个平台,用户可以完全定制主页上的模块,颜色主题也可以变换,并可以随意拖放关闭等。

(4)公司内部组织机构重组

2006年7月,BBC"未来媒介和技术部"(FM&T)成立。这一部门成立的初衷就是更好地推行"马提尼媒介"理念。其职能除了管理BBC所有新媒介平台,关注潜在的新技术外,还包括与绝大多数内容创作部门共同行使部门权力。在人事制度方面,BBC也首度按照"马提尼媒介"的要求重新进行了分工安排,使其各个节目制作部门打破部门界限,全面展开合作。

(5)推行UGC策略,创新媒介内容生产方式

在"创造性的未来"计划中,BBC提出的另一个核心理念是"共享"。这一理念鼓励用户在BBC网站上建立自己的博客,并将自己的视频、音频作品发布到BBC站点上。BBC希望用户在其网站上创建自己的空间,并参与到BBC网站的建设中去。BBC不再把公众视为BBC节目的被动接受者,而是BBC传播活动的主动参与者和合作伙伴。

(6)与相关产业展开广泛合作

在技术开发方面,BBC首先与微软联合开发新一代的数字广播技术,还与全球最大的视频搜索引擎公司布林克斯(Blinkx)签订了合作协议。在扩展传播渠道方面,BBC先后在雅虎、YouTube等网站开通了BBC新闻视频频道(BBC News Video)。2008年,BBC将合作的触角延伸到了移动终端,宣布与英国任天堂(Nintendo UK)合作,把iPlayer内置到家用游戏机Wii上。2008年10月,iPlayer核心技术嵌入Nokia N96。

4. 广播电视媒体与网络媒体的融合策略

BBC在广播电视媒体和网络媒体之间建立起相互渗透、协调合作的关系,并最终建构起完善、高效、人性化的信息传播系统。其融合的策略是利用互联网开发"非线性"服务、在不同媒体间建立"和谐"关系、重视"受众参与"、加快与相关产业的合作、

提升媒体的信息服务功能。信息服务平台的建设必须包括两个方面:一是提供能够满足公众信息需求的真实、可靠的社会资讯,二是营造一个可供公众发布信息和开展信息交流的空间。①

(二)国内媒体融合实践

欧美国家的媒体融合起步较早,已从技术融合和业务融合进入到产业融合和资本融合阶段。2014年,国外一些主要的、大的广播公司和传媒公司通过多方合作、收购、整合,不断开拓新媒体业务。这些新业务跨越了互联网电视、流媒体视频、社交媒体、新闻网等领域。那么,我国的媒体融合又是怎样的情况呢?

1. 我国媒体融合发展概况

2014年8月18日,中央全面深化改革领导小组第四次会议审议通过《关于推动传统媒体和新兴媒体融合发展的指导意见》,首次将推动媒体融合上升到国家战略地位。国内媒体开始全面进入融媒改革阶段。经过几年的探索,从中央到地方,广电媒体融合转型已经从台网互动进入移动优先阶段,逐步建立起"传统广播 + 网络电台 + 自营客户端 + 微信公众号 + 小程序"的立体传播矩阵。这其中,中央级媒体起到了重要的示范效应,地方媒体紧跟其后探索出各具特色的发展路径。

2019年,中央广播电视总台建立5G新媒体平台,与百度、阿里巴巴和腾讯等互联网公司加强技术上的合作,构建起"5G + 4K/8K + AI"的智能化媒体格局。2015年10月,上海广播电视台东方广播中心正式启用全媒体中心,该中心构建以"阿基米德"客户端、新闻 + 客户端为主的新媒体产品矩阵和全媒体分发渠道,形成上海广播"多信源采集、多媒体编辑、多平台分发"的全媒体梦工厂。广州广播电视台全力打造自有平台,"花城 + "和"花城FM"两大客户端齐头并进,旗下的经济交通广播(FM106.1)除了生产传统广播节目以及为"花城FM"客户端生产互联网新闻资讯产品外,还积极进驻各类社交媒体终端,开设微博号、微信公众号、网易号、头条号、企鹅号等第三方平台账号,形成覆盖面较全的新媒体矩阵。随着短视频风口的到来,广州交通广播台抓住短视频流量爆发的机遇,注册、运营抖音号,上线一个月作品播放量达2.5亿次,运营10个月用户数量达到67万。凭借公信力、权威性,主流媒体在舆论引导和信息传播的影响力上得到进一步提升。②

① 付晓燕. 广电媒体与网络媒体的融合策略探析——以英国广播公司"创造性的未来"计划为例[J]. 中国网络传播研究,2009(0):213-227.

② 谢彩雯. 地方交通广播的媒体融合发展之路[J]. 中国广播,2020(8):77-79.

2. 主流媒体融合案例

(1)2020 年 1 月 27 日开始,央视新闻客户端推出长达 73 天的全天候视频直播节目《共同战“疫”》。“央视频”新媒体平台还开设了 24 小时直播窗口,火神山医院、雷神山医院施工建设共计吸引 1.2 亿网友在线“云监工”,总观看人次超过1 500万。①

(2)CGTN 融媒体中心(CGTN News Center)是中国国际电视台按照融合传播理念设计建设的核心业务平台,统筹旗下北京总部和北美、非洲两个分台以及英语、西班牙语、法语、阿拉伯语、俄语 5 个语种新闻的生产运营,全天候提供适应电视、移动网、客户端、社交媒体、通讯社等多渠道、多形态传播的新闻内容和产品。这一平台实现了最大化的资源共享,实时共享中央电视台所有电视和新媒体新闻资源,汇聚了全球25 000多家网络媒体和 70 家权威媒体机构的资讯。②

(3)2020 年 10 月 23 日,央视网智慧媒体学院正式成立。其以“立足媒体行业,推广 AI 技术,助力自主创新,培养全媒体人才,探索多元化服务”为目标,解决“智媒”领域面临的人才短缺、技术创新不足等问题,为传统媒体向“智媒”转型、开启“新闻 + 政务、服务、商务”运营新模式提供支撑,以扎实有力的举措,履行主流媒体在媒体深度融合发展事业中的责任和使命。③

(4)2020 年 4 月 6 日,“带货一哥”李佳琦与央视主播朱广权隔空连麦,通过淘宝直播平台开启了“谢谢你为湖北拼单”的大型公益直播。据央视新闻统计,两小时的公益直播累计观看次数达 1.22 亿,直播间点赞数 1.6 亿,卖出总价值4 014万元的湖北商品,有效解决了湖北地区农产品滞销的问题。从长远发展的角度看,新媒体传播效率高、涉及领域广、互动性突出等优势弥补了传统媒体的不足,而传统媒体影响力强、可靠性突出等特点也为新媒体的发展提供了助力。④

3. 地方媒体融合案例

(1)江苏省广播电视总台“荔枝新闻”从理念创新和内容创新两个角度狠下功夫。理念创新上,荔枝新闻联合全国 12 家媒体,组建全国首个云上新闻编辑部,运用区块链理念开启“新闻众筹”模式,各媒体资源整合共享,跨区域联合报道,实现多平台实

---

① 高晓虹,蔡雨. 畅通信息 增强信心 稳定人心——中央广播电视总台在抗击新冠肺炎疫情中的报道分析[J]. 中国广播,2020(3):5-10.

② 聂辰席出席 CGTN 融媒中心启动仪式[J]. 今传媒,2017(10):39.

③ 唐诗颖. 央视网智慧媒体学院正式成立并揭牌[EB/OL]. (2020-10-23)[2023-01-04]. https://news.cctv.com/2020/10/23/ARTIEm7FcQpdlkas9868g6vP201023.shtml.

④ 靳文雅,冯帆. “央视新闻 + 淘宝直播”媒介融合下的共赢——以“小朱配琦”为例[J]. 新媒体研究,2020(11):65-66.

时联动、多终端即时推送。内容方面，以故事讲述的方式娓娓道来，用新媒体可视化的方式呈现数据与专家观点，将数据新闻融入访谈中，让特稿有深度的同时也易读易懂，形式新颖生动、贴近受众。①

(2)《十八洞村龙金彪的 Vlog|脱贫之后》获得 2020 年第 30 届中国新闻奖媒体融合奖项一等奖。《湖南日报》连续 4 年派出多批记者蹲点十八洞村，《十八洞的 19 张笑脸》《苗寨"十八变"》两部新媒体作品获得中国新闻奖二等奖，前者表现了 19 位村民"摘帽"之后的幸福感受，后者讲述了 5 位村民 5 年"拔穷根"的故事。《脱贫之后》则融合了 Vlog、动画、手绘等多种新媒体手段，表现一个人脱贫之后如何不返贫的方式。三篇作品由群像到个体，步步深入，取得了很好的传播效果。②

(3)2020 年 9 月 18 日，《四川日报》全媒体(以下简称"川报全媒体")启动改版迭代，明确川报全媒体深度融合思路：立足全媒体时代，以《四川日报》为引领，以川观新闻为驱动，以四川在线为协同，以打造"智能 + 智慧 + 智库"的智媒体为抓手，以建立全媒体传播体系为重点，推进《四川日报》、川观新闻、四川在线向"一支队伍、一个平台、三大终端、全媒一体"深度融合，不断提升传播力、引导力、影响力、公信力，牢牢占据传播制高点。③

4. 县域媒体融合案例

(1)北京市海淀区融媒体中心被评为 2020 年北京市"媒体融合先导单位"。其独创的"海淀模式"引领区县探索，整合内部资源，形成由海淀报、海淀台、海淀网、"掌上海淀"客户端以及微博、微信、今日头条和短视频平台等构成的传播矩阵。其运用有关频道、版面、新媒体联动，采取图文报道、大型专题、H5、短视频、动画、直播、微博话题、Vlog 等多种形式，努力创作群众喜闻乐见的作品，在客户端首发，各平台重点推送。④

(2)陕西县级融媒体中心以打造"统一平台、资源共享、数据互通"的媒体融合生态圈为目标。陕西积极实施平台化战略，着力打造"媒体 + 政务 + 服务"的融合媒体平台，建设"中央厨房"云化系统、全媒体矩阵发布系统、"爱"系列移动客户端系统、

---

① 省总台荔枝新闻连续获总局《监管日报》表扬[EB/OL].(2020-06-12)[2021-12-10]. http://jsgd.jiangsu.gov.cn/art/2020/6/12/art_69984_9211758.html.

② 肖欣. 建设新型主流媒体 书写媒体融合发展的"中国答卷"[EB/OL].(2020-11-21)[2021-12-10]. http://www.hunan.gov.cn/hnszf/hnyw/sy/hnyw1/202011/t20201121_13963566.html.

③ 李鹏. 以智媒体为抓手 构建全媒体传播体系——四川日报报业集团探索媒体深度融合的创新实践[J]. 新闻与写作,2020(12):89-95.

④ 倪恒虎. 先导单位！典型案例！引领媒体融合，海淀融媒再拿两项大奖[EB/OL].(2020-11-20)[2021-12-10]. https://m.thepaper.cn/newsDetail_forward_10081070.

“秦岭云”高清互动电视系统、新时代文明实践中心、智能应急广播系统“六大系统”。通过深化台网融合、加强融媒体中心与应急广播的统筹建设,陕西的县级融媒体中心建设实现了省、市、县三级融合和三级联动。①

(3)河北省三河市以“一个先行、两个整合”为抓手,推进各类媒体实现真融合、快发展。“一个先行”即推动移动新媒体先行一步,指三河市在廊坊地区率先开通了首家手机台——“智慧三河”手机台 App,及时向广大干部群众宣传党的最新理论和政策方针、发布各类重要通知公告、传播时事新闻和热点资讯。“两个整合”即推动内容整合发布、媒体整合调度,将政府官网、电视台节目等统一整合到融媒体中心,采取矩阵式组织管理,统一调配采编资源,按照不同媒介的属性和特点,将同一新闻事件加工成多个侧重点不同的新闻稿件,分发到多个渠道进行传播,通过“中央厨房”的深入加工处理,实现一次采集、多种生成、多元传播。在此基础上,实施大统筹、大融合发展模式,构建三河新媒体矩阵,形成资源集约、结构合理、差异发展、协同高效的全媒体传播体系。②

四、媒介融合带来的问题与思考

媒介融合是一种不断演变的动态发展的过程。对于媒介融合的概念界定而言,西方学者作出的定义较国内学者多,并且深入研究了概念内涵和类型表现。国内对媒介融合的研究主要集中在实践探索方面,学者们广泛探讨传统媒体如何应对新媒体的冲击,讨论数字时代背景下媒介融合的模式和路径,如何吸纳新媒体的特性来促进媒体产业融合发展。媒介融合虽是大势所趋,但在实践探索中出现了一些不容忽视的问题,需要媒体人不断进行创新、探究和实践。③

(一)媒介融合带来的三大矛盾

媒介融合发展是新事物,契合信息技术潮流、市场竞争规律和媒体管理要求,但在体制机制、管理方式、发展路径方面,新兴媒体与传统媒体也存在一些不协调之处,主要表现在三个方面。

一是融合发展一体化与利益主体多元化的矛盾。新兴媒体多数脱胎于传统媒体,

---

① 吕星烨,郑晓梅,王钰,段炼,杨亮. 发挥党媒政网优势 推进媒体深度融合[J]. 有线电视技术,2019(7):16-19.

② 王洋洋,李丹,刘伟. 推进媒体深度融合 做大做强主流舆论[EB/OL]. (2020-02-21)[2021-12-10]. http://www.lfdjt.com/info_75_31511.html.

③ 李靓,李翔. 媒介融合的概念、实践探索及相关问题浅析[J]. 记者观察,2021(23):82-83.

但往往是通过新设部门、新搭平台、新招人员、新开渠道等增量的方式生长起来的。在同一媒体内部,新兴媒体业务与传统媒体业务通常由不同的部门或单位来执行,有的甚至分属于不同的法人主体,利益并不完全一致。

二是管理要求扁平化与机构层级复杂化的矛盾。在媒体激烈竞争和信息高度发达的背景下,扁平化管理是提高反应速度和决策效率的手段。但在传统媒体内部,往往横向部门分工比较严格、纵向管理链条比较严密。这一体制有利于加强管理,却在一定程度上降低了市场应对和部门沟通协作的效率。

三是全媒发展丛林化与媒体定位差异化的矛盾。过去,报纸、期刊、广播、电视、通讯社分工明确,采编播发各有特色。近年来,各级各类媒体纷纷"触网"、开展微传播、建设客户端、设置"中央厨房",全媒体发展呈现丛林化和相互趋同之势。这一趋势有利于融合发展,却与媒体定位差异化之间存在一定的矛盾。

(二)化解矛盾的路径

以上三个方面的矛盾,直接影响媒体融合向纵深拓展。面对这些矛盾,各有关方要提高认识,从三个方面树立融合发展新理念。

一是去本位化,推进集团利益最大化。传统媒体和新兴媒体都不能简单地"屁股决定脑袋",不能为了自身局部利益搞"大而全""小而全",不能"村村点火、户户冒烟",形成小、散、弱的局面。各自考虑事情、处理问题,都要从媒体融合发展的大局出发,共同维护集团利益最大化。

二是去行政化,推进运作管理项目化。新闻媒体不是行政机构,其运转必须遵循新闻发展规律和新闻机构管理规律。要多运用项目化方式组织生产和管理,增强服务意识,简化业务和管理流程,强化媒体应急反应和综合保障能力,提高柔性化、即时化管理水平。

三是去中心化,推进分众传播精准化。要改变信息短缺时代一切以传播者为中心的做法,认真研究受众需求,在特色化内容、分众化传播上下功夫,加强与用户的互动交流,提高用户关注度和参与度,有针对性地生产特色信息产品,努力实现量身定做、精准传播。①

推荐阅读

1. 中共中央宣传部新闻局. 中国媒体融合实践案例[M]. 北京:学习出版社,2016.

① 谭介辉. 媒体融合面临的矛盾及化解之道[J]. 中国报业,2016(2):16-18.

2. 吕焕斌. 媒体融合的芒果实践报告[M]. 北京:中信出版社,2019.

3. 凯利. 必然[M]. 周峰,董理,金阳,译. 北京:电子工业出版社,2016.

4. 卡斯特. 网络社会的崛起[M]. 夏铸九,等译. 北京:社会科学文献出版社,2006.

5. 腾讯传媒研究院. 众媒时代[M]. 北京:中信出版社,2016.

6. 延森. 媒介融合:网络传播、大众传播和人际传播的三重维度[M]. 刘君,译. 上海:复旦大学出版社,2012.

7. 徐沁. 媒介融合论[M]. 北京:中国传媒大学出版社,2009.

8. 奎因,费拉克. 媒介融合:跨媒体的写作和制作[M]. 锦鸾,译. 北京:人民邮电出版社,2009.

思考与讨论

1. 你是如何理解媒介融合的？请结合实际情况具体谈谈。

2. 媒介融合的类型有哪些？请找到具体例子加以说明。

3. 为什么说媒介融合是过程而不是结果？

4. 媒介融合过程中出现了哪些问题？又该如何解决？

第五讲　当代传播实践、理论想象与传播管理的创新

一、当代传播实践的突进

传播学在当代的尴尬首先来自对实践领域巨变的忽视——传播理论无力指导传播实践。一方面,在互联网和数字技术的引领下,传播实践跃进的速度太快。互联网诞生以来,新的传播技术日新月异,推出各式各样的新应用,令人眼花缭乱,而传播学理论研究明显滞后。另一方面,处于成长初期的传播学理论在许多重大、根本性问题上还缺乏充分的思考:它能解决什么问题?它能提供何种层次的理论解释?这一快一慢恰好在当代相遇,造成了这一尴尬局面。另外,早期的许多传播学理论是在传统传播技术背景下产生的,对于互联网这一革命性传播技术也存在适用性问题,这加重了传播学的尴尬处境。

(一)技术主导的传播革命

传播史上出现过几次技术革命,每次革命都极大地推动了人类社会的进步。语言和文字使人类有了更为清晰准确的传播方式,拉开了人类和其他动物的距离,无疑是个重大的飞跃。以报纸为代表的纸媒的普及使得大众传播成为现实,“大众”也成为现代社会生活的重要构成,成为俱乐部、咖啡馆、沙龙之外最方便的公众讨论公共问题、自由交往的公共领域,由此形成了政治权威重要的合法性基础。① 广播和电视则进一步降低使用门槛,大众的范围进一步扩大。但上述技术革命都还只是在单一向度上产生的扩张。互联网的出现完全是另一种向度上的革命。

互联网的盛行和这样一些技术有关:首先是计算机技术。计算机通常具备数据存

① 哈贝马斯.公共领域的结构转型[M].曹卫东,等译.上海:学林出版社,1999.

储、修改功能,并且能够实现对相关逻辑与数据的计算,从而作为集网络、计算、媒体等技术于一体的电子设备。因此讲到互联网就不得不说计算机。其次是数字技术。数字技术是一种将各种信息(包括图、文、声、像等)转化为计算机能识别的比特后进行运算、加工、存储、传送、还原的技术。数字技术在运算、存储等环节中要借助计算机对信息进行编码、压缩、解码,因此也被称为数码技术、计算机数字技术等。互联网技术是在计算机技术的基础上开发出来的一种信息技术。最后,互联网的关键是 IP 技术,通过 IP 可以实现众多计算机的互联互通,完成数据包传输服务。

互联网的革命性并不体现在传统传播技术的向度上(如海量内容、多媒体形态等),它真正的革命性在于实现了传播权的回归,每个网民都可以在网络上传播自己想要传播的内容。过去被动的受众现在成了主动的传播者。随着互联网的不断发展,其作用也逐步扩展到政务、贸易、金融、消费等众多领域。互联网给我们提供了一种网络化的生活方式。

此外,AI、VR、区块链、元宇宙等新技术也在不断丰富这一次技术革命的内涵,它们已经带来或者可能带来更多的传播变革。AI 是研究、开发用于模拟、延伸和扩展人的智能的理论、方法、技术及应用系统的一门新的技术科学,可以看作计算技术的新延伸;AR 和 VR 的变化体现在视觉享受上,是对传统视觉传播的提升;区块链可以视为对互联网技术缺陷的弥补;元宇宙可以看成上述新技术背景下的新应用,是试图连接虚拟世界和现实世界的一种方式。这些是新传播技术革命的主要内容。其核心和基础是互联网,因此我们也可以称之为以互联网为代表的传播技术革命。

(二)传播边界的扩展与传播结构的颠覆

早在 1996 年,尼葛洛庞帝就给世人描绘了数字化生存的场景:比特挣脱了原子的束缚,超链接超越了印刷篇幅的限制,后信息时代的数字化生活摆脱了特定时间和空间的捆绑,新媒体将"受众"释放出来使他们不再成为被动的接受者,双向交流成为常态——总而言之,人们在虚拟世界自由狂奔。"在广大浩瀚的宇宙,数字化生存能使每个人变得更容易接近,让弱小孤寂者也能发出他们的心声。"①

经过 20 多年的实践,互联网的突飞猛进让每个普通网民真实感受到了数字化生存的魅力。这场技术革命所引起的社会变革也越来越真切地呈现在我们眼前。对于传播领域而言,这场变革不仅仅是边界的扩展,还包括结构的颠覆。

新媒体对传统媒体的传播能力提升是全方位的:信息海量(信息自由)、符号多样

① 尼葛洛庞帝. 数字化生存[M]. 胡泳,范海燕,译. 海口:海南出版社,1997:7.

(符号自由)、随时随地(时空自由)、延迟错位(选择自由)等。这些都是传统媒体在技术层面无法实现的,新媒体给了人们极大的满足。早期的新媒体研究大多专注于此,今天这些都已经是常识。随着新的网络应用的不断涌现,人们的注意力不断从传统媒体向新媒体迁移,以"注意力"为价值核心的传统媒体日渐衰落——早期研究者对于新媒体革命的理解大多止步于此。但很显然,这些都还只是表面的,这场变革使得对于人、社会,对于知识、价值,以及由此产生的传播结构颠覆的研究才更有价值。

胡泳教授认为这是一场新的"边缘革命"。"大震之后必有位移,边缘将变为中心","与地球板块的运动一样,数字科技革命带来相似的'数字位移'——原来的边缘变为中心,世界发生巨变。20 世纪 90 年代以来,数字和通信技术的发展带来以互联网、移动互联网、大数据、人工智能、5G 为标志的一系列变革,颠覆了生产和商业的运行方式以及人们的生活和思维方式"。《数字位移:重新思考数字化》一书用"四个不"来概括媒体数字化的影响:

新闻不是新闻。新闻是一种独特的社会和历史实践,媒体是新闻赖以产生的组织和技术。当媒体"制作"变得廉价,而制作媒体的人有无限的供应时,新闻会变得怎样?可以说,一旦消费者被鼓励成为媒体制作者,并在散布的媒体内容中建立联系,新闻就成了一种活动,而不完全是一门专业了。

媒体不是媒体。媒体的变化不是从一种类型的新闻机构转变为另一种类型的新闻机构,而是从一种特权机构转变为一个信息传播生态系统的一部分,各种正式的组织、非正式的集体和众多个人都杂处在这个生态系统当中。媒体的"体"解体了,媒体产业的运营理据也就被改写了。

记者不再是记者。过去出版的成本过于昂贵,导致出版商的数量很少,而记者是特权阶层。今天由于技术门槛的降低,任何人都可以成为出版商,顺理成章地,任何人也都可能成为新闻记者。我们曾经依靠专业的记者来记录世界上发生的事件,而现在我们越来越多地成为彼此的基础设施——我们越来越多地通过陌生人随机分享的内容来了解世界。

受众不再是受众。过去被动消费的受众,现在变成了主动创造和分享的"授众"。这是一个反客为主的过程,以前作为受众的人们现在组成了社区。有关内容的权力从"大众媒体"转移到"大众"手中,大众媒体自身也被"解大众化"。[①]

实际上,传播新技术带来的格局变化不局限于新闻传播领域,它是全方位的。在微观上,"传—受"关系的变化所蕴含的情绪冲动转化为自媒体的狂欢;中观上,媒体

① 胡泳. 数字位移:重新思考数字化[M]. 北京:中国人民大学出版社,2020.

格局更替,传统媒体式微,新媒体影响力大增,导致舆论场的分化与重构;宏观上,“草根”崛起的社会政治经济文化意义在正反两个方向发挥作用。

这些变化对于传播的格局、知识的框架以及社会秩序的影响或许是更值得思考的方面。当大众媒体(mass media)变成“乱众媒体”(mess media)①,当被动的“草根”成为活跃的言说者,新媒体不仅在塑造一种新的生活方式,更在挑战社会的底层逻辑。想想看:过去不活跃、甚至不发声的人群渐渐成为传播声音的主要构成部分,这会导致什么?在过去的传播学理论中,这些“沉默的大多数”很少受到研究者的关注,成为被忽略的对象。而互联网“激活”了他们,使他们成为传播领域的重要变量。虽然在大的传播环境中,他们还只是“低位”传播者,但庞大的数量决定了他们必然成为不可忽视的部分,他们对于文化生态、舆论格局的影响已经显露出来。

(三)信息、知识、舆论的关系正在被改写

人类的发展过程就是知识不断积累(包括更新)和扩散的过程。在这一过程中,传播始终是一个不可忽视的重要因素。社会的发达、进步,需要相适应的信息传播条件。从新闻传播史和社会发展史的角度来看,工业社会之前,社会生产分工差,协作较少,社会交换水平较低,知识更新速度慢,因此对于传播技术没有很高的要求。但一进入工业化时代,情况截然不同。工业社会是对这一落后逻辑的否定:社会分工越来越细致、组织越来越复杂、机构越来越庞大、交换越来越频繁。这一切都要求与之相适应的信息传播条件。于是我们看到现代印刷技术应运而生,大众传播时代开启。伴随着工业化的升级,传播技术也不断升级,于是人类进入了电子传播时代,并随后进入了信息化时代。互联网的出现则将这一趋势推向了巅峰。

在传统的工业化社会,知识通常由精英人士生产和提供。大众媒体负责向社会公众提供专业化制作的新闻等信息,公众由此进行认知和评价——各种不同的观点互相竞争,这一过程就是知识生产的过程。这是自由主义新闻理论的经典逻辑。传统的大众媒体同样是由大量的专业(精英)人士操作的,他们自身具有相当的文化素养,工作的流程也非常专业而且严谨。社会大众因为在媒介使用机会方面的弱势,总的来说处于知识生产的低端,尤其是现代科技文化发展程度越来越高,科学文化知识研究越来越精深,也就更加需要专业化的研究。这是现代工业社会和传统农业社会的巨大差异。迄今为止,这一知识生产逻辑仍然占据主流地位,但在以互联网为主导的信息社会,这一格局又遇到了挑战。

---

① 胡泳.数字位移:重新思考数字化[M].北京:中国人民大学出版社,2020.

以维基百科(Wikipedia)为例,其知识生产模式是互联网上最具代表性的了。维基百科是由网络志愿者编写的有史以来最大的“百科全书”。所谓网络志愿者,是指原则上人人都可以参与词条(知识)的写作(出版)和修订。但从过往的经验来看,维基百科最大的作用或许还只是知识的分享而非知识的创造。在现代成熟的科技创新和知识生产模式面前,维基百科的共筹模式很难有大作为,毕竟那些高度专业化的事情并不适合互联网这种全民狂欢的方式。因此,维基百科类型的互联网应用并不是现代知识生产体系的对手,其他的网络知识付费平台也大抵如此。

真正的威胁来自网络信息传播过程中形成的对于知识标准的模糊化。互联网以超乎想象的速度和数量不停地向用户推送各种各样的信息,在信息洪流的冲刷下,用户的思考时间大大缩短,思维也越发碎片化、浅薄化。此外,大量普通网民本身比较缺乏对知识的辨认和识别能力,但由于自己也拥有了传播的能力和机会,在将信息当作知识消费的同时还在把信息当作知识进行传播、分享。而网络平台在资本的加持下也乐于“将错就错”,甚至刻意追求这种效果以获得网民的追捧。从互联网经济的逻辑来看,网民数量的扩张和用户的活跃程度是其获利的重要因素。所以我们看到,互联网的发展史基本上就是一场技术和资本联手推动的野蛮扩张史:网络越热闹,网民越积极,平台越高兴,资本越兴奋。

网络经济的这一逻辑大大降低了舆论在知识生产和社会规范形成过程中的作用。舆论作为社会运行的基本推动力量,最初的目的在于发挥众智从而获得良效。人们通过对已知的信息展开思考、辩论而不断提高认识,并就公共层面的知识和规范问题达成共识,促进社会的良性互动。但网络传播的经济逻辑跟这一核心诉求无关,平台和资本只需要热闹和流量,因而甚至在技术或价值指向上刻意求之。这不仅造成用户的“信息茧房”效应,还会助长网络舆论的低效运行——人们将大量精力花费在舆论的争吵和喧闹中,因而“后真相”色彩愈加浓重。

(四)反思:新技术就是对的吗?

传播新技术带来了很多福利,我们不仅享受了海量的信息、自主的传播,还享受着各种便捷和自由。新技术是在克服或改进旧技术缺陷的前提下出现的,因而必然会带来这些福利。这是我们欢迎它的理由。当技术本身契合人类的信息传播需求的时候,这项技术就成为某种必然的结果。印刷术与报纸的结合,无线通信技术与广播的携手,电子射线技术将电视带进日常生活,这些技术和新闻传播业的结合都是偶然中的必然。互联网的出现同样符合这一逻辑,原本用于军事联络的计算机网络因为契合了人们对新闻信息大量快速分享的需求而成为新的新闻载体。但技术一旦背离这个初衷就会产生问题。目前,网络新闻传播已经出现的一些迹象值得反思。

1. 技术垄断是对新闻自由的新冲击

在传统社会,人们对于新闻自由的忧虑主要来自政府和资本。互联网从一诞生就宣示着众生平等、万民同乐的“公益”景象,但天下从来就没有免费的午餐。技术的暗箱虽然宣称向网民开放,但有多少网民能读懂或关心深藏其背后的权力垄断?技术和资本叠加的双重力量非常巧妙地遮掩了互联网新媒体的技术垄断,网民在享受自以为的自由的同时,其实已经被技术牢牢地限制了。这是尼尔·波斯曼眼中的“文化向技术投降”。约翰·弥尔顿心中理想的“自由而公开的观点市场”只存在于平台表面,技术却以公平公开的面孔执行着拥有者的独断指令。我们在获得微观细小的自由时,丧失的却是宏观的更大的自由。

2. 推送技术背离了新闻需求的初衷

互联网的核心是机器,是冰冷的算法,但传播的核心是人。机器的眼里只有数据,而人的内心有价值需求。无论在何种技术条件下,只有人们对于新闻传播的核心需求得到满足,技术才有广阔的前景。这种核心需求不应该被误导,更不应该被欺骗。从古至今,人们对于新闻传播的需求都是获知外界的新鲜信息,了解外部世界的变化。过去的新闻传播活动没能极大满足人们的这一需求,互联网的信息推送技术虽然在一定意义上满足了人们的需求,却也将人们引入歧途。以兴趣追踪的名义提供的新闻信息在技术逻辑上就存在误区——它只是追踪已经过去的(旧)新闻兴趣,而新闻需求的特点是对不一样的新鲜事物的求知欲更加需要被满足。

3. 互联网的商业逻辑偏离了大众传播的价值追求

技术+资本,这是互联网企业的基本商业逻辑。这一逻辑制造了一场技术与资本合谋的野蛮战争。从注意力经济到流量经济,这是大众传播业的逻辑转换,掌握流量就等于掌握了命运。因此,互联网应用的所有设计都以吸引流量为目的。在这一商业逻辑中,技术和资本两大利器携手合作,目标直指金钱财富,把大众媒体应该首先满足的公共性诉求放之脑后。这是互联网对大众传播根本价值追求的背离。大众传播业之所以得到社会的认可,就在于它能够满足社会大众对于新闻等信息的需求。技术一旦背离了人的根本需求,终将是悲剧或者闹剧。

4. 技术并不一定总是积极的

很多人都知道,技术是中立的,它的善恶和使用者的目的有关。但在一个高度重视技术创新的时代,技术的每一次进步总是很容易赢得广泛的赞誉。尤其是当这项技术已经开启了良好的应用场景，人们的戒备之心极容易丢失。新技术的优势往往非常显明，而它可能的"恶"则通常需要深邃的理论眼光才能洞察，或在深厚的实践积淀中才会显露。对技术的偏好已经形成共识，而商业又最擅长包装自己，这就更增添了洞察的难度。目前，对于新传播技术负面作用的担忧多数也只是在应用层面，比如信息安全、隐私保护、数据产权等，至于"碎片化阅读""后真相""信息茧房"等只不过是对网络传播特征的浅层次解读。我们还需要思考互联网成为一种流行的场景、环境后所带来的深层次影响，比如输入法对语言应用和发展的影响、网络游戏对社会文化的影响、虚拟交往对人的身心的影响等。从传播学角度，我们也有很多问题需要思考，比如网络传播技术对新闻理论的挑战、互联网对舆论规律的冲击等。

二、传播学的理论想象

米尔斯提出过"社会学的想象力"，通过对传统学科抽象而又僵化界限的批判，强调想象力的重要。这样的诉求同样适用于传播学领域。作为学科的创立者，施拉姆毫无疑问曾经做过这方面的思考，他对传播学科的愿景有着独到的见解。他对传播在社会过程中的基础性作用有着清醒的认识，虽然未能就此形成专门的论著，但其思想的精华已然饱含在其不同作品中。后续也曾有少数学者做过类似的论述。今天的传播学者则需要在此基础上进一步思考，大胆地展开理论想象，丰富、完善传播学的学科发展蓝图。

（一）传播的本体性和传播学的主体性

"本体"是哲学的基本命题。马克思主义哲学从物质、存在和实践三个方面对本体问题进行了系统而深刻的阐述。辩证唯物主义认为，世界是物质的，物质是第一性的，这是不以人的意志为转移的客观存在；物质世界是普遍联系和永恒发展的，而这一切都可以通过人的实践去认识。马克思主义哲学是有科学基础的。物理学告诉我们，物质世界的普遍联系表现为几种基本作用力（如引力、电磁力、强力、弱力）。但作为世界的重要组成部分的人类，在与世界产生联系的时候，除了上述的物理世界的基本作用力外，还有另一种特殊的作用方式，那就是信息传播。人类和世界的联系包含两个部分：肉体（生命体的物质存在）和精神。第一部分是作为物质存在的肉体。肉体作为一种生命体又存在两种不同的作用力：作为物质性的肉身遵循物理学的规律，但作为生命体，它还要遵循基因遗传等生物学规律。第二部分是精神，主要体现人对世界的一种抽象的、符号化的作用关系。这种作用关系的核心是信息传播。信息并不是独立于物质和精神之外的第三种存在状态，但它是实现物质和精神联系的必要条件，是物质和意识的关系。这样，整个世界的所有普遍联系（物与物、人与人、人与物）就得到了现实的科学解释。换句话说，物理学的理论不足以完全回答“世界是如何相互联系的”这个问题，而传播学恰好可以弥补这部分的欠缺，因而传播也就具有了一定的本体性。

有几句传播学家的话值得玩味。第一句是施拉姆说的，“传播是基本的社会过程”，完整的话是：“传播没有只属于它自己的土地，它是基本的社会过程。”另一句是小约翰逊说的：“传播学与人类生活的各个方面交织在一起，因此，一切有关人类生活的研究都不可避免地涉及这门学科。一些学者把它当作中心学科，而另外一些学者则将其视为较为次要的活动，但是传播是无处不在的。”①第三句是“人们不能不传播”，这是 P. 沃茨拉维克、J. B. 贝弗拉斯和 D. 杰克逊在《人类传播语用学：交往模式、病理学和悖论的研究》（1967）中说的。我们今天思考传播的本体性时，其实从几位先驱的论说中已经能够找到共鸣之处。

首先，传播是一种普遍存在的现象，起码在人类生活的所有方面都有传播的身影。因此，从“存在”这一基本的哲学命题来看，传播已经有了自己的价值。“所有哲学都是关于存在的学说，存在问题涉及哲学的基本问题，从一个哲学关于存在的思想很容易洞穿其全部哲学的主旨。”②如果我们把世界的存在分为人和物两大部分，那么其中就存在着三类关系——人与人的关系、物与物的关系、人与物的关系。也就是说，至少有一半的内容和人类有关系。如果说哲学研究整个世界的和全部人类的普遍规律，那么传播学可以在解释人类社会基本规律方面发挥独特的作用。

其次，传播是实现“普遍联系”的基本方式。人与人之间的联系不用多解释，人与物之间的联系也是通过信息传播实现的。今天，人机互动已经成为我们日常生活、学习、工作的重要手段，甚至我们和遥远宇宙中的某个星球建立联系也是建立在高度发达的传播技术之上的。已经开展的物联网将进一步拓展和丰富物与物之间的相互联系。在认识“世界是普遍联系的”这个哲学观点时，我们还需要回答“世界是如何普遍联系的”这一问题，否则我们的认识是不彻底的。

最后，传播不仅仅是一种中介作用，它还是人类社会的必要存在。让我们回到施拉姆的那句话：“传播是基本的社会过程”。它的深刻含义是什么？所谓“基本的”，意思是不可或缺的。这句话的含义可以这样简单概括：没有传播就没有社会。因为传播

---

① 小约翰. 传播理论[M]. 陈德民，叶晓辉，译. 北京：中国社会科学出版社，1999：3.

② 赵凯荣. 马克思主义在“存在”问题上的重大表态——兼论《德意志意识形态》对施蒂纳的批判[J]. 武汉大学学报（人文科学版），2013（6）：63.

的力量，人类才可能结为社会——这是迄今为止人类的基本存在方式，也是实践证明了的成功的存在方式。而且，在整个社会过程中，传播始终是基本的条件。换言之，只要社会过程存在，就一定需要传播。所以，传播不是人类可有可无的某种中介，它是人类社会的基本作用力，是必要的存在。芝加哥学派就认为“传播是人类关系的本质，它创造和维持社会”①。

因此，传播是具有某种本体性的特征的。这一特征直接破除了传播学的主体性疑虑。传播有自己的规律，传播学应该以传播规律为手段去认识世界、改造世界，“从传播学视角”认识、解释世界应当是可行的。早期的传播学大量吸取其他学科的营养，但这并不是否定传播学主体性的充分理由，关键在于我们是否能够提供从传播学角度解释世界的系统理论和思维。传播学要解释全部人类社会，而传播现象普遍存在于人类社会的一切过程之中，它必然也会渗透到其他学科理论中。但那些学科并不以揭示传播规律为己任，它们只是对传播规律的借用。而传播学则以探索、发现（揭示）传播规律为己任。只有在这样的任务得到完成的时候，我们才有底气说出“传播学视角”。

（二）突破与整合：回归传播学的发展逻辑

传播学研究的困境甚至让一些资深的研究者都感到悲观，觉得传播学在“枯萎”。这种“枯萎”不仅体现在传播学理论内涵创新乏力，多年来很少有伟大而响亮的理论观念出现；还体现在研究范式的局限和偏执，以效果研究为核心的经验学派长期占据传播学的主流地位（包括在研究方式和研究话题方面），这导致传播学研究的理论视野严重受限。批判学派虽然在一定程度上弥补了经验学派的不足，但其自身的乌托邦特征也在很大程度上束缚了理论的解释力。传播学要想改变现状，必须有所突破。

1. 突破传播学研究的疆界、方法和议题

传播学是研究人类社会信息传播规律的学科，而传播现象又遍布于人类社会的各个角落，是基本的社会过程。因此，传播学必然是可以穿透任何学科壁垒的一种更基础的学科。人类社会的交往大致包括三个方面：人自身的内部信息交换、人与人的交往、人与物的交往。有人的地方就一定会有传播活动，凡是有传播现象的地方，就是传播学可以研究也应该研究的地方。传播现象客观上与社会生活的方方面面联系在一起，因此传播学研究也必须和现实环境紧密联系。但在更抽象的层面上，它可以上升

① 参见：库利. 人类本性与社会秩序［M］. 包凡一，王湲，译. 北京：华夏出版社，1989；米德. 心灵、自我与社会［M］. 赵月瑟，译. 上海：上海译文出版社，1992；罗杰斯. 传播学史——一种传记式的方法［M］. 殷晓蓉，译. 上海：上海译文出版社，2005。

到接近哲学的水平，解释人类存在的基本方式——实践——的本质。

关于传播学的研究议题，同样是一个需要突破的领域。拉斯韦尔的“5W”模式开始为传播学设置了研究的范畴，这一观点对后世的影响巨大。许多研究者将“5W”作为传播学研究的疆界。而其基本议题无外乎四个：为何传播、如何传播、传播得如何以及传播后怎么样（后两个问题也可以统一为一个问题）。而在每一类议题之中又可以划分出若干更为细致的话题。另外，各类议题之间的相互作用也是值得研究的方面。传播绝不仅仅止于信息的传送和对受众的影响，还有许多有意思的问题也应当在研究视野之中，比如意义、情感的形成和影响，思想、观念的形成和改变，等等，从微观到中观到宏观各个层次都有研究的必要。这并非为了抢占其他学科的领地，而是因为要解释这些问题，如果脱离了对传播过程的考察，是难以发现真正的规律的。

对传播学独特研究方法匮乏的批评虽然构不成致命的伤害，但也确实反映出这方面创新的乏力。研究方法作为一种工具性的存在，并没有充分的理由限制它只能为某个学科服务，但我们也知道，为了某个学科问题的研究而开发的某个研究方法，对于该学科的研究更具有适应性。传播学诞生至今，不仅吸收了众多学科大量的理论成果，同时一直在借用现成的多种研究方法。一方面，传播学需要从中找到更适合自己的研究方法，通过适当的改造使其成为传播学独特的研究方法；另一方面也需要在研究方法的整合和创新方面多做尝试。新的传播技术革命不仅提出了研究方法创新的需要，也提供了突破的机遇。

2. 整合传播学理论，建构系统性思维

目前传播学的理论成果多数处于分散的状态，需要用一种系统性的理论框架进行整合，从而为建设传播学系统理论打下基础。从传播现象的普遍性和传播学自身的独特性来看，传播学的发展必须在理论整合上下功夫。这种整合主要指两方面：一是对于传播学界相关理论研究的整合；二是将其他学科对于传播现象的认识整合到传播学系统理论的建设中，在跨学科的实践中发现传播学新的理论。传播现象存在于社会的各个领域，自然会引起各个学科的注意，这些研究成果是建构传播学系统理论的重要资源。

首先是学科内的整合。通过整合，提升现有理论的解释层次。个别的、零散的传播学理论成果通常只能解释具体的微观的问题。由于内卷的加重，传播学研究越来越具体化，这不利于理论层次的提升。我们需要将这些散乱的微观理论整合起来，形成更高层次的理论。这就需要我们对传统的理论解释框架进行再思考。

其次是跨学科的整合。总的来说，传播学对于传播内在规律的研究要强于其他学

科。但是其他学科对于传播问题的特别考察通常比传播学更具体更生动,也更容易发现传播规律在不同条件下的变化。此外,传播学的理论要能够指导不同实践环境下的传播行为,也需要关乎具体条件的影响。

最后是加大和其他学科的融合交叉。传播学研究不仅自身要开放、包容,还要积极融入其他学科的研究中去。在各学科研究越来越精细化、内卷化的情况下,跨领域、跨学科、多学科的科学研究、技术研究、应用研究将是创新的主要出路。传播学可以说从诞生起就有了这样的传统。而要想进一步提升自己的理论品位,则需要加大融合交叉的力度。

三、传播管理的理念创新

传播技术的突飞猛进和传播实践的巨大变革,亟待传播理论研究的创新与整合,而在传播管理领域,这一需求更为迫切。面对传播实践领域的巨大变革,我们需要寻求一套全新的理念来指导。

这里所说的传播实践指的是专业的新闻传播机构之外的社会组织或个人所开展的传播活动。传统上,除新闻传播之外的传播实践业务通常包括宣传、公共关系、广告、企划、品牌等。在现实中,这些业务有着各自的理论系统,具体的业务之间既相互独立,又存在着一定的交叉。甚至有的分属不同的管理领域,相互之间协调困难。这既容易造成资源浪费,也容易滋生潜在的风险。随着互联网的普及,大数据时代来临,我们所面临的传播任务更加复杂艰巨,这更促使我们寻求用科学的方式管理传播活动。传播管理学的观念应运而生。

(一)传播管理的传统状况

现代管理科学诞生于20世纪初,其核心思想在于强调通过合理的分工和资源分配实现劳动效率的提高,达到最佳的成本/效益比。科学意味着合理,而不是简单的经验指导,因此科学管理学是建立在对生产劳动过程一系列规律认知基础上的科学思想。这对于大规模、快速的生产经营活动的合理化运作具有明显的优势,因为它远远超出了一般经验所能胜任的能力范围。

公共关系学和广告学是传统传播实践领域的主要理论来源。此外,舆论学、新闻学的一些理论知识也会被使用到。广告学主要探讨广告传播的创意表达和广告投放的科学安排,公共关系理论则研究围绕建立良好的公共关系而开展的公共关系活动。两者都会涉及对传播效果的评估,这是它们的科学部分。实际上,需要管理的资源主要分为两类。一类是传播资源,包括主动和被动两部分:主动部分是自己向外界投放的信息,被动部分则是外界发出的关于我们的传播信息。另一类是与传统组织管理相似的内容,包括经费(经济资产)、人员、物资。

在机构设置上,传播实践部门通常位于组织架构的底层,负责具体的信息采集、制作、发布以及联络等工作。一些规模较大的组织经常存在传播实践部门或职责设置重叠或交叉的现象,比如:一个公司同时设置了品牌部、公关部、企划部、广告部、媒体部等当中的两个或两个以上同级部门。在具体的业务领域的安排上,虽然会考虑相互之间的重叠和交叉问题,但在实践中很容易出现因此而导致的业务混乱。

(二)传播实践的现实需求

随着信息化时代的到来,人们每天需要处理的信息数量急剧增多。与此同时,传播实践还增添了一些新的因素。互联网的普及让各个组织每天面对海量信息的冲刷,也让组织的主动传播在面对信息的汪洋大海时有被“淹没”的危险,如何突出自己的传播信息成为一个现实问题。现代社会组织机构变得越来越庞大和复杂,其快速高效运转是建立在发达的传播技术基础上的。这也就意味着必须掌握快速高效处理巨量传播信息的本领,才能在当代传播实践中立于不败之地。而这样的数量级、复杂度都远远超出了个人经验的能力范围。

另外,与以往不同,现在几乎每个机构都可以拥有自己的公开传播平台:官方网站、公众号、自媒体等。而且由于互联网的普及性和开放性,每一个员工都可能拥有对外传播的能力和机会,这给传播管理提出了新的挑战。面对众多的传播“出口”,如何才能正确有效地为传播目标服务?如何才能有效协调这些传播“出口”的活动,避免资源的浪费和舆论“杂音”的出现?即便传统的广告投放领域也迎来了新的变量:一是媒体矩阵变得更加复杂,二是新媒体传播效果的科学评估体系不完善,新旧评估体系之间的衔接不顺畅。

(三)传播管理学的思想前导

传统的传播管理实践中,对于第一类资源的管理比较忽视,因为传统技术条件下,一家普通机构的传播资源总量并不庞大,人们往往依据经验就能应付。但在当代传播实践中,大数据是基本特征,必须运用科学管理思想指导信息资源的传播。

传播管理学吸取科学管理学的思想精髓,用管理学思维研究组织系统的信息传播、意义表达、价值传递等问题,并追求成本/效益的最佳比例。这就需要整合组织的整个传播实践,运用科学的理论进行统一的管理。在以往的传播实践管理研究中,已经显露出这种迹象。

首先是唐·舒尔茨（Don E. Schuhz）的整合营销传播理论（IMC），其核心思想是将与企业市场营销有关的一切传播活动（广告、促销、公关、企业视觉形象识别系统、直销、包装、媒体等）都一元化地涵盖到营销管理范围之内，以求企业能够将统一的声音传达给消费者。其核心是4P原则，即产品（product）、定价（price）、分销（place）、促销（promotion）四大要素的营销组合。20世纪80年代，美国的劳特朋（Robert Lauterborn）教授提出了4Cs营销理论，即从消费者的需要与欲望出发，考虑消费者（consumer）和其愿意支付的成本（cost），消费者交易的便利性（convenience），并通过消费者沟通（communication）把顾客和企业的利益整合在一起。后来舒尔茨又提出了4Rs原则：关联（relevance）、反应（reaction）、关系（relationship）、回报（reward）。从4P到4Cs再到4Rs，传播的内在主导性越来越明显和重要。

其次是詹姆斯·格鲁尼格（James Grunig）的卓越公共关系理论。1984年，格鲁尼格在《卓越公共关系与传播管理》为公共关系下了定义："公共关系是某一组织与其各方公众之间的传播管理。"格鲁尼格尝试运用传播管理的思维系统回答公共关系的问题。"简言之，卓越研究试图回答一个'根本性问题'：公共关系怎样、为什么以及在何种程度上影响到组织目标的达成？"①其核心思想包含在十大原则中：（1）公共关系人员参与组织战略管理；（2）公共关系人员在组织中拥有一定的权力或向高层管理者直接报告的权力；（3）整合的公共关系功能；（4）公共关系作为一种管理功能独立于组织的其他管理功能；（5）公共关系部门由一位管理人员而不是技术人员来担任领导；（6）公共关系工作采用双向平衡的模式；（7）内部传播沟通有一种平衡体制；（8）担任管理角色和开展双向平衡；（9）公共关系工作角色有多样性；（10）公共关系的职业道德和社会责任感。不难看出，"整合"和"管理"的思想贯穿于这十大原则之中。不足之处是传播作为具有自身特点的活动，其内在规律没有得到充分体现。公共关系的依附性和独立性之间的关系是什么？是完全依附性的，还是具有相对独立性的？如果是相对独立性的，那么这个独立性体现在哪里，又如何去实现？

形象管理理论的兴起为传播管理学提供了更加宏观的思路。对形象问题的关注热潮兴起于20世纪90年代。一些研究者基于对公共关系活动的整体性思考，从美学、文学、广告学、公共关系学乃至经济学的角度，对组织的形象问题展开研究。② 形象管理思想明确了公共关系的目标——建设和维护良好的组织形象。这是一项全方

---

① 黄懿慧，吕琛. 卓越公共关系理论研究三十年：回顾与展望[J]. 国际新闻界，2017(5)：131.

② 如：袁传荣，宋林飞. 公共关系学新论——组织形象管理[M]. 南京：南京大学出版社，1990；王朋进. "媒介形象"研究的理论背景、历史脉络和发展趋势[J]. 国际新闻界，2010(6)。

位、综合性的工作任务,需要统合组织所有的传播资源,因而也对组织的机构设置和传播业务的管理层次提出了新的设想。这一理念将传播学、管理学、舆论学、广告学、公共关系学等整合起来,共同思考如何建立组织的良好形象的问题。形象管理理论将组织的公共关系活动提升到组织形象建设的战略高度,为重新认识传播实践拓宽了思路。它整合了宣传、公关、广告、企划、危机传播管理等诸方面。其不足在于:在整个组织管理中,作为角色的传播的身份和位置得到了界定和阐释,但其内部的运作规律和机制未得到充分说明。

(四)传播管理的理论内涵和业务整合

传播管理学的内涵是:以服务组织的战略目标为使命,以组织形象建设和维护为任务,通过统一配置组织资源,实现日常传播管理的科学化,从而以较低的成本达到较好的工作效果。这是一场革新,需要在理念层面和时间业务层面进行整合,从而打造全新的传播管理格局,以适应这个时代的需求。

首先是树立科学管理学观念,将传播置于组织运行的基本要素和过程中进行研究,运用科学管理思想对传播实践进行全方位的整合。传播服务于组织的整体发展,但它不是纯粹被动地配合,而应该发挥自身的能动性,这样才能更好地服务于组织的整体发展。因此,它需要从宏观的战略设计到中观的组织结构设计再到微观的具体传播活动的全程参与,实现全传播链管理。这样,传播管理部门可以针对组织的战略、战术和战役构想,结合自身拥有的资源设计自己的目标和任务以及具体的行动策略和方案,并根据目标和任务的设计调整组织架构。根据任务设计组织架构和工作流程,这是科学管理思想的体现。这里面一个重要的突破是,传播管理应该进入组织的战略决策过程,并且为组织的战略目标服务。这一点在格鲁尼格的卓越公共关系理论中就已经提出来了。

其次,在管理实施的各个环节着重体现科学性,学会运用科学的方法和工具对传播工作的具体安排、资源的配置进行分析,对传播工作的效果进行评估,并以此作为工作调整的重要依据。这就需要传播工作者(包括管理者)掌握现代科学传播的知识和技能,正确熟练地使用科学工具来指导工作,比如制作内容和形式、发布渠道,舆论危机的预防和应对,网络传播大数据的跟踪和分析,组织形象建设的效果评估,广告投放的渠道选择和效果测评,等等。从具体的一则信息的制作,到宏观的战略设计,都应该建立在科学分析和研究的基础上,并且用科学的方法和工具评估工作的成效。

这样的思想变革和工作思路的转变,必然要求在具体业务层面进行必要的整合和调整。一是对所掌握资源的重新认识和整合。科学管理学的核心理念是资源整合、合理配置、效果优化。传播事务有哪些资源可以并且需要整合？根据传播的目标和任务安排，还需要补充哪些资源？这些资源应该如何整合？传播管理的资源包括两大类：信息资源和人、财、物等物质资源。我们要用科学管理学的理念把传播诸事项、资源按照管理学的思维进行合理设计与配置。这就需要打通组织信息传播管理的传统关节，统筹考虑所有的资源，统一管理，使其实现优化配置。这就会涉及具体业务的整合、组织架构的调整、管理流程的再造。

将传统上分散独立的传播业务放在一起，根据任务和目标进行划分。组织不再分设宣传、公关、广告、企划、媒体等众多的业务领域，而是按照全传播链管理的思路提出业务需求，依此对组织的传播信息资源进行整合。这样也就不需要分设过多的具体机构，而是在组织的亚战略层设置一个统一的传播管理部，负责组织所有的传播工作。在传播管理部内部，根据实际需要可设立具体的业务组（比如：战略规划组、形象管理组、危机应对组等），这些具体的业务组之间可以相互打通，只在完成具体任务时集中开展共同的业务。这当然也需要对原有的工作流程进行必要的改造。基于对传播规律特殊性的认识，我们需要为传播管理设计相应的工作流程，这样才有利于实现效益最大化。

以危机传播管理为例，因为其突发性和伤害性，需要打破常规的工作流程，甚至为此专门设计独特的流程。目前，许多成熟的组织都为危机传播管理设计了特别的工作流程，以保证组织在按照常规流程完成日常工作任务的同时，能够进行全天候的危机管理。危机传播管理流程是独立于常规工作流程之外的一套新的工作流程。但同时它也需要和常规流程相衔接，不能因此而严重影响常规流程的正常执行。那么不可避免地，我们需要在包括人员安排、职责设置、资源分配等诸多方面对常规流程做适当的调整。

（五）传播管理的完整思路

1. 以组织形象建设为核心

对于传播管理工作，要将组织形象建设作为核心内容，并以此统领日常的传播工作。传统的公共关系理论将建立和维护良好的公共关系作为目标，但“关系”是一个相对含糊的概念，怎么样算好、要好到什么程度，都很难有一个科学、客观的标准。尤其是在日常工作中，如何做才是对这个关系的正向帮助？比如我们经常看到的慈善捐款，作为一项公关活动，如何才能最大程度发挥这种方式的作用，捐多少合适，何时捐合适，由谁来捐合适，以何种方式捐合适，这是很难把握的，也很难进行客观科学的测量。但形象建设不一样，首先它有具体的目标，这个目标实现得如何，可以通过科学方法进行测量。另外，作为组织发展的辅助力量，能够对组织战略目标的实现提供良好的社会环境支持，并且可以贯穿组织发展的始终。

2. 以科学管理为标准

用科学管理学思想统领传播工作实践，科学地看待每一个传播行为。这是管理学与传播学的交叉融合，目的是要让传播工作发挥最大效能。首要的是树立起科学管理的理念和信念。从大的方面来看，组织形象应该如何定位，应该如何设计形象建设的周期、步骤；从小的方面来看，每一个阶段的形象建设需要什么样的信息传播来实现，具体的一个传播活动或者一则传播信息会对形象产生什么样的影响，这些都要用科学管理的思维来分析。科学管理思维要贯穿于传播工作的方方面面和整个过程。比如组织形象的定位，它不是单纯由管理者自己的意愿决定的，还需要结合组织的发展程度、资源的丰裕程度以及公众对组织的期盼等进行综合分析。如果超越这些具体条件，就可能定位不准确，继而难以达到最佳的效果。

3. 以传播规律为依据

传播是完全不同于其他物质生产活动的一种精神活动，它有自己独特的规律，我们要在尊重这个规律的基础上开展传播实践，才能取得良好效果。但传播规律非常复杂，每一个具体条件的变化都可能对效果产生影响。从传播学目前的研究状况来看，传播者、传播内容、传播渠道、传播对象以及更广泛意义上的传播环境，都会对传播效果产生影响。而单就其中的传播内容而言，又存在许多更细微的影响因素，不明白这些，就难以理解传播的独特规律。这就需要我们首先培养起传播学的科学理论信念，然后熟练掌握传播学理论知识，熟练运用传播分析工具，并善于结合当时当地的条件以及传播对象的具体特点进行必要的调整。因此，我们要不断提高自身工作的专业性，传播管理绝不是谁都能干得了的工作，它是实实在在的专业领域。

4. 将传播业务看作特殊的系统

组织的日常工作有很多方面，既有主要业务方面，也有辅助工作方面。辅助工作当中又可以分为很多具体的领域，传播是其中比较特殊的一项。比如一家生产性企业，它的主要业务当然是商品生产和销售。为了维持正常运转并顺利实现生产和销售的目标，它需要后勤保障，包括通勤、安全、保洁等。传播业务在所有辅助性工作中有特殊性，因此也要求对它进行特别的管理。首先，传播有自身的系统性，不能断裂开来对待。管理学中将沟通当作一个重要的环节来看待，但实际上在组织的整个运转过程中，传播始终是按照自身的系统运行的。其次，传播运行的信息系统和安全、保洁等辅助工作不一样，它有自身的战略目标，并且围绕这个战略目标开展日常工作。最后，传播是在复杂多变的环境中通过微妙的信息符号组合作用于对象的认知、思想和情感的，某种意义上讲，传播工作的成效是极其脆弱的。比如人们常说，形象建设起来非常困难，破坏掉却很容易。

总的来说，当前传播技术的更新和传播实践的突破要求我们在理论上不断创新以满足现实的需求。传播管理理念就是在这样的背景下，通过突破传统传播实践理念而提出的崭新思想。它需要在理论和实践中进一步完善，从而发展成为适应当前传播实践要求的思想理念。

推荐阅读

1. 罗杰斯. 传播学史——一种传记式的方法[M]. 殷晓蓉，译. 上海：上海译文出版社，2005.

2. 胡泳. 数字位移：重新思考数字化[M]. 北京：中国人民大学出版社，2020.

3. 哈贝马斯. 公共领域的结构转型[M]. 曹卫东，等译. 上海：学林出版社，1999.

4. 小约翰. 传播理论[M]. 陈德民，叶晓辉，译. 北京：中国社会科学出版社，1999.

5. 尼葛洛庞帝. 数字化生存[M]. 胡泳，范海燕，译. 海口：海南出版社，1997.

6. 米德. 心灵、自我与社会[M]. 赵月瑟，译. 上海：上海译文出版社，1992.

7. 库利. 人类本性与社会秩序[M]. 包凡一，王湲，译. 北京：华夏出版社，1989.

思考与讨论

1. 传播技术的创新对人类的生活产生了哪些影响？如何看待这些影响？

2. 如何看待传播学研究的“内卷化”？你认为传播学研究怎样才能走出当前的困境？

3. “传播管理”理念的创新性和突破性是什么？

第六讲　传播学的本土化实践与创新

作为一门相对年轻的学科,传播学诞生于“二战”之间,在北美和欧洲分别形成了有所差异的研究路径。经过了几十年的发展,进入21世纪的传播学研究,在原有范式的基础上,不断拓展其研究领域。与此同时,在新媒介技术不断渗透人类日常生活并对日常生活进行重构的过程中,全球化与本土化不断冲击着传播学的研究视野,其他学科对新媒介技术的多层次解释,也在增加这种冲击。在这双重因素作用下,传播学研究不断拓展分支和路径,也不断成为其他学科的研究内容,同时自身也不断浸入其他学科的研究主题。在相互影响中,传播学呈现出较为多元的发展局面。

就中国而言,传播学于20世纪三四十年代开始零散进入中国;70年代陆续有相关介绍;21世纪初期,本科专业开始招生。至今,传播学在中国具备了本科、硕士和博士教育的完整链条。在此情况下,如何将传播学的学科研究、学科关注和学科核心问题与其他学科做严格界分?如何将传播学的研究议题与基础知识在本科、硕士与博士阶段进行界分?对上述两个问题的回答,于中国的传播学教育与研究而言,尤为重要。

一、传播学在中国的发展

作为一个年轻的学科,在中国社会科学的学科群中,新闻传播学起步较晚,因此在国际上的影响力相对于其他学科而言比较微弱。学者对SSCI、A&HCI数据库中1956—2006年中国社会科学文献进行定量分析,发现新闻传播学文献量非常少,仅74篇,其中57篇论文(77.027%)、14篇书评,与信息学图书馆学、社会学、通信学、商学、应用语言学相交叉发文。[①] 中国大陆的第一篇SSCI期刊传播学论文出现在1987年。此后长达20年,发文量都只是个位数;2008年,大陆学者发文量首次超过10篇,之后

---

① 何小清.建国以来我国人文社会科学学术研究国际化发展学科分析——基于SSCI、A&HCI(1956~2006)的定量分析[J].东岳论丛,2008(3):24-31.

一直保持稳步增长。[①] 从上述数据可以看出,2010 年之后,中国学者才开始逐步进入传播学国际期刊发表的快车道。这里还仅仅是以论文数量而言,没有论及论文的主题部分。2014—2017 年,中国学者一共贡献传播学文章 386 篇(含论文 322 篇、书评 58 篇、编务资料 4 篇、评论 2 篇),占 45 种期刊同期发文总量(10 773篇)的 3.58%。各年度的分布情况是:2014 年 79 篇、2015 年 88 篇、2016 年 113 篇、2017 年 106 篇,整体呈上升趋势。中国学者发表的论文集中于《中华传播学刊》(80 篇)、《国际传播学报》(47 篇)、《亚洲传播学刊》(43 篇),这三种期刊的发文量占到中国学者发文总量的 44.04%。[②]

由上述数据可以看出,自传播学进入中国以来,学者们主要做了两方面的努力:一个努力是不断靠近西方的传播学主流;另一个努力是不断拓展传播学在中国社会科学群体中的影响力,并试图使其成为中国社会科学本土化的有机组成部分。

与中国传统的学术门类划分不同,当下的人文社会科学的划分,经历了几个世纪的累积过程。在国外,在现代大学尚未建立的时候,私人开办的学园是主导,古希腊时期、古罗马时期均是如此。进入文艺复兴时期之后,教育的理念发生了变化,大学教学的学科内容也有了拓展。工业革命之后,现代大学首先在德国确立,后逐渐推广到其他国家。与此同时,自然科学和社会科学的学科门类也逐渐凸显。第二次世界大战之后,基于欧洲学者在地理空间上的迁移,社会科学部分学科的格局发生了变化。传播学作为社会科学的组成部分,由此跌跌撞撞地在美国诞生了。早期的传播学者在中国大学中进行的传播学实践与推广,显然只停留在学术静坐的层次上。最为困难的问题始终是传播学在中国的学科归属与培养模式问题,其迄今也没有得到很好的解决。

换言之,传播学进入中国社会科学体系后,由于身份和归属的问题,其教学和研究始终处在看似多元化,实际上"无路可走"的境地。这种"无路可走"的境地部分源自传播学学科本身的原初背景,部分则基于传播学在中国社会科学家庭中的尴尬地位。其原因与学科的变迁轨迹不可分割。

传播学在中国的学科变迁轨迹有什么特点呢?

首先,它属于人文学科还是社会科学?当下的学科目录上,新闻传播学作为一级学科,是属于文学门类的,因此在高校招聘和招生的过程中,往往遭遇到如何定位的问题。对于以新闻传播学为优势学科的高等院校而言,这一问题看起来似乎不大。但国

---

① 邓备. 我国新闻传播学研究的国际化现状——基于 SSCI 传播学期刊的实证研究[J]. 西南民族大学学报(人文社科版),2018(9):148-152.

② 崔波,姚凯波. 2014—2017 年中国新闻传播学国际学术影响力研究——基于 45 种 SSCI 期刊[J]. 编辑之友,2019(5):38-42.

内大部分高校的新闻传播学都是“混在”出身，或者与文学类学科在一起，或者与管理类学科在一起，或者与法学类、外语类以及社会学类学科共在一个学院，学科之间的内在冲突与认知定位，始终如一个摆脱不掉的魔咒一般。在研究生培养层面，这一点影响更大。不少学生报考了新闻传播学的研究生，才发现导师的研究领域与学科的发展之间有较大的距离。上述种种现实便是人文学科与社会科学归属在当下研究生教育中存在的问题。

其次，新闻学与传播学的关系问题，不仅是传播学在中国面临的问题，也是全球化中的传播学归属问题的交叉点。对于中国社会科学研究而言，新闻学始终是一个“特殊”的学科，“特殊”在于一方面这是一个学术性不强的学科，与其政治属性有太多直接关联；另一方面与中国的社会现实关联性较大。上述情形导致传播学进入中国时，出现了较大的内在冲突：一部分是试图与社会学、社会心理学对接，另一部分是试图与新闻学保持有机联系。

就上述学科发展的特殊历程而言，传播学在中国的变迁轨迹呈现出如下特征：

第一，与其他社会科学群体之间的游离又试图嵌入的属性。传播学与新闻学是一个门类的学科，主要的研究对象和领域是各种媒体，而对各类媒体的研究，在其他人文与社会科学学者看来，距离纯粹的学术研究较远，导致传播学被其他人文社会科学疏离而处于自我游离的状态。对这种自我游离的反省出现在 20 世纪末 21 世纪初，内地及港台地区的学者开始就传播学的本土化问题进行讨论与反思（这其中也包括社会心理学等学科），之后出现了一批围绕学科本土化的研究，但这些研究依然是围绕媒介展开的。媒介的接触与使用，成为针对不同群体、不同议题的核心主题。但是这些研究始终处在一种尴尬境地，因为与其他人文与社会科学的研究比较，这些研究的影响力十分有限。第一阶段传播学试图进入其他人文与社会科学的努力，可以说是不太成功的。

第二，从历史研究、管理学研究、文学或者文化研究等视角，实现一种突破，找到传播学在人文与社会科学学科体系中的位置。历史研究分为新闻思想史和中外传播思想家的相关研究；管理学研究则从营销角度入手，从行业角度进入；文学或者文化视角侧重于以文学或者文化现象在媒体上的呈现为议题展开研究。

二、中国特色传播学的创新与发展

20 世纪 80 年代以来，传播学在中国的本土化进程便开始了。

具有中国特色的传播学，应该在哪种意义上进行界定？又应该在哪种视角下进行探索？中国传播学者从各自的学科背景出发，在文学、社会学、新闻学、经济学、管理学、政治学等学科的边缘，寻找其和传播学的结合点，并辅以中国社会宏观的历史背景和客观的现实情境。因而，这种研究和探索呈现出一种未规范化的状态。

这种未规范化的状态体现在对于中国特色的传播学的学科理解和概念界定上。应该说，中国特色是一个难以清晰描述的概念。无论是在现实的层面上，还是在历史的情境中，属于中国的特色基本是在泛化意义上加以使用的。中国特色包括几乎所有与中国的人文、地理、政治、历史相联系的物化和非物化的东西。在日常的语境中，“中国特色”如同一种被幻化的词语，没有一个很明晰的领地，流荡和飘逸是它的主要特色。日常化和市民化是它的主要形态。这里的日常化包括概念使用上的和集体无意识的生活化行为，市民化指的是这种泛化的发生人群主要是以所谓“文化程度”良好的城市社会的常驻者为主。在非日常化的语境中，“中国特色”的身份认同更是一个难以回答的问题。在中国政治的话语世界里，中国特色是有着严格界定的含义和使用范围的；在中国经济的话语世界里，“中国特色”基本是对政治话语中的“中国特色”的含义的沿用，只是这种沿用很大程度上脱离了政治学的含义，更多地辅以社会学的内容；在中国社会的普遍性的概念系统中，“中国特色”很矛盾地在百姓的集体无意识和对政治术语的不清晰使用中，以很不明晰的视角拥有着自己的社会地位和社会身份。

在社会科学的学科建设中，中国特色的构建是如何的呢？有几种情形：一是很不负责任地使用这个概念，仅仅以词语的使用为目标，使用这个概念只是为了在描述的社会语境中得到认可，并不具有严肃的学科建设的精神；二是将日常化的含义不假思索地加入学术世界中；三是从日常化的话语中，从个体的背景和所处的社会情境出发，剥离其中的部分含义，加以学术性的界定和描述，宏观地在学理上为“中国特色”作了建构及说明。具体到传播学的研究，“中国特色”首先是从一种意识的觉醒进而到话语层面的简单化使用；其次是从个体自身出发而建构的“中国特色”的核心命题中研究传播学的“中国特色”；最后，日常话语世界的“中国特色”的痕迹自然地在研究中再现。很显然，这种探寻和研究一开始就建立在未做普遍化界定的前提下，因而带有先天的弱势性，必然不具备学理上的规范性和普遍性。

这种未规范性还表现在，以一种社会化的理解取代学术性的精神探寻。所谓社会化的理解是没有站在我们身处其中的社会之外使用这个概念，而仅仅是作为一种门面的装潢来加以利用。换句话说，不是从民族精神和国家建设的学术角度出发，而仅仅是在中国社会科学的学科体系中，将学科作为职业的一种惯性使然。学术性的探寻是指，作为学者首先是一名中国学者，中国学者要面对的是中国问题，而关于中国问题的学术研究可以在不同的领域展开，这种展开的前提表示中国学者学术精神的重现和再造。我们的学术精神是什么？如何构建和再造我们的学术精神？在我们这个时代，这个话题始终是学者必须要面对和回应的，也是关系到中国社会科学可持续发展的重要问题。学术精神和直面现实紧密相关，在直面现实中，群体和个体的最深层的民族精神和国家意识一层层呈现出来，也正是在这种呈现中显露出了“中国的问题”。遗憾的是，这种直面现实和直面个体、群体本身的意识逐渐弱化了，这种弱化的过程恰恰绵延在对于“中国特色”的复杂而简化的理解中。中国传播学的研究状况在这一点上表现得更为突出。

众所周知，传播学作为一门学科，在中国的出现首先是和新闻学的发展联系在一起的。新闻传播学基本上将传播学的“中国特色”从自己的话语世界里有所限定地剥离出来，在这种剥离中，学科的独立精神基本成为一种隐性的概念被埋葬了。而新闻学科是中国社会科学家族中社会化和世俗化颇为明显的学科之一，它一开始是附属于文学的，在这种学科根基下，传播学研究者的构成及他们的思维模式鲜有独立的社会批判精神和学术思考。在学科缺乏独立精神、学者没有社会批判意识的前提下，“中国特色”在传播学研究中的未规范化表现得更为多元。

基于上述的非规范化的状态，传播学研究在对“中国特色”的探寻中，使用的概念多是传播学的本土化。本土化在很大程度上消解了部分命题，并将学者的民族使命感和国家认同感进一步弱化了。其原因在于：首先，本土化本身是一个消解了地域和人文界限的话语，社会系统、文化系统和政治系统在这里很隐蔽地被悄悄推后了，空间和时间的绵延度也被降低了，差异性被限制了，我们的理解力更为宏观地走向了外面的世界。“中国特色”的精神在这里几乎不再是一个命题。其次，本土化是对应全球化或者国家化而提出的概念，其外延和内涵可大可小，可以是一个村落，也可以是一个地区；可以是几个国家，也可以是一个大洲。因此，对于本土化概念的提出和使用，对于构建中国社会科学的学科而言并不是一个明智的选择，更为恰当的应该是“中国特色”这个概念。准确地说，我们要构建的是具有中国特色的中国社会科学体系，而不是以本土化为目标的学科。最后，本土化的概念与信息社会的逐渐到来，和信息这一概念的传播有着不可分割的关系，其优势在于可以给我们提供更为开阔的视野，在更普遍化和更为开阔的视角下进行一种学术思维上的拓展。在学术实践中，“中国特色”的使用更为恰当和实用，并具有极强的现实意义。①

在对“中国特色”的不断尝试中，中国传播学在研究路径和研究议题上涌现出一些有益的成果，尽管不是很成熟。

① 谢咏才，李红艳. 中国乡村传播学[M]. 北京：知识产权出版社，2005：前言.

（一）研究路径

就上述的学科背景、学术归属和发展情况而言，进入21世纪之后，中国传播学反而孕育了新的希望，原因在于传播学研究者的代际更替或者人才梯队的更换基本完成了。传播学学科的本科招生起步于2001年，硕士生教育和博士生教育还要略早几年。而培育研究生的师资，主要来自其他学科，比如历史学、文学、哲学、新闻学等。源自文史哲学科的老师是年长的一辈，他们的大学教育完成于20世纪五六十年代，或者更早。源自新闻学的师资队伍则主要是由20世纪前半叶的新闻从业人员组成的，他们对新闻的理解有深刻的时代烙印和精神反思。2010年至今，传播学的师资队伍发生了较大的变化，这些变化一方面基于国内博士毕业生人数的不断增长，另一方面基于留学博士毕业回归，和其他学科博士的谋职压力。青年学者给传播学学科的学生培育和学术研究带来了新的发展空间。除了师资队伍建设之外，网络所带来的资源分享和外语教育的普遍化，青年学者与国际学术界之间的交流日益增多等，都紧密了传播学与其他学科之间的关联，使得传播学的多元化与交叉性有所提升。

概括而言，传播学进入中国后的早期研究，以翻译和介绍为主。这种现象导致该学科入门很浅，学术的纯粹性容易受到影响；而大众对于媒介的日常可抵达性、媒介从业人员的媒介现场经验，都使得大众对传播学研究充满了质疑。在这种质疑声和混杂声中，传播学可以进行突破。突破的研究路径体现在以下几个方面：

1. 从思想史进入传播学

从什么角度进入传播学史的研究呢？按照美国学者罗杰斯所勾勒的传播学学科发展史框架图，传播学的学科史似乎十分庞杂，与诸多学科和诸多流派关系密切。追根溯源之后，在中国传播学研究中，传播学的研究路径开始有了传播思想史这一分支。中国成立了传播思想史学会，第一任会长为陈卫星教授，第二任会长为单波教授。

传播思想史的研究议题较多，大致是围绕欧洲和美国的思想源流进行探索和论述的。这些探索和论述主要建立在文献阅读和观点辨析的基础上。早期研究者主要围绕美国传播学者詹姆斯·凯瑞、约翰·杜威、欧文·戈夫曼、卡罗尔·梅罗维茨、约翰·彼得斯等的理论进行阐释和解读；当下则以媒介考古学为路径，集中研究法国学者拉图尔、斯宾格勒和德国学者克莱默尔、韩炳哲等的观点，将传播思想史更多地与技术哲学关联起来，试图通过当代技术哲学的思考路径、新媒体技术与个体的传播关系推进传播思想史研究，但这条路径似乎有些游离于中国当下的社会现实。

中国传媒大学出版社出版的“媒介道说”丛书（分别为《本雅明论媒介》《哈贝马

斯论媒介》《海德格尔论媒介》《齐泽克论媒介》《基特勒论媒介》)，试图通过哲学的路径探究传播思想史的新议题。但这几本书属于媒介理论的入门书籍，对于未来的学术研究而言，是否可以由此而拓展出属于传播学的思想史原创研究，还需要继续观察。

"媒介道说"丛书之外，还有媒介考古学方面书籍的出版，如复旦大学出版社出版的埃尔基·胡塔莫的《媒介考古学》一书，试图在另一个维度上对传播思想史研究进行突破。

关于中国传播思想史的研究也在筚路蓝缕中不断摸索。早期的中国传播思想史研究主要在新闻传播史这一大的范围内进行，后期逐渐转移到传播思想史路径上，集中在传播与社会诸多层面的互动中，其中研究者钟爱以民国时期为时间范畴，亦有学者从新闻传播史角度关注中国中古之前的信息传播状况。近几年有学者试图从两个角度突围：一个是站在文明史的高度，基于信息传播的角度进行解读，华夏传播研究便是这种路径；另一个是从公共传播的视角进行历史探讨，诸如彼时社会中是否出现了公共领域，彼时期刊的传播理念以及从业人员的职业化路径与社会变迁之间是何种关系，等等。前者似乎容易流于宽泛，导致传播思想史边界变得模糊；后者则有可能从历史研究的视角，为中国传播思想史提供较好的根基。

2. 从新技术与媒介学研究进入传播学

如前所述，在进行传播思想史研究突破的过程中，技术史也成了一个维度。技术史的维度很快被湮没在技术哲学的路径中，这一点导致传播学研究呈现出"看不懂"的情形。这里的"看不懂"包括以下几个含义：第一，在传播学者不断突破原有瓶颈的时候，一个新的研究视角很快会成为学界关注的焦点。新媒介技术与技术哲学的新概念在原有的传播学视野中是"缺席"的，因此导致"看不懂"的情形。第二，传播学在逐渐拓展其领域的过程中，原本不牢固的学科边界不断被晃动，有时候是议题的摇晃，有时候是学科门类的摇晃，有时候甚至是学科根基性的晃动。

此外，技术史研究与媒介环境学(也被称为媒介生态学，尽管二者的研究存在较大的差异)再度受到关注。深圳大学在2019年和2021年主持推出媒介环境学丛书，包括《媒介环境学：思想沿革与多维视野》《心灵的延伸：语言、心灵和文化的滥觞》《什么是信息：生物域、符号域、技术域和经济域里的组织繁衍》《文化的肌肤：半个世纪的技术变革和文化变迁》《震惊至死：重温尼尔·波斯曼笔下的美丽新世界》《数据时代》《被数字分裂的自我》，以及重译的《帝国与传播》《传播的偏向》《麦克卢汉精粹》等。在媒介环境学的视域内外，新技术和旧技术都成为学术界关注的热点，传播学也正在应对这种挑战。

媒介学的译介主要源自中国传媒大学陈卫星教授以及他的团队,他们先后翻译出版了《普通媒介学教程》《媒介学宣言》《媒介学引论》等。陈卫星指出,媒介学这个新名词的第一次出现,是在德布雷 1979 年的著作《法国的知识权力》中,从学科意义来讲,媒介学不是媒介社会学,也不是符号学,与传播学的路数也不同,因为它不聚焦于孤立的个体,而是采用一种跨学科方法,论述范围或论据来源包括历史(技术史、书籍史、美学理论和历史)和信息传播理论。与传播学界的工具主义的概念划分不同,作者在本书中提出的新颖且富有想象力的核心概念是媒介域。"从长时段的历史时期来看,任何一种媒介技术系统实际上在维系着人们的集体记忆和社会关系,其构成方式是把媒介技术的符号形式和扩散方式作为人们进行信息传播的整体手段,并在一个相对的长时期内具有稳定性,这个可以在历史考察中被固定下来的信息传播格局的单独存在方式被德布雷定义为媒介域(médiasphère)。"①陈卫星撰文指出:"媒介学的思考逻辑由于本身的历史主义和技术主义并列的思维架构,有助于人们从文化基因和制度创新相结合的角度来重新把握媒介变迁所产生的即时功能如何和长期价值相统一的关系。媒介学的魅力其实在把媒介创新的技术生态纳入社会变迁的精神结构,在对信息源和信息序列进行重新辨析的过程中,有助于人们从形式上去把握信息驱动的能量结构。"②潘祥辉认为:"德布雷以媒介为中心的观察视角,恰恰抓住了传播学研究的核心所在,并帮助我们把传播的历史维度、跨学科维度重新寻找回来。"③

从新技术与媒介学的路径进入传播学,主要有以下特点:第一,将传播学从逐渐窄化的学科集群中再度解放出来,试图基于跨学科的路径构建传播学研究的新场景;第二,试图通过对媒介的再度解读,重构传播学的研究视域。

3. 从研究方法进入传播学

在学科突围的同时,有部分学者"另辟蹊径",不去考虑究竟是什么样的研究领域,也不论是何种研究路径,而仅仅是学习各种新的研究方法,从定量、半定量或者质性研究的方法出发,将这种方法套用在很多议题上。如此,在进行议题选择时几乎毫无困难,只要是文本分析都可以进行公式化操作,其他定量手段则更有过之而无不及。

(二)研究议题

就研究议题而言,一方面其关注点与传播学的本土化努力相关联,另一方面则与

---

① 德布雷. 普通媒介学教程[M]. 陈卫星,王杨,译. 北京:清华大学出版社,2014:9.

② 陈卫星. 新媒体的媒介学问题[J]. 南京社会科学,2016(2):114-122.

③ 潘祥辉. 传播研究的媒介学转向——评德布雷的《普通媒介学教程》[N]. 中国社会科学报,2015-08-13.

新冠疫情所导致的现实问题相对应,关注的群体以及由此拓展的议题在不断深化中。简言之,主要有以下三个方面:一是对弱势群体的多层次关注,二是对城市和乡村传播同步关注的展开,三是对多学科路径的融合与方法论的探索。

1. 对弱势群体的多层次关注

作为一个并非源自本土的社会科学门类,传播学在早期的发展中,其经典研究的实用主义导向明显,行政导向和商业导向并重,间或在政治传播上有所贡献,并对舆论有一些研究,但是在形而上层面对本体问题的关注几乎处于缺席状态。20 世纪 60 年代左右,欧洲大陆的批判研究者基于多种视角对媒介进行跨学科的关注,从而突破了行政和商业化的维度。二者对于受众的关注有一定的差异,前者基于市场视角,后者则立足于制度视角。这两个维度均没有对弱势群体进行特定的关注。20 世纪 50 年代发端的发展研究,则延续了启蒙运动以来西方国家发展的进化论路径,媒介尤其是大众媒介成为个体现代化程度的一个指标。

传播学在中国已经进入了与社会发展不断弥合的阶段。在关注群体上,传播学从关注大众开始过渡到特定群体。现有研究无论是对城市受众的调查还是乡村居民的调查,始终都处在比较尴尬的状态。其间,两个大的社会背景开启了新的群体关注的历程:第一个背景是 2014 年开始的精准扶贫,一直延续到 2021 年实现全面小康,开启乡村振兴;第二个背景是 2020 年年初开始的新冠疫情。二者使得学界将目光聚焦于乡村,以及疫情中因为技术因素而行动受限的诸多群体,这些群体通常被认为是弱势群体或者非主流群体。传播学研究者对这些群体的关注形成了一些研究议题,比如乡村传播、老年传播、民族传播、性别传播等。

农民、老人、少数民族和女性、儿童等,这些是相对而言的弱势群体,规模也较大。对于传播学研究而言,对这些群体的关注主要以信息抵达、信息使用能力以及信息辨识能力等为核心(也会涉及其他问题,比如技术使用能力等),这些问题的背后主要涉及两个现实命题:第一个是在当下的社会分配机制中,对较少受惠于社会发展的群体的关注,比如弱势群体是否有平等的信息获取权,是否有足够的信息判断能力,等等。第二个是在特定的社会发展时期,比如脱贫攻坚时期、乡村振兴时期和新冠疫情时期,特定的弱势群体是否在信息传播系统中得到充分的照料,新技术的信息治理是否给他们的日常生活带来了行动上的困境,等等。

2. 对城市和乡村传播同步关注的展开

城乡二元化的发展格局,是进入 20 世纪后半叶之后中国社会的主要属性之一。相关研究者颇多,主要以社会学、政治学、经济学和公共管理学为主。传播学对于城乡问题的关注始于20世纪80年代,虽然声音微弱,但一直在延续。郭建斌认为,在20世纪的最后20年时间里,大陆地区乡村传播研究可分成三个阶段:第一为“早期研究阶段”(1982—1988年),主要代表有杨云胜、朱建华等开展的农村受众研究;第二为“应用为主阶段”(1988—1995年),这一阶段取得了突破性进展,主要代表有裘正义、王佑红等人开展的乡村发展、创新扩散研究;第三为“新媒介阶段”(1995—2003年),这一阶段网络出现,新媒介与乡村研究升温,代表有张国良开展的“新闻媒介与扶贫”等研究。① 2005年开始,中国农业大学媒体传播系率先出版了由谢永才、李红艳主编的《中国乡村传播学》(知识产权出版社2005年版)、李红艳主编的《乡村传播与农村发展》(中国农业大学出版社2007年版)、谭英的《中国乡村传播实证研究》(社科文献出版社2007年版)、李红艳的《乡村传播与城乡一体化:北京市民与农民工媒介关系之实证研究》(社科文献出版社2009年版)、李红艳的《乡村传播学》(北京大学出版社2010年初版,2014年第二版)、旷宗仁的《乡村传播中的农民认知行为研究》(中国农业大学出版社2013年版)等。在这个过程中,乡村传播研究成果不断出现,虽然研究质量良莠不齐,但是无论是学术论文、学术专著还是学位论文,数量都在不断增加中,研究议题也不断多元化,从游戏、电商到旅游、产业等,从乡村治理到社会结构的变迁等,无论是否使用了乡村传播的概念,乡村研究在传播学领域逐渐成为关注点之一。

与乡村传播相对应的城市传播,早期的研究比较分散,进入21世纪第二个十年后,以复旦大学新闻学院为主的研究力量不断拓展其研究议题。在历史追溯方面,城市传播的概念源自1998年章建耀的一篇论文《城市传播在重大事件报道中的立足点》,2008年清华大学尹鸿的文章《整合媒介平台 推动城市传播》也使用了此概念。2008年,城市传播学的第一本著作《C时代:城市传播方略》出版。四川大学新闻学院刘路、王安中在《城市传播研究学科交叉常态化建设的创新路径》中,呼吁尽早建立城市传播学。② 2010年南京社科院成立了城市传播研究所。尽管如此,城市传播的研究成果依然处在分散的状态。2018年,孙玮撰文指出:“城市传播的要义与旨趣:立足中国本土化的历史与经验,在城市化、新技术、全球化浪潮互相激荡的时代,反思新闻传播学的研究范式,重建传播与人的根本性关系,进行不懈的理论创新,以做出新闻传播学对这个时代的回应。”③复旦大学信息与传播研究中心连续举办城市传播相关论坛和暑期班,上海其他高校也集中于城市传播议题持续发力。一些学术著作丰富了城市传播研究:上海交通大学城市文化传播中心出版了《新中国城市化政策演化进

① 郭建斌. 传媒与乡村社会:中国大陆20年研究的回顾、评价与思考[J]. 现代传播,2003(3):44-45.
② 刘路,王安中. 城市传播研究学科交叉常态化建设的创新路径[J]. 社会科学辑刊,2009(6):52-56.
③ 孙玮. 城市传播的研究进路及理论创新[J]. 现代传播(中国传媒大学学报),2018(12):39.

程与评价研究》《我国区域与国家级历史文化名城政策研究》《长江流域城市文化与治理研究》《人口、就业与文化产业研究》等；中国传媒大学出版社2021年开始出版“传播与中国译丛”，关注城市传播议题，目前已经出版《咖啡社交生活史：英国咖啡馆的兴起》。

城市传播的展开，应该说有两个较为显著的背景：一个是传播学本土化的尝试，另一个是新技术给城市治理带来的挑战。

3. 对多学科路径的融合与方法论的探索

除了上述两个主要层面外，传播学研究在很多议题上都有所突破，这些突破主要体现在跨学科的路径上，比如社区传播、家庭传播、健康传播、民族传播上。简言之，社区传播主要与社会学的关注点有交叉，其将重点放在信息带来的治理方式上；家庭传播侧重于分析在地理空间阻隔中，家庭成员之间是如何实现信息传播的，这种信息传播方式是否带来了家庭秩序的重构，或者对原有家庭秩序是否形成了挑战；民族传播以云南大学的郭建斌、孙信茹等为中心，从人类学的路径入手，发表了大量的学术论文，并出版了相关著作。同时，民族传播研究者也以民族志这一方法为核心，在方法论上进行反思。其中，郭建斌以其博士论文为基础出版的《独乡电视》是国内传播学界第一本民族志著作，也是较早的聚焦民族传播的研究专著。

除此之外，国内传播学的研究前沿也在不停变换，比如关于游戏、媒介文化、媒介记忆等的研究，也有相当不错的学术成果，值得关注。

推荐阅读

1. 黄宗智. 青年学者如何阅读学术著作和做读书笔记[J]. 文史博览(理论)，2011(3).
2. 卡尔维诺. 为什么读经典[M]. 黄灿然，李桂蜜，译. 南京：译林出版社，2016.

思考与讨论

1. 如何理解传播学本土化与中国特色之间的关系？
2. 算法时代如何研究传播学？
3. 如何阅读传播学的经典著作？

第七讲　乡土农业知识的传承与传播创新

乡土农业知识代表着我国五千年农业文明,是我国劳动人民在长期的实践中创造、学习、吸收、积累形成的经验与智慧的结晶。传承与创新发展乡土农业知识,是促进我国农业农村可持续发展、全面振兴,以及提升民族文化自信的重要基础。

一、乡土农业知识的基本概念与类型

(一)基本概念

当前文献多用"传统知识""乡土知识"等概念来指代"乡土农业知识",此类概念从不同角度揭示了乡土农业知识的内涵,抓住了乡土农业知识的某些重要特征,但概念所揭示的内涵并不够全面,未能抓住乡土农业知识本质特征及其发展所面临的主要矛盾冲突。当前文献中所谓的"传统知识""乡土知识""当地知识"本质上产生于传统农业社会,是农业文明存在与发展的知识基础。它与作为工业文明知识基础的现代科学技术知识体系具有截然不同的思维方式、存在形态和创新传播发展方式。

乡土农业知识建立在传统农业文明基础之上,以直观体验、经验积累、整体思维方式为主要特征,是农民个体或集体长期从事农业生产经营活动所积累的智慧与经验。这种智慧与经验不仅体现在农民千百年来代代流传的丰富生产技术、工具、生产方式等传统乡土农业知识与技术上,而且体现在当前的实际生产生活中的农民智慧上,即农民在当前环境下用来解决问题的独特思路、策略、方法与智慧。如果用一个公式来表达的话,可以是:乡土农业知识 = "乡" + "土" + "农业" + "知识" = "乡村的" + "土生土长的,农民自己拥有的" + "农业的及从农业延伸的" + "世界反映、智慧成果、经验结晶、决策依据、行为框架"。乡土农业知识主要表现为三种形态:第一,传统积淀知识,是农民集体知识与经验的一种积累,通常表现为习惯、风俗、民间谚语、神话故事、宗教信仰、传统文化活动等多种形式;第二,农民头脑中现有知识智慧,主要以隐性知识形态存在,与现实生活生产紧密相连,是农民解决现实问题的主要依据,在当前研究环境、具体政策、社会环境中几乎不被重视或关注;第三,物化的乡土农业知识,在传承、创新、发展和应用的过程中,很多乡土农业知识从抽象的思想观念形态逐渐转变成具体的物质形态,凝聚在传统农业生产工具、手工艺产品、动植物品种等物质产品之中,从而在更大范围内得到传播和应用,在很多情况下人们在得到和应用这种物化的乡土农业知识的时候,会逐渐遗忘其原有的抽象的观念形态知识原理。

(二)主要类型

乡土农业知识与现代科学技术知识具有完全不同的思维方式基础,通常以整体而不是局部的视角、眼光和方法去观察、认知、体验、思考和感悟客观世界及人类自身,因此,运用现代系统理论有利于我们更加深刻地认识乡土农业知识的本质及创新、管理规律。根据对现代系统理论和乡土农业知识典型案例的分析,我们可以按照乡土农业知识的功能与相互关系将其分为以下五个类型:

第一类:乡土农业生产知识。该类知识是指当地人民在长期的农业生产实践中创造和积累的关于种植、养殖、纺织、狩猎、捕鱼等方面的生产技术、工艺、工具和方法的知识,如贵州侗族的传统养鱼技术、云南大理农民的传统鱼鹰捕鱼技术、云南西双版纳基诺族农民的传统刀耕火种山地农业文化、云南迪庆傈僳族农民人工栽培中草药“七叶一枝花”及人工种植羊肚菌的技能等。

第二类:乡土农业生活知识。该类知识主要是关于当地人民传统食品与饮食方式、食品加工处理方法、生活习惯等方面的知识,如浙江农民关于传统豆瓣酱的制作方法与技巧、湖南农民关于传统酸豆角的制作方法与工艺、山东省烟台市农民关于传统“饽饽”的制作工艺等。传统农业社会基本上属于自给自足经济,所以各地方农民多数根据农业产品的类型、特点创造了独具特色的民族传统饮食习惯、风格和食品加工方式。

第三类:乡土自然资源知识。该类知识主要是指传统社区民众对于自然资源的认识、理解和行为方式。土地资源、森林资源、水资源、生物资源、气候资源、矿产资源、海洋资源等自然资源是人类赖以生存、发展的重要物质基础,人们的生产生活与其密切相关。不同地区农民所依赖的自然资源千差万别。为了更好地生存和发展,各传统农业地区农民尤其是边远地区的少数民族发现和积累了关于自然资源的丰富知识和管理经验,对于自然资源的保护和可持续发展利用具有重要意义。如云南藏族农民关于“神山”“神湖”“圣地”的看法与信仰及其行为方式,对于保护当地森林资源、水资源和生物多样性都发挥了重要作用。蒙古族创造和应用的草木纪年法——以草青一度为一岁,有“人问其庚甲若干,则例指而数几草青”的说法,具有典型的北方特色。两地对于气候季节变化的传统知识，均与当地的生产生活实践紧密相连。

第四类：乡土文化习俗知识。该类知识主要是指传统社区农民对于社会的认识及相关行为习惯，具体包括当地独特的风俗习惯、宗教信仰、宗教活动与仪式、社会组织与制度、村规民约、传统节日、民族服饰、体育运动项目等，如蒙古族的传统摔跤、赛马、歌舞、那达慕大会，云南彝族的火把节，大瑶山瑶族独特的石牌制传统社会组织等。

第五类：乡土传统医药知识。该类知识主要是指传统农业社区农民关于健康管理和疾病防治、诊断、改善或治疗的一系列知识、技能与做法。例如汉族的传统中医药技术知识，少数民族拥有的蒙医、藏药、苗药、侗药、彝药、傣药等传统知识。传统医药知识与当地的农业生产、生活方式以及自然资源条件密切相关，蕴含了当地民众千百年来的智慧和经验，与西方医药科学知识具有截然不同的哲学、思维基础和医疗方法。

图7-1　乡土农业知识的基本类型划分及系统构成

以上五类传统知识在社区内部构成的是一个综合的、难以清晰分割的乡土农业知识体系和系统，相互之间联系紧密，以乡土农业生产知识为核心。农业生产是当地社区生存和发展的根本，当地的农业生产方式决定了其成员对于当地自然资源、社会文化组织和健康管理的看法、经验、智慧和行为方式。因此，促进乡土农业知识的保护、管理和创新必须注重其系统性，需要从整体和系统的角度考虑相关政策、策略和方法的合理性，否则可能舍本逐末，捡了芝麻丢了西瓜。

二、乡土农业知识传承创新面临的主要问题

过去，我国长期处于以乡土农业知识与文化为基础的典型农业社会。改革开放后，我国的农业经济开始从传统自给自足的农业经济转变为高度市场化、科技化的现

代商品农业经济。中国的“绿色革命”和“农业现代化”给农业带来了前所未有的发展,同时也给中国农业与社会发展带来了前所未有的挑战。现代科学技术、市场经济理论在这个过程中成为解决中国农业、农村、农民问题的主要依据和手段,与此同时,中国传统的一些乡土农业知识被普遍视为落后知识而被大量抛弃。然而,随着现代生产生活方式对乡村社区影响的日益加深,很多乡土农业知识逐渐衰弱甚至消失,乡土农业知识的创新与发展正在面临前所未有的威胁,并进而对乡土社区原来的自然、社会、经济和文化生态平衡造成严重冲击。

(一)现代科技知识及相应生产生活方式改变带来的冲击

乡土农业知识创新发展面临的最大威胁,来源于所谓“现代科学技术”思想与知识及其相应的生产生活方式和活动的冲击。正是在西方传来的现代科学技术的影响下,乡土社会中的生产生活方式开始逐渐改变,相应的传统社会、文化和乡土农业知识也随着改变和消失。薛达元与郭泺认为现代文化的渗透和入侵,将对传统民族文化造成巨大冲击,随着现代生物技术的应用和高产品种的推广,传统的技术和品种逐渐被淘汰。[①] 曾丽凌和肖平认为现代西方主流文化的普遍流行及外来经济势力的侵入,导致许多传统知识被抛弃和遗失。在高效率、高产量现代工艺的冲击下,低产量、低效率、单位生产时间长且不大可能批量生产的传统知识、传统技艺,使得传统知识的持有者和利用传统知识的生产者获得收益的机会越来越少,愿意继承传统知识和从事传统农业生产的人也逐渐减少,从而使创新发展的主体与动力逐渐丧失,导致传统知识逐渐消亡。[②] 邹雅卉与左停对云南临沧地区云县后箐乡勤山小流域社区森林的乡土知识及传承案例的研究表明,现代文明给传统农耕文化造成了严重冲击,当地作为家庭生产经营主力的30—40岁的农民更愿意接受现代农业耕作技术,利用农药、地膜、肥料和品种改良来提高产量,而对乡土知识采取消极态度。随着人口的增长,当地种植苦荞的原有传统生产方式已不能满足基本生存需要,季节性地到外地做工已经成为当地农户的新传统。外出务工人员带回的外部世界信息、新农业技术和城市生活习惯等,对传统知识造成了不可避免的冲击。[③] 邢启顺认为在以工业文明为主导的世界现代化进程中,非持续发展导致乡土知识体系逐渐崩溃,包括语言的消失、文化的流变和

① 薛达元,郭泺.论传统知识的概念与保护[J].生物多样性,2009(2):135-142.
② 曾丽凌,肖平.传统知识保护——法律领域之新课题[J].福建政法管理干部学院学报,2007(2):11-17.
③ 邹雅卉,左停.云南社区森林的乡土知识及传承——临沧地区云县后箐乡勤山小流域案例研究[J].林业与社会,2004(4):37-41.

丧失，给当地传统社区带来损失，而且使之边缘化。[①] 柏贵喜认为乡土社会在全球化、现代化与都市化的冲击与影响下正在发生巨大的变迁，乡土知识在应对新问题时日益显得捉襟见肘、力不从心，而现代科学知识却能应对自如，因而社区年轻一代在乡土知识与现代知识之间始终存在着实利性的选择倾向。[②] 张劲峰、耿云芬等认为，虽然人们早就认识到了乡土农业知识的重要性并从中获得众多利益，但在经济全球化背景下，“文化全球化”趋势正在加速，民族文化受到更大冲击，乡土知识难逃消亡的威胁，面临着重重困难。由于现代科学技术发展带来了巨大冲击，以及生产生活方式的演变和外来文化的影响，人们的社会价值观发生了改变，同时在经济发展过程中对乡土知识及其所依赖的环境载体的掠夺性开发，进一步加重了对文化多样性的损害，加速了民族乡土知识的消亡。[③] 现代科学技术知识及相应的生产生活方式和活动是乡土农业知识创新发展困境的总根源，在这一点上，我国有关学者已经达成了基本共识。

（二）当前主流思想观念、话语体系、社会环境的影响

现代科学技术思想与知识不仅与乡土农业知识发生直接冲突，从而替代乡土农业知识，而且当其日益成为主流思想与知识的时候，会同时形成一种十分不利于乡土农业知识创新发展的普遍思想观念、话语体系和社会环境。颜祥林、王婷婷认为，外部社会和环境压力、现代生活方式的侵入将削弱保存或将知识传给后代的传统手段和方式，年轻一代日益冷落传统知识，许多传统知识无法通过现代科学来解释，由于农业生产方式和农民生活方式的变化，有的传统知识的表达，如舞蹈或音乐，失去了表演的适当场合和情景，导致对传统知识不恰当的评价。[④] 柏贵喜认为，乡土知识与现代知识一样具有一种合理性，但由于其与宗教、信仰的互渗，又表现了一种“去理性”，在全球化、现代化和都市化的背景下，尤其是在唯物论的哲学语境和“破四旧”的“文化大革命”语境中被夸大，乡土知识成为“封建迷信”的一部分。例如，在中华人民共和国成立后数十年间，以“萨满”、仪式专家为代表的乡土“知识分子”失去了宣讲与传播知识的舞台，致使大量的乡土知识散佚。[⑤] 曾丽凌和肖平认为，外界对传统知识创造群体和生存方式的尊重，对于群体而言，是这个群体、民族自我认同和尊严的基础，也是群体人格的实现方式。相较于现代知识，由于传统知识并不以现代科学模式呈现，往往

① 邢启顺. 乡土知识与社区可持续生计[J]. 贵州社会科学，2006(3)：76-77.
② 柏贵喜. 乡土知识及其利用与保护[J]. 中南民族大学学报(人文社会科学版)，2006(1)：20-25.
③ 张劲峰，耿云芬，周鸿. 乡土知识及其传承与保护[J]. 北京林业大学学报(社会科学版)，2007(2)：5-8.
④ 颜祥林，王婷婷. 传统知识的知识产权保护及其文献化策略[J]. 情报科学，2010(1)：128-131.
⑤ 柏贵喜. 乡土知识及其利用与保护[J]. 中南民族大学学报(人文社会科学版)，2006(1)：20-25.

被视为次等的知识、技术,因而并未得到与西方科学同等的尊重。例如:一个传统的医生利用某种草药方剂成功治愈了疾病,但他无法用精确的科学术语分解并描述出其中的化学成分,也无法用现代生物学术语来描述其功效。但是该医生事实上却能凭着世代传承的丰富而确切的医学实践经验,掌握药方中各种混合物的相互作用及其对人体的生理影响。许多西方国家的消费者普遍会将这种基于传统知识的治疗方法视为对现代西方医学体系的补充,或干脆将其视为庸医或巫医。①

(三)现有教育、传播和文化体制的影响

我国现有教育、传播和文化体制与西方技术、思想与体制有一定历史渊源,主要承担创新和传播现代科学技术、文化知识的任务,与乡土农业知识的创新发展规律差别很大,一方面从知识表达、文化形式、知识地位、传承人产生等方面直接阻碍了乡土农业知识的创新发展与传播,另一方面造成西方现代科学的主流化和乡土农业知识的边缘化,给乡土农业知识的创新发展传播带来十分不利的社会发展环境。柏贵喜认为,现代学校教育体现了国家自上而下的制度性安排,对现代科学知识的灌输成为学校教育的基本方式和主要目的,而乡土社会年轻人也有一种通过学习现代科学知识,从而获得新的生活资源和社会地位的内在需求,因而,在应试教育体制下,乡土知识在学校教育中难有立锥之地。② 据《中国统计年鉴2009》,1978—2008年,我国普通高等学校共有毕业生3 390.4万人,③这些高素质人才中的很大一部分来自乡村,但接受了现代科学技术知识的教育后,绝大多数留在了城市和工业领域工作。这种教育体制从制度上造成乡村优秀人才的不断流出,从而限制了乡土农业知识传承人的发展和积累,严重阻碍了乡土农业知识的创新、传播与发展。邹雅卉与左停的调查表明,彝族作为有语言无文字的民族,其乡土知识的延续是通过长辈口头传授、祭祀活动,以及亲戚、朋友之间的相互交谈等方式来传承的,每年朝山会、火把节等大型民族聚会是各方交流经验的最佳场合。其对55岁以上人群的调查显示,有15%的被调查者的乡土知识来源于长辈的专门传授,40%的被调查者的乡土知识来自狩猎活动、田间耕作时的闲谈,其余的是通过参与宗教活动获得的;40—55岁年龄段的人群中,20%的人已经接受过学校教育,他们的乡土知识只局限在农业耕作、林木利用、草药等,有关宗教祭祀和民

① 曾丽凌,肖平.传统知识保护——法律领域之新课题[J].福建政法管理干部学院学报,2007(2):11-17.
② 柏贵喜.乡土知识及其利用与保护[J].中南民族大学学报(人文社会科学版),2006(1):20-25.
③ 中华人民共和国国家统计局.中国统计年鉴2009[M].北京:中国统计出版社,2010.

族活动的传统知识至少流失了40%。[①]

(四)现有法律制度的影响

在现代科学技术和社会生产生活方式未进入传统乡村社会之前,乡土农业知识主体主要按照当地社区习惯和惯例来保护相关权益人的权利,并促进乡土农业知识的创新与发展。现代科学技术知识与社会生产生活方式日益侵入传统乡村社会之后,当地社区与外界联系更加紧密,面临着全球化、市场化、商业化、高科技化等多重外部冲击,原有的社区习惯在保护相关乡村社区成员和乡土农业知识拥有者权益方面就显得捉襟见肘,难以发挥作用,而且外部依照现代科学技术知识特点建立的法律规则也同样无法对独具特征的乡土农业知识及其主体权益进行保护。张劲峰、耿云芬等认为,现有的知识产权保护体系是由西方国家制定的,在发达国家政府的视野中基本上没有乡土知识的地位,且乡土知识不符合现行知识产权体系所要求的新颖性、创造性或工业可用性,对乡土知识的法律保护模式也尚未形成共识,而且乡土知识的产生与发展往往是由某个民族、部落、社区或群体在长期的生产与生活中共同开发、创造和培育的,无法得知哪些人做了哪些具体贡献,从而导致乡土知识的主体不明确。同时,乡土知识绝大多数属无形资产,如民族信物、原住民族聚居地人文及自然特征资源、原住民族乡土知识资源等,属客体范围不明确的知识产权,使其难以被纳入现有知识产权保护的范畴。[②] 曾丽凌和肖平认为,社区习惯和惯例的法律效力只在极少数国家得到承认,而大多数国家的知识产权管理部门及司法部门很少运用这种习惯法规则,来处理与传统知识有关的纷争;对传统知识的保护实践,更多是个别国家的行为,还缺乏国际社会的统一努力,由于发达国家在知识产品的生产创新领域拥有经济和科技方面的领先优势,一方面发达国家力图在最大范围内推行知识产权的高标准保护,另一方面却利用知识产权制度本身的漏洞,不正当地占有和掠夺发展中国家的传统知识。[③] 薛达元与郭泺认为,现有专利制度的制定并未考虑传统知识的保护。许多传统知识是传统群体共同创造并世代相传的成果,其权属关系复杂,有的很久以前就已经文献化,或者以其他方式为公众所知,被现有知识产权理论视为进入公知领域,不符合现有制度保护的条件;还有的是以严格保密的方式由直系亲属或者师傅口头传授,没有任何文字资料,极易失传。这些都给传统知识和生物资源的保护以及保护方法的制定增加了难

① 邹雅卉,左停.云南社区森林的乡土知识及传承——临沧地区云县后箐乡勤山小流域案例研究[J].林业与社会,2004(4):37-41.

② 张劲峰,耿云芬,周鸿.乡土知识及其传承与保护[J].北京林业大学学报(社会科学版),2007(2):5-8.

③ 曾丽凌,肖平.传统知识保护——法律领域之新课题[J].福建政法管理干部学院学报,2007(2):11-17.

度。在传统知识尚未获得国际社会特别是现代知识产权制度充分认可之前,许多传统知识已经流失到国外,并被广泛流传和商业化开发利用,而传统知识的持有人却没有分享到利益。一系列"剽窃"传统知识的案件也已发生,如"印度香米事件""墨西哥高油玉米事件"等,都是发达国家生物技术公司"剽窃"发展中国家遗传资源及相关传统知识的典型案例。①

(五)乡土农业知识主体缺少保护自身权益与尊严的能力

城市化、工业化、市场化、全球化等社会发展趋势,使得传统农业社会的成员不得不生活在一种陌生的生产方式、生活方式、社会制度与体系之中。乡土社会成员一方面意识到传统农业生产方式的效益比较低下,而失去了创新、传承乡土农业知识的动力;另一方面,即使某项乡土农业知识具有商业化和为其创造更多价值的潜力,他们也由于处在不利的社会、法律环境中,并且不懂现代技术、法律法规和经营管理方式,而无法保护自身的权益和尊严。再加上教育体制、文化体制和大众传媒的全盘西化,乡土社区日益远离原有的生产生活方式和文化、社会形式,从而导致其成员逐渐丧失了传承、创新和发展乡土农业知识的能力。邹雅卉与左停的调查表明,云南临沧地区云县后箐乡勤山小流域20—30岁的社区成员中,50%的社区成员接受过完整的六年制义务教育,20%的接受过初中教育,他们完全接受汉族教育,不会讲彝族话,对传统文化的认知仅限于一些彝族的神话故事,他们的目标是摆脱农业劳动、进城打工,变成"吃公家饭"的国家干部,或者希望依靠做生意、搞多种经营发家致富,宗教活动对于他们来说只是一些似是而非的、浮光掠影的"迷信活动";在农耕社会向现代社会发展的过程中,那种过年吃肉喝酒、过节穿新衣的年代离他们越来越远;随着医疗卫生事业的发展,人们也已经不需要为治病到神山跪拜祭祀,牲畜生病也只要请兽医到家就能够解决问题。② 邢启顺认为,在生计的压力下,一些本属于自身文化创造的知识无法与市场对接,正在遭受不公正的廉价出卖待遇,更多的文化知识体系已经完全丧失本来的功能,成为符号化的遗存和象征,在旅游市场中被商品化。③

(六)乡土农业知识的传播特点限制了自身的发展创新与传播

乡土农业知识自身的传播特点也是限制其发展创新与传播的重要原因之一。曾

---

① 薛达元,郭泺.论传统知识的概念与保护[J].生物多样性,2009(2):135-142.

② 邹雅卉,左停.云南社区森林的乡土知识及传承——临沧地区云县后箐乡勤山小流域案例研究[J].林业与社会,2004(4):37-41.

③ 邢启顺.乡土知识与社区可持续生计[J].贵州社会科学,2006(3):76-77.

丽凌和肖平认为，传统知识缺乏有效的保存机制，常常借由口语相传，欠缺文献记载，更无有效的制度保障其保存。如土家族人的民间传统徒手按摩疗术，用于治疗小儿嗝食、发烧、呕吐以及成人的麻木等症，不用药物、不用疗器，徒手推拿，其方法有推、拿、按、摩，因病而异，在当地很盛行，却没有规范的文字说明。① 邹雅卉与左停调查发现，乡土农业知识传承渠道不畅通，农户的乡土知识大多限于大型民族宗教活动，鲜有农耕、林业方面的知识记录，而且某些技能具有“传男不传女”“传内不传外”的规定，许多宝贵经验不能用文字形式保存，增加了乡土知识传承的难度，影响了乡土知识的传承与发展②。张劲峰、耿云芬等认为，乡土知识一般通过口头流传的方式一代代传下来，并无正式文献详细记载其内容，具有失传的高风险性；在某些方面，特别是尚未被商业化开发的部分，乡土知识缺乏时尚性，缺乏世界主流文化的认同，即使是已开发利用的乡土知识，因为其持有者得不到应有的承认、尊重和相应的经济利益，这些乡土知识也同样得不到其“主人”的重视，因此，曾经流传了上千年的乡土知识和传统文化已面临着流失和消亡的严重威胁和挑战。③ 邢启顺认为，大多数乡土知识是当地的、本土的，依靠口头传承，是生产生活实践的经验结晶，具有明显的实践经验性，而系统性和理论性相对不足，在面对全球化、现代化和单一市场的冲击时，这种分散的小知识系统无法与主流知识系统相抗衡，无数的乡土知识体系崩溃或面临着崩溃处境，多样性的文化正在消失。④ 柏贵喜认为，乡土知识属于观念形态的文化，传承形式主要是“言传身教”，大多缺乏文本记录，因而乡土知识在社区成员间失传难以避免。⑤

总之，现代科学技术知识、工业生产方式和现代生活方式的冲击，使乡土农业知识失去了其生存发展的环境。在现有话语环境、经济环境和文化环境中，乡土农业知识已经失去了其生存和发展的基本条件，在面临现代科学技术知识的冲击时，无法充分发挥其自身优势，导致其日益没落和消失。要促进乡土农业知识的创新与发展，必须从基本思想观念、日常生产生活方式、法律政策环境等方面入手，从根本上解决乡土农业知识发展创新面临的主要威胁和本质问题。

---

① 曾丽凌，肖平. 传统知识保护——法律领域之新课题[J]. 福建政法管理干部学院学报，2007(2)：11-17.

② 邹雅卉，左停. 云南社区森林的乡土知识及传承——临沧地区云县后箐乡勤山小流域案例研究[J]. 林业与社会，2004(4)：37-41.

③ 张劲峰，耿云芬，周鸿. 乡土知识及其传承与保护[J]. 北京林业大学学报（社会科学版），2007(2)：5-8.

④ 邢启顺. 乡土知识与社区可持续生计[J]. 贵州社会科学，2006(3)：76-77.

⑤ 柏贵喜. 乡土知识及其利用与保护[J]. 中南民族大学学报（人文社会科学版），2006(1)：20-25.

三、乡土农业知识传承创新策略

2017 年 10 月，习近平总书记在党的十九大报告中提出“绿水青山就是金山银山”的理念，强调坚持人与自然和谐共生、节约资源和保护环境是基本国策。2021 年 10 月，联合国《生物多样性公约》缔约方大会第十五次会议在云南昆明开幕，倡导保护全球生物多样性，推进世界生态文明建设，共建人与自然生命共同体。保护传承和创新发展乡土农业知识是深入践行习近平总书记“绿水青山就是金山银山”理念的重要基础，是推动联合国倡导的生物多样性保护和人与自然生命共同体建设的重要手段。

乡土农业知识是人类直观实践、体验、思考、感悟、创新的结果，具有简单、直观、综合、整体、与人类生存发展目标直接相连、与当地自然社会经济文化环境高度一致的特点。这种特点决定了人类对知识的主宰地位，决定了乡土农业知识直接服务于人类的发展目标，决定了乡土农业知识对于当地自然经济社会文化环境的密切适应性，一定程度上避免了知识的异化。乡土农业知识作为人民群众多年实践的智慧积累，是现代社会进步和知识创新的源泉，保护和传承这种知识，有益于中华民族的生存、国家的繁荣和人类的进步，其消失将是整个人类文明的重大损失。传承保护和创新发展乡土农业知识必须基于宏观视角、整体思维和长远眼光，首先弄清楚乡土农业知识日益没落的宏观经济、社会、文化、历史背景，找出乡土农业知识作为独特思想知识体系的本质特点、面临的主要矛盾冲突和影响乡土农业知识发展创新的关键因素，然后对症下药，建立保护、管理和创新发展的根本策略与方法，恢复和改善乡土农业知识创新发展的动力、环境、条件和能力。

(一) 明确人类发展目标使乡土农业知识成为社会之有用知识

要促进乡土农业知识的创新发展，首先要明确人类的发展目标与追求，认识乡土农业知识与人类社会生存发展的关系，使乡土农业知识成为对人类社会发展之有用知识，为乡土农业知识的创新发展找到新的动力。

从表面上看，乡土农业知识的保护、创新和发展与人类的发展目标、追求没有直接关系。实质上则不然，两者关系异常密切。人类的发展目标与追求决定了其行为导向和知识选择。中国近几十年来以经济建设为中心，带来了人们追求高效率高效益的现代科学技术知识创新、传播、应用的强大动力，相反低生产效率、低经济效益的乡土农业知识则日益成为人们抛弃的对象。现在很多国家虽然也会将生态、文化、精神等方面的目标追求与物质经济目标追求一并列出，但相比于物质经济目标追求，生态、文化、精神等方面的目标追求效果相对复杂、不易见、难测量，需要多人配合长期观察、体验，与现代科学技术知识的本质特征有较大的差异。物质经济利益和生活享受实质上一直是当前大多数人最主要的目标追求。人类历史表明，越早抛弃乡土农业知识而应用现代科学技术知识的人、地区，越早获得更多的经济利益、物质利益，人们物质生活水平相应地会更高，而且其对其他人群、地区的控制力更强。在现代传播话语体系中，越早抛弃乡土农业知识而应用现代科学技术知识的人、地区是发达的、富裕的、先进的，相反则是不发达的、贫穷的和落后的。这种现象广泛见于发达国家与发展中国家的双边关系、发达地区与落后地区的相互关系、一国之内知识精英与普通民众之间的差异之中，是现代科学技术知识扩张的本质特征、强者为王逻辑的体现。如今的现实是，严重的气候变化、环境污染、资源枯竭、生态破坏、食品短缺、精神缺失、贫富差距、社会矛盾、生产生活风险等已经严重危害了人们的和谐、幸福生活。这是自然与社会内在规律对于人类无知目标追求与行为的警告与报复，也是现代科学技术知识本质不足的日益暴露。这种现实使人们不得不对其目标追求、实践行为、知识框架进行深刻反思，为未来的发展寻找更好的出路。乡土农业知识累积的千年智慧及其在生态、社会、文化、精神等多方面的宝贵价值，正是在这种反思中重新进入了人们的视野。借鉴和依托现代科学技术知识的优点，促进乡土农业知识与现代科学技术知识的融合创新发展，对于实现人类的长远、全面、和谐、可持续发展具有重大意义，同时对于中华民族本土文化与经济、社会、科技的复兴也具有重大意义。

为了促进乡土农业知识的创新发展和中华民族本土文化的复兴，首先要做的就是明确我们的发展目标与追求，认识乡土农业知识与我国发展目标与追求的密切关系，然后政府才有可能制定出合适的政策，人民才能采取有效的行为，才有可能吸引更多的资源投入到乡土农业知识的创新发展实践中去，并营造良好的经济、社会、文化、话语传播环境。只有这种宏观、整体、全局上的目标追求和思想观念改变，才有可能扭转当前乡土农业知识不受重视、日益衰弱的总体趋势。任何停留在局部、细节上的单一措施，都不可能改变当前知识冲突与变化的主流趋势。参与式发展理论认为人的全面发展是实践追求的最终目标，人既是发展的动力，又是发展的目的，一切发展都要围绕“人”这个中心来进行。社会和经济得以发展是人的实践创造和精神发挥的结果。人的全面发展既包括体力、智力、文化素养、道德操守、价值观念和思维方式的发展，也包括生态、社会、政治、民主、法制、艺术、伦理等自然、社会、文化生存环境的改善，以及国际、人际和代际的公平与和谐发展。1995 年 3 月，联合国社会发展世界首脑会议提出：人是可持续发展的中心，人类有权享有与环境相协调的健康、有活力的生活；经济发展、社会发展和环境保护既彼此独立又相互作用，是可持续发展的有机组成部分。

可持续发展以自然、社会和经济的协调发展为准则，强调经济可持续性、社会可持续性和生态可持续性，其基本内涵是“以人的发展为中心，实现经济与社会、人与自然、当代与未来、个别民族国家与人类共同体协调、持续地发展”①。以人为中心的发展观不再仅仅追求一时的经济繁荣和所谓的综合社会发展，而是更加强调以人为中心的发展，最终目标是实现人类生存质量的改善和人的全面发展。

人类应该追求舒适、安全、独立、自由、幸福、和谐、生态、稳定等多元目标，实现人类自身体力、智力、情感、文化素养、道德操守、价值观念、精神追求、思维方式、生存环境等方面的全面发展与提升，成为丰富多样而有秩序、统一而有个性、稳定和谐而有变化、既有共同价值观念又有内在独立精神追求的独特完整、全面发展的新人类。乡土农业知识的传承保护与创新发展的目标不应该只满足于抢救、保护乡土农业知识，而是要通过乡土农业知识的创新发展，增强乡土农业知识自身的生命力，发挥乡土农业知识的重要价值与优越之处，服务于人类自身及整个社会全面和谐可持续发展的目标。

（二）改变外部环境使乡土农业知识发展具备创新之基本条件

我们必须改变当前现代科学技术知识完全主导的思想观念、话语体系、自然经济社会文化政治与知识创新传播环境，使乡土农业知识的发展创新具备基本的外部条件和环境。

中国古代的自然、经济、社会、文化环境使得乡土农业知识经历几千年而不衰，近一两百年甚至是几十年的外部环境，则让乡土农业知识失去了其生存和发展创新的动力、理由、主体、内容和功能。乡土农业知识受到现有外部环境损害的事实总是让我们感到触目惊心。由现代科学技术知识支撑的工业化、科技化、市场化、全球化、信息化、城市化所带来的气候变化、环境污染、资源耗竭、观念变迁，已经让原有的乡土农业生产生活方式无法继续，作为其知识基础的乡土农业知识也自然失去了生存和发展创新的必要性、基本条件和基本环境。从宏观和整体层面改变当前由现代科学技术知识完全主导的思想观念、话语体系、自然经济社会文化政治与知识传播环境，为乡土农业知识的发展创新建立良好的外部条件和社会环境，不仅是保护和促进乡土农业知识创新发展的需要，更是维护人类长远和整体利益的迫切需要。具体而言，应该从以下一些具体方面来调整和改造乡土农业知识的创新发展环境：

第一，改变当前以现代科学技术知识为主导的话语体系和评价体系，将西方科学

---

① 高飞乐.发展理论的历史演进[J].理论学习月刊，1998(1)：26.

技术知识与中国乡土农业知识进行融合创新，建立中国人自己的知识、思想和话语体系。

第二，改变当前的生产生活方式，克制人类过度注重物质利益的取向，倡导低碳生产和生活，节约资源，减少对自然的破坏，尊重乡土农业知识主体多样的传统生产生活方式和经济、社会、文化特色，为乡土农业知识的恢复和创新发展营造良好的环境。

第三，改变当前过度偏向现代科学技术知识创新与推广的政策环境，将乡土农业知识的发展创新与研究利用纳入国家经济、社会、科技等方面的政策视野，投入更多的资源，支持乡土农业知识的创新发展。

第四，改变当前以现代科学技术作为主要内容、方法和工具的研究、传播、教育和扩散应用体制，尊重和维护乡土农业知识拥有人的利益，将乡土农业知识作为未来知识研究、传播、教育、应用的重要内容，加大政策与资金对于乡土农业知识传播、创新的支持，在中小学进行乡土农业教育，在大学开展乡土农业知识与文化研究，通过不同媒体加强乡土农业知识传播，建立适合乡土农业知识研究、教育、传播和扩散的科研、教育、文化体制。

第五，充分尊重乡土农业知识及其传承者、传播者、创新者，提高他们的地位、能力，站在他们的立场维护他们的利益。在官员、民众、媒体思想观念和话语体系得到根本改观的基础上，在保护乡土农业知识拥有者与创新者（因为其是弱者）权益的基础上，促进乡土农业知识和现代科学技术知识的融合与创新发展，这是促进农业长远发展，维护群众长远利益，促进农民、农业的全面可持续发展的迫切需要。

第六，改变当前仅仅按照西方现代科学技术知识特点和实证分析思维方式建立起来的知识产权、知识评价、专利管理、医师医药管理、科技创新与推广人员管理与评价、政府政绩评价、市场经济管理等方面的制度、法律和标准环境。现有制度、法律、标准更多地强调效率、产量、效益、方便性、产业链延长、附加值增多等短期内可见可测量的变化，不具有远见，不能衡量整体和长远利益，将来应该建立和应用更加长远、综合、强调整体的制度、法律与标准，在新的法律、制度、标准环境中，更多地考虑人类在社会、文化、生态、人性、精神、情感、个性等多方面的发展需求与特点，利用制度与法律建设纠正各类相关主体的行为导向，确保乡土知识传承与创新，注重利益相关者尤其是乡土农业知识拥有者、创新者在社会地位、决策权、管理权、知识收益获取等方面的利益。

第七，在思想观念和各种行为中容忍“落后”，思考成熟后再前行。改变思想、降低速度，改善生活但不改变其生产方式；敬畏自然和传统乡土农业知识，为后代发展保留更多的选择性、可能性。允许部分区域在提高社区成员生活质量的同时，保留其传统的农业生产方式。乡土农业知识系统已经被西方现代科学技术知识系统逐渐取代，从原来的主流知识系统转换为非主流知识系统，现在处于完全的弱势地位。为了发挥乡土农业知识的独特价值，我们不仅要尊重它、平等地对待它，更要给予它更多的关心、保护和支持。在未充分认识现代科学技术与乡土农业知识各自的功能作用与规律时，在思想观念、舆论传播、政策导向等领域，要给乡土农业知识留有一定的生存空间。

第八，以地区或县为单位设立乡土农业知识保护区，就地保存“活”的乡土农业知识，为乡土农业知识的内容、人才、环境进行整体性保护提供基本条件。乡土农业知识保护区可在现有县、地区和国家自然保护区基础上，因地制宜拓展相关保护内容。现有生态博物馆、民族文化生态村在这方面有着很好的探索，但在大环境不变——传统环境不能保留，社会发展整体走向现代化、市场化、科技化、商业化——的情形下难以取得成功，传播范围太小，对外影响太小，受外部影响太大。因此，乡土农业知识保护区应有比较大的规模，足以使其人口、产业、资源的数量与结构保持相对稳定，如果人口太多可适当外迁，但不应像外出打工一样主要迁移年轻人口和高素质人口，自然、经济、社会、文化、政治环境均应保持比较稳定的传统状态，受外界影响较小，能够维持乡土农业生产生活方式及其知识系统的自我生存发展，相应地政府应给予当地群众一定补贴，但必须注意不能改变其生产生活方式和文化传统，不能制造环境污染。不同乡土农业知识保护区应该根据实际情况，采用不同的方法和策略。

（三）采取具体措施使乡土农业知识具备自我生存发展之能力

要促进乡土农业知识的创新发展，必须深刻认识到乡土农业知识的本质特点与不足，采取具体措施促进乡土农业知识与现代科学技术知识的融合创新与发展，使乡土农业知识具备自我造血能力。乡土农业知识的快速衰落不仅是由人类自身发展目标的偏离和社会整体环境的变化导致的，同时也与乡土农业知识的自然本质特点和自身生命力不足有密切关系。乡土农业知识的低效率、低效益、内向性、不易表达，不能帮助中国在物质生产、军事斗争、经济竞争中取得胜利，不能帮助人民群众降低生产生活艰难程度、提升物质生活水平等，这些弱点使其在与现代科学技术知识的竞争中几乎完全处于弱势地位，同时也几乎遮盖其在生态、社会、文化、精神、情感等方面的优点。为了重新焕发乡土农业知识的生命力，一方面要通过调查研究深入认识乡土农业知识的本质特征、优缺点、生命价值之所在；另一方面，需要采取各种措施弥补其不足，发扬其优点和宝贵价值。相关措施涉及多个方面，需要在实践中不断摸索。具体而言，以下一些具体办法应该尽快实施：

第一，加强乡土农业知识的调查、收集、整理、研究和挖掘工作，深入认识乡土农业知识的内容、本质和特征，把握乡土农业知识的本质内涵和传播管理规律，寻找更加有效的知识创新、管理、传播、共享、转化的策略与方法，为乡土农业知识的开发、利用、创新打下基础。

第二，处理好乡土农业知识的保护、创新发展，与现代科学技术知识创新发展的关系，妥善处理不同群体之间的利益关系。在特定区域（乡土文化保护区）以当地农民而不是知识为主要保护对象，将满足当地农民的内在长远发展需求作为乡土农业知识创新发展的核心目标，同时兼顾国家和社会的长远发展需求，在一定范围内通过特殊政策与机制，长期保持低效率传统小农农业。

第三，发动和利用群众的力量，进行全民创新，加大对群众创新的支持力度。农民是我国乡土农业知识的主要来源。乡土农业知识必须从群众中来，再回到群众中去，与人们的生产生活紧密相连。群众生产生活的实际需要是乡土农业知识传承与发展创新的基础，群众的参与是乡土农业知识生存与创新发展的基本条件。

第四，根据时代特点与需求，改进乡土农业知识的内容与思想，赋予乡土农业知识以新的内涵、功能和价值，在创新中保护、管理和发展乡土农业知识。乡土农业知识必须与时俱进，结合时代的新内容、新特点和人们的需求不断改革创新，否则只会被人们尤其是年轻人无情抛弃。不能仅仅追求眼前利益、经济利益、感官享受，而应该更多地注重内在精神层面的追求，并在满足经济利益诉求的同时，综合、平衡考虑人与自然、经济与社会、经济与文化等的平衡，在不丢失乡土农业知识内在精华的同时，根据时代的特点和需求创新其内容和形式。

第五，博采众长，增强乡土农业知识的开放性，促进现代农业科技与乡土农业知识的融合创新，借鉴和合理利用现代科学技术知识及外部文化的优点。促进乡土农业知识的发展创新也需要世界眼光和博大胸怀，批判地吸取西方文化的精华，辩证地融合中国传统文化的精粹。抛弃传统知识而学习现代科学技术知识是多数人的自觉选择。乡土农业知识主要存在于相对封闭的系统里，在越封闭的地方保存越完整，在越开放的地方保存得越不完整。我们必须跳出这种封闭的空间，从更加宏观和开放的角度，利用人类一切有益的智慧成果，帮助乡土农业知识在保持其重要优势的同时克服其种种不足，重新焕发乡土农业知识的生命力。

第六，加强政策的引导与支持，投入更多的人力与物力开展乡土农业知识的创新发展活动。可以设置乡土农业知识保护区，对保护区内的自然资源、文化资源、社会组织、人口与物资流动进行综合管理与协调；大力开展乡土农业知识教育，使乡土农业知识教育走入针对青少年的学校教育和针对成年人的成人教育中去；促进农民群众的广泛参与，注重隐性知识的创新、传播与共享，创新推广乡土农业知识的新方法新观念，建立与乡土农业知识主体交往交流的合理规则与方法，为乡土农业知识主体的创新、传承活动提供资金、资源、智慧等全方位的支持,为乡土农业知识的创新、管理、共享、转化创造良好的条件。

第七,制定支持政策,鼓励受过良好教育的大学生(志愿者)或本地培养的乡村知识分子在乡村长期从事乡土农业知识保护、传承与创新工作。应组织一批有志于保护传统与现代乡土农业知识的大学生到广大乡村开展乡土农业知识的收集、整理、提炼、转化、创新、传播、应用等工作,给予他们优厚的政策支持,使他们能够长期工作在农村,为农村补充新鲜血液,为乡土农业知识的传承、保护与融合创新而服务。

第八,继续加强研究和利用学者已提出的各种乡土农业知识保护方法,如收集整理乡土农业知识文献资料,建设乡土农业知识博物馆、档案馆、数据库、民族生态文化村,加强法律法规建设和传统乡土农业知识教育,挖掘和开发民族文化资源,保护传统乡村社区和非物质文化遗产,举办传统农耕文化展览会,促进生物多样性保护、传统知识产权保护和惠益分享等。这些方法虽然很难从根本上改变乡土农业知识走弱的命运,但在具体工作方面仍然具有十分重要的意义和价值。

促进中国本土文化的复兴是中华民族复兴的基本条件。保护传承和创新发展乡土农业知识是复兴中国本土文化、增强中华民族文化自信的重要途径。创新发展乡土农业知识既要追求人类社会宏观目标和整体环境的改变,也需要开展大量的具体工作以增强乡土农业知识自身的生命力。通过不同文明之间的对话与交流,实现相互尊重、相互学习、共同繁荣,促进人与人、人与自然之间的和谐,这是传承和创新发展乡土农业知识、维护好人类共同的物质与精神家园的根本策略。

推荐阅读

1. 李小云,等. 普通发展学[M]. 2 版. 北京:社会科学文献出版社,2012.

2. 亨廷顿. 文明的冲突与世界秩序的重建[M]. 周琪,等译. 修订版. 北京:新华出版社,2010.

3. 竹内弘高,野中郁次郎. 知识创造的螺旋——知识管理理论与案例研究[M]. 李萌,译. 北京:知识产权出版社,2006.

思考与讨论

1. 了解乡土农业知识的类型与构成要素。

2. 认识乡土农业知识与现代科技的冲突。

3. 乡土农业知识的传播如何创新?

第八讲　健康传播与性别文化

一、健康传播学概述

健康传播学是近年来新闻学和传播学专业热门方向之一。随着大众生活水平的日益提高，人们对于健康的认识也不再局限于疾病防治，还拓展到日常生活的方方面面，饮食、休息、锻炼和习惯的养成都融入了各式各样的健康内容。从社会范围来看，健康权是基本的人权，国家应发展医疗卫生与健康事业，以提供优质的健康服务，促进公民健康水平的提升。

1948 年，世界卫生组织对健康的定义是“身体、精神及社会适应三个方面全部良好的一种状态，而不仅仅是指没有疾病或体质强壮”。这一健康定义重新指导了世界范围内健康促进运动的发展，促进了从“生理—心理—社会”模式来重新审视当时占主导地位的生物医疗模式的局限性。1977 年，世界卫生组织第 30 届世界健康大会提出了“2000 年人人享有卫生保健”目标，让“健康是一项基本人权”成为国际准则。1994 年，国际人口与发展大会在《行动纲领》第 8 条原则中提出：“人人有权享有能达到的最高身心健康的标准。各国应采取一切适当措施，保证在男女平等的基础上普遍取得保健服务。”这促使健康逐渐成为一个实现社会公平正义的关键事业。

2016 年，我国制定了《“健康中国 2030”规划纲要》，提出了“共建共享、全民健康”的战略主题，将健康传播落在了健康促进和健康教育的框架之下。2019 年 7 月 9 日，健康中国行动推进委员会印发了《健康中国行动（2019—2030 年）》，在国家层面提出了指导意见和切实的评估要求，明确了健康事业的“四个转变”：一是从以“疾病”为中心向以“健康”为中心的定位转变；二是从注重“治已病”向注重“治未病”的策略转变；三是在“大卫生、大健康”理念下，从依靠卫生健康系统向社会整体联动转变；四是从文件向社会倡议的文风转变。同时，《健康中国行动（2019—2030 年）》还确立了 15 项重大行动及与之相匹配的主要指标。2020 年 6 月，《中华人民共和国基本医疗卫生与健康促进法》开始施行。这是我国卫生健康领域的第一部基础性、综合性法律，其一方面规定了“以人民为中心”,人民享有健康权和获得基本卫生医疗服务的权利;另一方面明确了国家和政府的健康促进职能,为发展我国的医疗卫生与健康事业提供了坚实的制度保障。

学界大多认为健康传播可以通过信息和传播策略来改善个人和群体的健康行为,以及社区和国家范围的健康状况。随着健康传播学的介入,研究更关注传播在消除健康不平等方面发挥的作用。健康传播研究的是“健康和医疗过程中的人类交往活动”,其关注传播在健康医疗情境中的运行过程和促进作用,以及健康相关信息的表达和传递。我国学者张自力提出要在具体情境下来理解健康传播,认为其是“一种在特定社会和历史环境下,以传递健康信息、普及健康知识为目的的社会实践活动”。这是对健康传播本土化探讨的有益探索,但是仍然局限于主流功能层面的定义之内。盖斯特－马丁从健康传播的意义出发,认为健康传播是“一个象征性的过程,在这个过程中,人们从个体或集体的角度来理解、界定和适应健康和疾病的意义”。

早期的健康传播研究由于受到流行病学、生物医学、心理学等的主导,关注的是疾病预防和健康行为的改变,采用定量研究方法,这被视为“传统”研究路径,也是健康传播研究的主流。与此同时,健康传播研究领域逐渐吸纳了越来越多的“新兴”理论取向,诠释、批判、文化、叙事、修辞等逐渐成为关键词。这些研究不仅批判了占主导地位的生物医疗范式,而且丰富了人们对健康、疾病和医疗的理解,其在分析和理解数据上多采用定性研究方法,被称为“另类”研究路径。

健康传播学“新兴”视角的兴起与学界对全球南方和边缘群体的关注密切相连。其中,女性群体的健康因其议题的特殊性、性别差异的不平等内涵以及影响因素的社会建构性,受到了健康传播研究的关注。鉴于国内健康传播研究领域对扩展理论视角的需要,笔者尝试对近年来西方关注女性群体的健康传播研究进行理论述评:第一,全面展现健康传播理论取向的横向图景;第二,突出“新兴”理论取向的研究特点;第三,关注女性群体,特别强调健康传播研究中未受到重视的性别问题。

二、健康传播理论研究取向

达塔(Mohan J. Dutta)和左勒(Heather M. Zoller)系统论述了健康传播学理论的四种取向——后实证、诠释、批判以及文化中心,其中后实证主义是对“传统”理论取向的延伸,而其他三种是“新兴”理论取向的代表。这四种理论取向是基于四对“辩证张力”建立起来的,即本质—建构、普遍—特殊、现状—变革、精英—本土。分类是为了发展理论维度,而不是限定理论之间的界限,因此该分类标准并不严格,在现实情况中，各理论取向之间存在着重叠、互补和延续的关系。

林奇（John A. Lynch）和左勒认为，如果仅仅将健康传播学划分为四种理论取向，可能会排斥对其他视角的引入。有一类以社会情境因素为核心视角的健康传播研究无法被上述四种取向所涵盖，这类研究将对个人健康行为的注意力转移到影响健康的环境因素当中去，更多地反映出“个体—环境”的辩证张力。因此，笔者将关注女性群体的健康传播研究理论划分为五种基本取向——后实证主义取向、社会情境取向、诠释取向、批判取向和文化中心取向。同时，由于女性主义理论在批判取向中的典型地位，以及其适用于女性健康传播研究的特殊性，这里将着重探讨女性主义健康传播理论的贡献。

其一，后实证主义取向注重经验逻辑，认为通过科学研究方法可以揭示客观现实，其目标是提高预测性，以及提供普遍的定律性归因和有效的功能性解释。后实证主义取向在健康传播理论中多表现为生物医疗范式，追求对“目标”受众有效果的传播策略，认为传播者通过传播信息能够影响“目标”受众的知识、信念、态度和意向等要素，进而可以促进个体健康行为的改变。

其二，社会情境取向关注人类传播与社会结构以及文化模式之间的产制关系，它尤其批评了社会心理学对个人道德责任的过分强调，并要求社会心理传统承认社区差异、加强文化包容和关注集体责任。社会情境取向下的健康传播理论主要探讨政治、经济、制度、文化规范和信息系统等社会情境对健康传播的作用，强调健康的社会属性。

其三，诠释取向将人们关于健康、疾病和医疗的知识看作一些观念的集合和发展，而这些观念是在人们的交往中创造出来的，因此健康传播过程就是对意义的社会建构和赋予的过程。诠释取向拒绝对事实进行单一的客观解释，认为群体或个人根据其主体性位置的不同，对社会现实有着多重诠释。叙事研究的兴起代表了诠释取向在健康传播研究中的广泛应用，其主要内容是分析特定群体成员在健康议题上区别于主导话语的诠释，以此来理解群体或个人是如何用自己的语言和经验来积极能动地建构健康议题，并赋予其意义的。

其四，批判取向指出，在社会结构和意识形态权力的合力下，社会现实服务的是某些人的利益，而那些被剥夺权力的群体应该反抗这种权力关系，以此取得社会变革。这一取向的健康传播理论关注更广阔的社会结构以及深层次的权力问题，积极推动针对边缘群体的健康促进行动，并评估其带来的社会变化效果。其中，女性主义健康传播理论是批判取向的典型代表。其将性别看作社会生活的核心要素之一，性别贯穿于健康传播活动的方方面面，影响了人们的健康行为和结果。该理论取向认为仅仅展现生理性别上的差异是远远不够的，健康传播研究必须要批判性地理解社会性别对健康和身体的塑造。对于女性来说，她们所面临的健康不平等是普遍的，然而女性的观点、需求和主体性却被主流健康传播研究系统性地忽视了。因此，必须在健康传播研究中重建社会性别化的分析方法和实践策略。

其五，文化中心取向认为健康传播互动和过程是处于文化当中的，文化又处于结构和权力之中。其建构了结构、主体和文化三者的互动过程，即结构限制或实现了人们的行动，社区成员在既有的结构中行使主体性，主体之间及其与结构的互动过程组成了文化意义、价值观和社会实践，文化又反过来指导了社区成员的日常生活实践，塑造了社会结构和本土情境。① 在这样一个三维系统的运转作用下，社区成员形成了内部的健康经验。这一取向为诠释和批判方法的结合，一方面强调诠释方式中健康意义建构的本土情境；另一方面强调批判传统中的权力问题，以及权力如何塑造了话语的社会建构性。

社会情境、诠释、批判、文化这些"新兴"的理论取向之间具有很多共性，它们都旗帜鲜明地挑战了"传统"的生物医疗范式，认为专家和医学权威主导了健康传播活动中的不平等权力关系。这些理论取向与关注女性主义健康传播的理论相结合，致力于在认识上提供深入理解女性健康问题的路径，揭示造成健康不平等的权力结构，以更好地促进女性健康乃至实现变革社会的目标。

这里的研究方法主要是从《健康传播》(*Health Communication*)杂志上下载从2009年到2015年7年间全部的论文，根据关键词"gender""female""women""girl"筛选关注女性群体的论文。入选文章的标准如下：①在调查类研究中，女性被访者需要占90%以上，且结论部分有对性别的讨论(有文章涉及以女性为主体的护士群体，但由于没有提到性别问题而被排除)；②在非直接接触人群的研究中，与女性健康相关的话题均纳入样本，如HPV疫苗、乳腺筛查、哺乳和生育健康等，以便囊括文本分析和内容分析的论文。③文章必须以论文格式书写，剔除社论和书评。以此标准，共筛选出关注女性群体的健康传播研究61篇。研究者对这61篇论文的主题、研究对象、研究问题、理论、研究方法和结论做了记录。

在健康与性别的交叉研究领域，现有的研究关注众多与女性密切相关的健康议题，包括母乳喂养、怀孕生育、HPV疫苗、癌症(如乳腺癌、宫颈癌、皮肤癌等)、艾滋病、心脑血管疾病、外表形象、健康饮食、性健康。其所涉及的女性群体有女性医疗工作者、社会组织成员、正在经历健康问题的女性和一般女性群体。以下分析将首先从五

---

① DUTTA M J. Communicating health: a culture - centered approach[M]. Cambridge: Polity Press, 2008.

种理论取向出发,对关注女性群体的健康传播研究理论进行全面阐释;其次单独论述女性主义健康传播理论在其中的贡献;最后结合国内现实情况讨论健康传播研究的发展方向。

三、五种取向的健康传播理论分析

(一)后实证主义取向

后实证主义取向在健康传播领域中处于主导地位,学者们也多关注生物医疗范式下的模式,使用关于个人知识和行为的理论,普遍通过计划健康教育运动来评估结果的有效性。生物医疗范式下的理论最主要表现为行为改变的社会心理学理论。

1.社会心理学理论

健康传播学的两个主要研究领域是医患关系和大众健康传播运动,两者都离不开对人们健康态度和行为改变的探索。这些理论立足于现代生物医疗的科学逻辑,采用"知—信—行"的基本框架,检验影响目标受众的心理和行为的因素,它暗示了一种强大的道德要求,即个人应该根据科学证据来做出负责任的选择。常用的社会心理导向的理论包括:健康信念模式、社会认知理论、理性行为理论(亦称计划行为理论)、详尽可能性模式、拓展的平行过程模式和行为分阶段转变理论模式。

行为改变的社会心理学理论是健康传播领域的主导理论,研究成果也最多。其不足之处在于,不同研究预测结果常常出现不稳定或不一致的情况。例如,一项应用扩展的平行理论测量女大学生 HPV 疫苗接种意愿的研究显示,其对疾病感知的严重性和易感性没有显著预测力,效能感的作用也受到怀疑。① 为了改变单一理论预测效果不稳定的状态,研究者们广泛探索了将多种理论进行整合的可能性,如结合社会认知理论和计划行为理论探讨女性杂志中关于日光浴的内容呈现,②结合保护动机理论和扩展的平行过程模式来研究女大学生健康饮食和减肥的动机,③以及结合健康信念理

---

① KRIEGER J L, SARGE M A. A serial mediation model of message framing on intentions to receive the human papillomavirus(HPV) vaccine: revisiting the role of threat and efficacy perceptions[J]. Health communication, 2013, 28(1): 5-19.

② HYUNYI C, JENNIFER G H, CARIN K, et al. Tanning, skin cancer risk, and prevention: a content analysis of eight popular magazines that target female readers, 1997—2006[J]. Health communication, 2010, 25(1): 1-10.

③ MCKINLEY C J. Investigating the influence of threat appraisals and social support on healthy eating behavior and drive for thinness[J]. Health communication, 2009, 24(8): 735-745.

论和保护动机理论来研究杂志上有关乳腺癌议题的报道,[①]等等。行为改变理论虽然期望提出具有普遍解释力的一般规律,但差异化的受众和控制因素的复杂多变无疑增加了对实际结果的预测难度,同一理论对健康行为的预测会根据研究情境的不同而出现差异。

2. 信息效果理论

与社会心理导向的理论关注人们态度和行为改变的过程不同,信息研究侧重于信息效果本身,即什么样的信息对人们的态度和行为有影响力。在研究中应用较多的信息效果理论是信息框架理论。信息框架一般包括两部分,一个是"收益—损失"框架,另一个是"举例—数据"框架,将框架中的4种要素两两组合,就可以生成针对不同诉求的信息。以信息框架理论为基础的研究普遍采用实验法,观察实验前后人们对待健康问题的态度和行为的转变。有关HPV疫苗和乳腺筛查的信息框架研究显示,同样的健康信息对不同特征群体的影响力不尽相同。[②]

此外,以媒介内容为对象的研究同样应用了该理论。这些研究探讨了媒介内容如何呈现与表达特定的健康议题,并普遍采用定量的内容分析方法。研究者对防晒[③]和肥胖[④]议题的媒介内容分析显示,如果媒介内容对健康议题呈现存在不足(如夸大信息或缺乏信息),将会让人们忽视健康风险,影响受众对健康生活方式的选择。

3. 情感理论

除了上述理论以外,关注女性群体的研究还较多地讨论了情感或情绪对行为的影响,而非局限于理性知识改变行为的观点上。首先,出现频率较多的是问题性整合理论,该理论描述了人们的"不确定感"对传播过程和决策行为的影响。当遇到健康问题时,人们会运用"概率方向"(信念、期待和愿望等)和"评价方向"(积极/消极,价值高/价值低等)来进行预测和评估,如果两个方向的感知无法有效结合,人们对健康行为的不确定感就会增加,继而导致"有问题的整合"。[⑤] 其次,如果将情绪要素进行细

---

① WALSH - CHILDERS K, EDWARDS H, GROBMYER S. Covering women's greatest health fear: breast cancer information in consumer magazines[J]. Health communication, 2011, 26(3): 209-220.

② YU N, AHERN L A, CONNOLLY - AHERN C, SHEN F. Communicating the risks of fetal alcohol spectrum disorder: effects of message framing and exemplification[J]. Health communication, 2010, 25(8): 692-699.

③ CHO H, JENNIFER G H, CARIN K, REBEKAH L F, et al. Tanning, skin cancer risk, and prevention: a content analysis of eight popular magazines that target female readers, 1997—2006[J]. Health Communication, 2010, 25(1): 1-10.

④ ARMSTRONG C L. Parenting magazines and obesity: how well do they trim the fat? [J]. Health communication, 2011, 26(7): 631-634.

⑤ BABROW A S. Problematic integration theory[M]//WHALEY B B, SAMTER W. Explaining communication: contemporary theories and exemplars. Mahwah, N. J.: Lawrence Erlbaum Associates, 2007: 181-200.

分(愤怒、伤心、恐惧、希望、兴奋等),不同情绪类型也对行为有着不同的预测效果。研究显示,负面情绪中的恐惧情绪可以增加人们的健康行为①,外部社会网络的情感支持亦会给病人带来积极影响②。行为改变的情绪理论把研究焦点从医学知识上转移到情感或情绪的表达上,关注了健康行为感性的、社会化的方面。③

(二)社会情境取向

社会情境取向的研究承袭了医学社会学对影响疾病、死亡、健康等问题的社会维度的关注。其跳出了研究信息、态度、意向等对健康行为的影响的圈子,试图寻找塑造人们健康状态的环境因素、社会关系、物理环境和经济状况。克雷格(Robert T. Craig)认为这类理论挑战了个人责任、绝对自我认识、本质化的社会秩序等信念,也就是根本上挑战了后实证主义的社会心理路径。④

1. 健康与社会情境要素

社会群体的健康状况会受到来自种族、教育、收入、住房、社区、文化等诸多社会情境要素的影响,这些要素不仅决定了个人的健康经历,而且影响了对健康信息的传播和理解。在现有研究中,综合了多样化情境要素的社会经济地位是研究者们关注的重点。研究显示,社会经济地位较低的女性往往面临着更多的健康不平等,她们所能获得的生活、工作和医疗条件决定了她们的健康行为和生存状态。如果健康教育和健康运动只强调个人对健康信息的理性采纳,这就转移了对社会问题的注意力,使得现有不平等的资源分配和疾病分布结构合法化。⑤ 不同的社会经济地位不仅左右了影响健康的物质性条件,还塑造了社会文化规范,形成了强大的群体压力和自我认同。⑥特别是对于受到疾病困扰和残障的女性来说,主流社会将其边缘化甚至“污名化”,使得她们在物质生活和心理健康上都面临着很多挑战,因此相关研究呼吁健康传播项目

---

① SMITH S W, HAMEL L M, KOTOWSKI M, R. Action tendency emotions evoked by memorable breast cancer messages and their association with prevention and detection behaviors[J]. Health communication, 2010, 25(8): 737-746.

② HAN J Y, GUSTAFSON D H. Empathic exchanges in online cancer support groups: distinguishing message expression and reception effects[J]. Health communication, 2011, 26(2): 185-197.

③ MATTHIAS M S. The impact of uncertainty on decision making in prenatal consultations: obstetricians' and midwives' perspectives[J]. Health communication, 2010, 25(3): 199-211.

④ CRAIG R T. Communication theory as a field[J]. Communication theory, 1999(9): 119-161.

⑤ CHAPMAN S L C, WU L. Food, class, and health: the role of the perceived body in the social reproduction of health [J]. Health communication, 2013, 28(4): 341-350.

⑥ JENNIFER J B, ROBIN E J. Low - income women describe fertility - related expectations: descriptive norms, injunctive norms, and behavior[J]. Health communication, 2010, 25(8): 681-691.

应当建立满足其需求的支持社区,提供系统性的社会支持。[①]

社会情境取向经常与其他取向的理论融合在一起,或成为其他研究的基础。一方面,它促进对健康与社会因素之间的复杂关系的认识,不仅深入探讨社会情境要素的各个方面,而且建立起各个要素之间的关系网络;另一方面,它不仅关注群体之间的差异,还承认群体内部社会资源分配的差异,促进了对全球南方和边缘群体的健康议题的关注。

2. 以病人为中心

近年来,健康传播研究开始关注以病人为中心的研究取向,其在社会情境方面主要应用于健康传播中的医患沟通领域。与生物医学取向不同的是,首先,以病人为中心的研究从病人的观点出发,关注病人对医生和医疗机构的满意程度,以此来促进医患关系的改善和医疗环境的友好发展。[②] 满意度可能包括医患关系的融洽、医疗效率的高低、语言畅通与否、对信息的理解程度、是否存在歧视等。[③] 进一步来讲,以病人为中心的模式批判了医生和专家主导的医疗活动,要求医患之间做到相互理解和共同决策。

麦克奈特(John McKnight)将健康与社会决定因素联合起来,以解决弱势群体的"无权"(powerlessness)问题为考察中心。弱势群体必须通过获取资源和权力来改变自身的社会经济状况,从而改善自己的健康,而健康传播项目也需要更多的对话和参与来促进人们能力的提高。[④] 将权力话题纳入探讨范畴,意味着社会情境取向与批判、文化中心取向之间存在密切联系。

(三)诠释取向

诠释取向认为现实是通过社会成员的语言、符号和行为建构的,因此必须对传播行动进行"厚重的描述"(又称"深描"),才能理解社会系统和秩序。传播学的符号、现象和民族志研究传统可以全部归于诠释取向,其研究方法多是定性的。叙事研究方法在健康传播学中应用较多。叙事即人们讲述自己生活的故事,既是一种叙述的方

---

① PETERSON J L. The challenges of seeking and receiving support for women living with HIV[J]. Health communication, 2010, 25(5):470-479.

② PILGRIM N A, CARDONA K M, PINDER E, et al. Clients' perceptions of service quality and satisfaction at their initial title X family planning visit[J]. Health communication, 2014, 29(5):505-515.

③ BERGMAN A A, CONNAUGHTON S L. What is patient – centered care really? Voices of hispanic prenatal patients [J]. Health communication, 2013, 28(8):789-799.

④ MCKNIGHT J. Where can health communication be found[J]. Journal of applied communication research, 1988, 16(1):39-43.

式,也是一种理解意义的手段,它展示的是一种“自我创造的行动”。作为诠释取向的代表,叙事方法经常融合进其他取向的理论和实践中。

首先,与后实证主义的结合促进了健康传播研究对受众视角的发掘,例如将叙事研究与问题整合理论结合起来研究女性如何诠释分娩的不确定性,如何做出决策的过程①;亦有研究者设计了融入叙事要素的视频信息,并发现这种方式具备一定的影响力②。由此可见,诠释取向的研究可以更好地促进对目标受众的理解,还可以提高信息说服的效能。

其次,与文化中心取向结合,从身处特定社会情境的本土民众的视角出发,致力于理解其对社会现实的意义建构。研究发现,那些处于贫困状态、低社会经济地位、被边缘化的女性,她们对健康和环境的个人经验主要通过故事和情节展现出来。在此,叙事方法深入揭示了个人和社群如何定义、建构和协商健康问题,又是如何维持乃至挑战社会结构的。③ 诠释取向与文化中心取向的结合挑战了西方视角下“理性”健康信息的有效性,拓宽了“非理性”健康信息得以表达的空间。

最后,诠释取向理论不仅仅停留在故事讲述和意义理解上,还可以用于指导实践活动。有研究表明,在健康促进项目的实际经验中发现,虽然提高了乳腺癌筛查知识的普及程度,同时解决了经济和交通等物质性障碍,很多非裔女性还是不去做筛查。这让研究者们不得不重新考虑意识形态的作用,找出了本土居民的两种话语解释,即“不想知道筛查结果”和“管理自己的健康”,研究者认为必须要调整传播策略与本土居民协商这两点意见,才能更好地普及预防性健康服务。④ 另一项研究组织了社区女性来参与制作电影,让她们自己定义内容、组织议程、讲述故事和再现自己的世界观,研究者们期望通过参与式传播方法,确保在生物医疗议程中女性文化身份能够得到充分表达。⑤

---

① VOS S C,ANTHONY K E,O' HAIR HD. Constructing the uncertainty of due dates[J]. Health communication,2014,29(9):866-876.

② YOO J H,KREUTER M W,LAI C,FU Q. Understanding narrative effects:the role of discrete negative emotions on message processing and among low - income African American women[J]. Health communication,2014,29(5):494-504.

③ DUTTA M J,YEHYA N A. Articulations of health and poverty among women on WIC[J]. Health communication,2015,30(12):1223-1233.

④ GOLDEN A G,POMERANTZ A. Interpretative repertoires that shape low - income African American women's reproductive health care seeking:“don't want to know” and “taking charge of your health”[J]. Health communication,2015,30(8):746-757.

⑤ ZEMITS B,MAYPILAMA L,WILD L,et al. Moving beyond “health education”:participatory filmmaking for cross - cultural health communication[J]. Health communication,2015,30(12):1213-1222.

（四）批判取向

诠释和批判取向在认识论上一脉相承，区别在于“合意”和“分歧”：诠释认为秩序是客观世界的主要特征，关注描述和理解社会现实；而批判认为冲突才是本质，在矛盾的变化过程中，一些意义或群体被赋予更优越的位置，关注揭露对抗的冲突。此外，批判取向具有更加政治化的价值观，要求挑战主导秩序，在健康传播领域质疑生物医疗范式的价值观。批判取向的健康传播研究可以追溯到社会建构论者的丰富成果，包括福柯（Michel Foucault）的话语和身体政治理论，伊里奇（Ivan Illich）对生活医疗化的批判，左拉（Irving Zola）揭露的医疗的社会控制功能，以及桑塔格（Susan Sontag）提出的疾病的道德隐喻，等等。同时，很多社会批判传统，包括后马克思主义、政治经济学派、批判的文化研究、后现代理论和新社会运动等，都成为该理论取向的有益借鉴。

1. 话语分析

最具代表性的批判取向理论是话语分析。勒普顿（Deborah Lupton）强调话语分析在健康传播中的重要性，指出与健康相关的话语存在于社会生活的方方面面。① 在微观层面上，对日常生活的话语分析可以让研究者深入理解人们对于健康和疾病观念的形成；在机构层面上，媒体对健康议题的再现再生产了主导意识形态，体现了各方面权力关系对健康意义的争夺；在宏观层面上，统治结构和制度权力通过政策话语来定义健康和规范行动，深深影响了个人身份认同乃至更广阔的社会结构。

2. 赋权理论

批判的目的不仅在于揭示健康话语建构、反映和强化主导权力结构的过程，同时也关注人类主体是如何作为社会行动者通过传播来抵抗权力关系的，其中，赋权理论扩展了另类话语和政治行动的空间。所谓赋权，首先在于“能力建设”，即通过个人、组织和社区的一致行动来使他们自己掌握自己的事物，包括个人心理层面、组织分享层面和社区动员层面三层含义。② 苏扎（Rebecca de Souza）研究分析了印度贫民窟的性工作者群体如何利用赋权性的健康传播项目对抗艾滋病的过程，以及怎样通过集体

① LUPTON D. Discourse analysis: a new methodology for understanding the ideologies of health and illness [J]. Australian journal of public health, 1992, 16(2): 145-150.

② DEARING J, GAGLIO B, RABIN B A. Community organizing research approaches [M]//THOMPSON T L, PARROTT R, NUSSBAUM J F. The Routledge handbook of health communication. 2nd eds. New York: Routledge, 2011: 546-559.

行动在习惯性沉默的“传播空间”内发出自己的声音。① 通过这种方式，弱势群体或亚文化群体可以掌握和管理自己的健康事务，对抗产生健康不平等的社会根源。

3. 社区组织理论

社区组织理论与赋权理论紧密相关。基于社区成员和机构专家两个群体的社区活动，社区组织的概念可划分为四种方式：一是自助，社区成员相互帮助来解决共同的问题；二是“草根”行动，即人们依靠自己来解决上层机构未能解决的问题；三是行为改变运动，机构专家从他们认为社区成员需要改变的行为出发，来组织行为改变运动；四是社会生态干预，如果需要改变机构问题，如系统或政策，机构之间将会组织起来寻求办法。② 社区组织的重要策略是进行社区动员，它通过赋权目标受众或社区里的相关成员来汇集对健康项目的内部支持，以达到健康传播运动目标和维持内部机制。此外，研究者还广泛运用参与式传播方法，不断创新健康促进的策略。

健康传播研究的批判取向质疑了生物医疗导向的价值观，挑战主导秩序，力求揭示隐藏的冲突，识别健康、疾病、治疗问题中的政治、经济和历史性因素。在实践中，它鼓励边缘群体的政治行动，发掘自下而上的传播路径的主动性和创造力，其最终目的是促进健康和获得社会正义。

（五）文化中心取向

文化中心取向（Culture - Centered Approaches）已成为将诠释、社会情境和批判取向融洽结合，并应用于对本土民众进行健康传播的一种理论框架。文化中心取向将文化情境置于核心位置，较多地关注家庭、社会、精神、自然层面的健康意义。该取向强调主体的回归，将健康实践的主导权返还给文化成员，承认边缘群体的能力，认为其有权决定自己的健康行为。③ 文化中心取向源于印度的底层研究传统，通过打破缺席和沉默，让边缘群体说话，建立基于内部的认识框架。文化中心理论在行动上倡导与社区成员对话和促进相互理解，来共同定义、建构和协商健康的问题和意义。④

---

① SOUZA R. Creating “communicative spaces”: a case of NGO community organizing for HIV/AIDS prevention[J]. Health communication, 2009, 24(8): 692-702.

② DEARING J, GAGLIO B, RABIN B A. Community organizing research Approaches[M]//THOMPSON T L, PARROTT R, NUSSBAUM J F. The Routledge handbook of health communication. 2nd eds. New York: Routledge, 2011: 546-559.

③ DUTTA - BERGMAN M J. The unheard voices of santalis: communicating about health from the margins of India[J]. Communication theory, 2004, 14(3): 237-263.

④ JAMIL R, DUTTA M J. A culture - centered exploration of health: constructions from rural Bangladesh[J]. Health communication, 2012, 27(4): 369-379.

主流的健康传播话语忽视了女性的声音,不承认女性的主体地位,标签化地认为她们缺乏知识、同质单一、受传统文化束缚,是受害者和干预的目标。研究者们试图打破这一自上而下的主流话语,关注女性基于自身文化情境之上对母亲角色的能动解释,证明了女性从不缺乏对身体和健康的理解,并且能积极地按照自己的逻辑和规则来形成身份认同,同时定义自己在家庭、社区和社会之中的位置。①

文化中心取向与以往的文化敏感性取向不同。所谓文化敏感性取向,即把文化的一些方面整合入主导的健康传播理论和应用之中,例如使用量表来测量文化因素,检验其与认识或行为结果的相关性。在这种情况中,专业知识仍然在主导的外部专家手上,他们决定了健康目标、信息设计和效果评估。而文化中心取向将文化置于传播过程的核心位置,也就是说,传播理论是从文化或社区中发展而来的,而不是外部投入的。文化中心取向还强调社区成员的主体地位,重视个人经验,也就是关注其在健康传播乃至整个社会结构中的话语权问题。

四、女性主义健康传播理论

以上五种取向的健康传播理论基本展现了学界关于女性群体健康议题所采取的研究路径。之所以把女性主义健康传播理论单独列出来考察,是因为其将性别视角放在理解健康、疾病和医疗议题的突出位置。女性的感知、表达和经验是难以在没有女性主义视角的理论中被理解的。②

(一)理论的应用

1. 批判媒体健康话语

女性主义研究首先对媒介内容进行了批判,主要采用话语分析方法,即从性别视角出发关注文本背后的意义,力求揭示在政治和社会情境下媒体健康话语反映和建构性别角色的问题。一些学者研究了主流价值观对健康议题的性别话语塑造,发现了其将女性身体"污名化"的倾向。例如,对电视节目建构的女性哺乳形象的研究发现,媒体内容描绘了"非常态化"的哺乳议题,由于媒介内容没有涉及哺乳的困难,且将公共

① BASNYAT I, DUTTA M J. Reframing motherhood through the culture - centered approach: articulations of agency among young Nepalese women[J]. Health communication, 2012, 27(3): 273-283.

② FOSS K A, FOSS S K. Personal experiences as evidence in feminist scholarship[J]. Western journal of communication, 1994(58): 39-43.

场合哺乳进行异常化和色情化的塑造，强化了社会上关于乳房是性器官而不能在公共场合出现的迷思。① 再如，有研究分析了青少年怀孕议题的媒体内容，发现其强化了理想的美国家庭观念，赞扬怀孕的青少年承担责任和结婚生子的选择，相反缺乏对其潜在经济负担、健康风险和堕胎选择的解释，这就合法化了青少年的怀孕经历，给其他遇到类似情况的青少年以不切实际的期望。② 这些研究揭示了媒体内容对主流价值观和意识形态的再生产。

2. 挑战权力关系

女性主义健康传播理论揭示了女性被生物医疗科学边缘化的现象，深入讨论医疗霸权的观点，认为医疗公共健康通过定义妇女身体的使用，限制其成为可能的主体来进行控制。③ 对 HPV 疫苗 Gardasil 广告的话语分析显示，那些看似具有女性主义敏感性的叙事，其实是医疗商业利益对病人声音的收编，强化了女性对医疗霸权意识形态的屈从。④ 另外，在医疗活动中存在对男性气质的崇拜和对女性气质的偏见，造成了健康实践中对女性地位的贬低。例如，有研究者测量了女医生和男医生在使用"病人中心方法"时，病人满意度有不同的反映，由于刻板印象常把女医生的"病人中心行为"视为"好女人"而非"好医生"，造成具有专业医学素养的女医生无法获得与男医生一样的好评。⑤

3. 建构主体与抵抗

女性主义健康传播研究倡导发展主体性的视角，首先反对用基于男性身体和健康经验的研究来指导女性健康实践，呼吁对女性声音的主体化呈现；其次颠覆主导观念所设定的抵抗意义，认为抵抗不是违背医疗权威，而是促进健康决策的方式，这就重构了妇女抗争的意义。例如，研究者们审视了 20 世纪初对纽约女性作家支持半麻醉分娩的争论，通过使用性别政治来理解女性健康、生育实践、医患交流和病人赋权，揭示了女性可以反

---

① FOSS K A. "That's not a beer bong, It's a breast pump!" Representations of breastfeeding in prime – time fictional television[J]. Health Communication, 2013, 28(4): 329-340.

② BUTE J J, RUSSELL L D. Public discourses about teenage pregnancy: disruption, restoration, and ideology[J]. Health communication, 2012, 27(7): 712-722.

③ LUPTON D. Toward the development of critical health communication praxis[J]. Health communication, 1994, 6(1): 57-67.

④ MALKOWSKI J. Confessions of a pharmaceutical company: voice, narrative, and gendered dialectics in the case of Gardasil[J]. Health communication, 2014, 29(1): 81-92.

⑤ HALL J A, ROTER D L, BLANCH – HARTIGAN D, et al. How patient – centered do female physicians need to be? Analogue patients' satisfaction with male and female physicians' identical behaviors[J]. Health communication, 2015, 30(9): 894-900.

对男医生的专业权威,主动选择生育方法,推动了生育实践的医疗化发展。[①]

(二)女性主义健康传播理论的贡献与发展

女性主义健康传播理论的建立和发展得益于国际妇女健康运动与国际健康促进理念的结合。一方面,国际妇女健康运动始于对医学权威的批判,例如反对心理治疗中的性别角色规范和争取妇女堕胎权;在发掘女性身份和身体处于被压迫的境遇时,提出了"个人的即政治的"观点,鼓励女性讲述个人健康经验;同时,妇女运动者发起了自助保健活动,以实际行动来争取健康自主权。[②] 另一方面,公共健康领域发展了一系列健康促进理念,包括1948年世界卫生组织对健康的重新定义,1978年《阿拉木图宣言》中人民有参与卫生保健的权利,1986年《渥太华宪章》要求社区行动起来改善健康环境,以及1994年国际人口与发展大会上对生殖健康的全新定义,等等。在1995年,世界妇女大会综合了国际经验通过了《北京行动纲领》,提出妇女健康促进的具体目标和行动策略。在国际话语和本土实践的共同作用下,健康传播研究提升了对女性健康的关注,促进了对女性主义健康传播理论的应用。

女性主义健康传播理论的贡献在于:首先,从关注健康不平等问题出发,挖掘影响健康不平等的社会性别和权力关系根源。正是性别不平等和健康系统不健全让女性处于不利的健康位置,影响到了女性对健康信息的感知和应对,以及获得健康服务和控制健康传播过程的能力。其次,让女性成为健康传播的主体,而不是被媒体或专家代言的对象。研究者不仅要关注女性的健康需求,理解她们关于健康活动的经验和叙事方式,还要在健康促进中关注社区、赋权、知情选择、服务可及性和男性参与等问题。再次,性别视角应该扩展到健康传播政策和项目发展的各个方面,运用"健康、传播、性别"三位一体的理论框架来指导行动,[③]以提高健康传播的有效性。最后,还要从宏观的政策层面实现社会性别主流化,消除性别平等障碍,以促进妇女健康和保证社会公平正义。

未来,健康传播领域对女性主义视角的运用将会扩展到其他文化背景、种族、性取向的边缘群体或亚文化群体之中。重视她们的主体性表达,将其健康问题置于整个社会环境之中,从改变社会文化和权力结构的角度出发,来影响人们主动做出选择。同时,女性主义的方法、理论和行动将会越来越多地融入传播学、公共健康和社会学等学

① JOHNSON B, QUINLAN M M. Technical versus public spheres: a feminist analysis of women's rhetoric in the twilight sleep debates of 1914—1916[J]. Health communication, 2015, 30(11): 1076-1088.

② 王政.美国妇女健康运动的起因与发展[J].妇女研究论丛,1994(1):55-59.

③ LIUCCIO M. Gender, health, and communication[J]. Journal of communication in health care, 2015, 8(1): 5-6.

科的主流当中,通过不断质疑"理所当然""说服性""自上而下"的医疗制度和权力关系,来鼓励更多"另类"传播机制。健康传播研究还将会运用更多样的媒介形式来再现健康议题,女性主义研究所使用的艺术性和表演性传播方式(叙事、诗歌、舞蹈、戏剧等)将推动社区参与、行动主义和"草根"力量的发展,为解决健康不平等问题带来新的观念和实践经验。①

小　结

上述内容以关注女性群体的健康传播研究为基础,回顾了健康传播研究的理论发展样貌。在"传统"研究路径中,后实证主义取向将性别作为影响健康行为的一个变量,使得性别要素对女性健康问题的解释力变得有限。但是随着"新兴"取向开始变得"主流化",一些研究者开始跳出专家和权威机构的视角:社会情境取向批评了后实证主义过度关注个人层面的责任的取向,转而发掘社会结构因素对传播的制约作用是如何影响女性健康的;诠释取向从女性的语言和观点出发来认识健康及其意义;批判取向理论走得更远,它将健康问题与权力关系的深层次根源结合,突出女性主义视角和对社会变革的要求;文化中心取向突出考察了本土女性群体的健康议题。与此同时,女性主义健康传播理论在批判取向的基础上,分析性别权力关系和意识形态再生产,呼吁女性在健康传播中的"可见性",以积极的视角建构女性的健康主体性。

纵观国内健康传播领域的研究,话题推陈出新,成果不断丰富,传播学者在健康传播领域已经不再"缺席"。但是传播学者的研究议题大多集中在大众媒体、报道框架、传播效果方面,与国际上较为系统的健康传播研究存在很大差距,其最重要的原因是缺乏跨学科的视角。因此,国内的健康传播研究在吸收和借鉴"传统""新兴"理论视角和女性主义健康传播理论的同时,必须不断探索理论视角的本土化发展。国内与女性相关的健康传播研究需要从以媒介为中心转向以女性为中心,更多地关注女性群体健康议题和健康传播实践,在传播过程的各方面体现女性的声音、知识和经验,同时积极开拓批判的、自下而上的、双向的、集体的、参与式的健康传播行动空间。

推荐阅读

1. 张自力. 健康传播与社会[M]. 北京:北京大学出版社,2009.

---

① ELLINGSON L L. A feminist forecast for health communication research in 2010[J]. Women & language, 2010, 33(2):95-98.

2. 张皪元. 健康传播研究的框架与走向[M]//洪浚浩. 传播学新趋势(上). 北京:清华大学出版社,2014.

3. 盖斯特-马丁. 健康传播:个人、文化与政治的综合视角[M]. 龚文庠,李利群,译. 北京:北京大学出版社,2006.

4. 马尔莫. 健康鸿沟:来自不平等世界的挑战[M]. 俞敏,译. 北京:人民日报出版社,2019.

5. AIRHIHENBUWA C O. Health and culture: beyond the western paradigm[M]. Thousand Oaks, CA: Sage, 1995.

6. DUTTA M J. Communicating health: a culture-centered approach[M]. Cambridge: Polity Press, 2008.

7. KREPS G L. Setting the agenda for health communication research and development: scholarship that can make a difference[J]. Health communication, 1(1): 11.

8. THOMPSON T L, PARROTT R, NUSSBAUM J F. The Routledge handbook of health communication [M]. 2nd eds. New York: Routledge, 2011.

9. ZOLLER H M, DUTTA M J. Emerging perspectives in health communication: meaning, culture and power[M]. New York: Routledge, 2008.

思考与讨论

1. 请你想一想健康传播有几种理论取向?你能说出它们各自的内容,同时辨识相互之间的区别吗?

2. 健康传播的几种理论取向各自包含哪些具体的理论?你可以就一种理论进行资料收集,并展示其在健康传播领域是如何应用的吗?

3. 女性主义健康传播理论对健康传播学有什么贡献?

第九讲　影视民俗学与民间文化传播

影视民俗学是民俗学的重要分支,同时也是影视艺术研究的一部分。全新的多媒体表现手法及传播方式和丰富的民俗文化内容使之成为传播学、影视艺术学与民俗学的交叉学科。影视民俗学目前有两种研究取向:一是从民俗学视角探讨影视艺术,即对影视作品的民俗学解读①;二是以影视为手段,对民俗事象进行客观记录和艺术表现②。就文本对象和学科方法而言,前者主要关注剧情片,多借鉴文艺学批评;后者则聚焦纪录片,同人类学影像民族志关系密切。

一、影视民俗学概念辨析

影视民俗学,顾名思义,是有关"影视"和"民俗"的学问。影视即"电影和电视"③,"在以拷贝、磁带、存储器等为载体,以银幕、屏幕放映为目的,而实现以视觉与听觉综合为观赏对象的艺术表达中,影视成为现代艺术的最新综合形态"④。随着互联网和移动媒介的发展,影视艺术开始涵盖更多新的影像形式。民俗即民间风俗,"指一个国家或民族中广大民众所创造、享用和传承的生活文化";民俗既是规范人们行为、语言和心理的基本力量,也是民众习得、传承和积累文化创造成果的重要方式。⑤ 从分类来看,民俗有三分法或四分法,三分法是指口头民俗、风俗民俗和物质民俗⑥,四分法是指物质民俗、社会民俗、精神民俗和语言民俗⑦。以上是对"影视"和

① 廖海波. 影视民俗学[M]. 北京:北京大学出版社,2007:1.
② 黄凤兰. 中国民俗影视[M]. 北京:中国戏剧出版社,2004:8.
③ 中国社会科学院语言研究所词典编辑室. 现代汉语词典[M]. 7 版. 北京:商务印书馆,2016:1573.
④ 周星. 影视艺术概论[M]. 北京:高等教育出版社,2007:19.
⑤ 钟敬文. 民俗学概论[M]. 2 版. 北京:高等教育出版社,2010:3.
⑥ 三者分别指向以口头语言、风俗习惯、有形可见的物质的形式进行传播的民俗。参见:王娟. 民俗学概论[M]. 北京:北京大学出版社,2002:32.
⑦ 物质民俗包括生产、商贸、饮食、服饰、居住、交通和医药保健等方面的民俗,社会民俗包括社会组织、社会制度、岁时节日和民间娱乐习俗等,精神民俗包括民间信仰、民间巫术、民间哲学伦理观念以及民间艺术等,语言民俗包括民俗语言和民间文学。参见:钟敬文. 民俗学概论[M]. 2 版. 北京:高等教育出版社,2010:6.

“民俗”较为通行的界定,但据此尚不足以全面理解影视民俗学。本节将逐一辨析民俗、影视民俗、民俗学影视、影视民俗学等核心概念。

(一)民俗

作为学科术语的“民俗”译自英文“folklore”,原义是民众的知识和智慧。1846年,英国考古学家汤姆斯(William John Thoms)将“folk”(民众、民间)和“lore”(知识、学问)合成一个新词,随后该词被各国学者广泛使用,成为一门新兴学科的正式名称。这门学科自诞生之日起,关于如何定义“民”和“俗”的争论就从来没有停止过。从民族、乡民、野蛮人、农民到任何人,“民”的范围逐渐扩展到所有人群,民俗也不再只是历史的传统的乡土文化:它既包括农村民俗,也包括城镇和都市民俗;既包括古代民俗传统,也包括新产生的民俗现象。但民俗仍然经常被限定为中、下层民间文化,是“民间文化中带有集体性、传承性、模式性的现象”①,以口耳相传、行为示范和心理影响的方式扩布和传承。

进入数字时代,新媒体和传播技术的变革开始动摇这些限定。德国学者赫尔曼·鲍辛格(Hermann Bausinger)认为,当今社会,文化领域在力求横向化,“许多民间文化财富不再是越过漫长的时间之流被传承,而是跨越广袤的空间被交换、被采纳”。横向的联系和过程(传播)取代了纵向的联系和过程(传承),这正是技术带来的“加速度”:时间体验量的加速影响到文化行为。② 于是若悬置“传承性”的历史化取向,“民俗”可以精简为模式化的生活文化。随着互联网在日常生活中的普及,网络民俗或数字民俗应运而生,这类新民俗形式同样体现了民间文化传统的适应力、生命力和创造力。只有厘清“民俗”概念内涵与外延的变迁,塑造一种开放的民俗观,才能在更广阔的跨媒介视野中考察“民俗”和“影视”的关系。

(二)影视民俗

影视作品中的民俗有些是对真实民俗活动的局部记录或再表演,有些却是被刻意创造出来的虚构的民俗,张举文将后者命名为“影视民俗”(filmic folklore)。影视民俗指只存在于影视作品中的想象的民俗,是被影视制作者创造或改造的模仿民俗的表演。它可以是一个场面、一个动作、一个事件,也可以是一个故事情节。民俗在其中被剥离出原来的文化、社会和历史背景,通过混杂和添加的手法,被用来强制性地表达影

① 钟敬文.民俗学概论[M].2版.北京:高等教育出版社,2010:5.

② 鲍辛格.技术世界中的民间文化[M].户晓辉,译.桂林:广西师范大学出版社,2014:136-137.

视制作者的意识形态、价值观或审美观。影视民俗的作品不以记录民俗为目的,而是借助影视媒介对民俗进行拆卸和重构,从而创造超越时空的想象民俗(区别于保持时空连续性的实践民俗)。①

影视民俗引起普遍关注始于中国第五代导演的作品。以张艺谋的《红高粱》为例,片中“颠轿”和“祭酒神”是山东早年的习俗,可轿子怎么颠、高粱酒怎么造,没人见过,就连一些上了岁数的人也只“听说有过这么档子事儿”,细节全是导演和编剧发挥想象力自己编的。虽然音乐不是山东高密本地的民俗音乐,而是融合了秦腔、豫剧、吕剧风格的“杂交民歌”,但用张艺谋的话来说,“艺术可以创造,民俗也可以创造”,这些编出来的音乐、舞蹈、歌词和仪式,都是为了“创造一种地地道道的民族气质和民族风格”。②

影视作品中民俗母题和情节的运用自有其社会、政治意义和艺术性。对影视民俗的研究有助于辨别不同民俗要素,认清民俗传承和变异的过程和方式,亦可通过符号学等方法,了解在特定社会背景下创造特定影视民俗对于建构文化认同的作用。这类作品创造并利用似曾相识的民俗场景或象征连接过去和现在,唤起观众对传统的体认。若观众将其融入个人记忆,则影视民俗也有可能成为对文化传统的集体记忆的一部分,反过来塑造社会价值、伦理观和文化行为。

(三)从民俗电影到民俗学影视

“民俗电影”(folklore film)一词最早可追溯到1934年英国电影研究所在《民俗》学刊上发的征稿启事,其定义是“有关民俗的非商业电影”。③ 在美国,最早的民俗纪录片是1935年拍摄的《时间历程》(*March of Time*)系列,随后数十年还有不少此类作品,但直到20世纪70年代,“民俗电影”才得到民俗学研究者的重视和讨论。美国民俗学者莎伦·谢尔曼(Sharon Sherman)1977年提出“民俗学电影”(folkloric film)的概念,主张从民俗电影制作人、电影制作方法、过程及与主体内容的关系出发来研究具体作品。在1998年出版的《记录我们自己:电影、录像与文化》一书中,谢尔曼进一步论述了“民俗学电影”的定义和方法论,并将其与迈克尔·琼斯(Michael Jones)提出的

① 参见:ZHANG J W. Filmic folklore and Chinese cultural identity[J]. Western folklore,2005,64(3/4):263-280;张举文. 影视民俗[J]. 民间文化论坛,2005(6):104;张举文,桑俊. 影视民俗与中国文化认同[J]. 温州大学学报(社会科学版),2011(2):51-61.

② 罗雪莹. 向你敞开心扉——影坛名人访谈录[J]. 北京:知识出版社,1993:153.

③ Folklore films[J]. Folklore,1934,45(4):290.

“folkloristic film”一词交互使用,强调“民俗学电影”最重要的目的是“记录民俗”。①

民俗学电影并不直接触及社会问题,而是让观众看见自己的生活。它真实记录民间活动和完整事件,为理解我们自己提供一个窗口。民俗学电影与民族志电影(或人类学电影)的根本区别在于:一个关注的是制作人所熟悉的自我社会文化中的传统,一个注重非工业化的“他者”的社会。另外也要看制作人提出的问题,以及处理这些问题所依据的理论导向。谢尔曼认为,民俗学电影是对我们自己的反映,而电影制作人对民俗的理论假设通过电影表述出来,并决定其所应用的技巧。立意于民俗的电影大体上聚焦于:(1)表演者或艺术家个体;(2)互动事件和进程(演唱、叙述、演奏、制作);(3)某群体(地区、家庭、职业群)或其“文化”;(4)文本、工艺过程或手工艺品。进而,具有时空连续性的民俗理念创造出关注历史或类型的电影。②

随着家庭录像和数码设备的迭代升级,“电影”所指的已不只是电影,张举文认为“folkloristic film”译作“民俗学影视”比较贴切,因为其涵盖静态摄影、动态摄像、电视录像以及数码录像和摄像。③ 他还强调这不过是“影视”狭义的一面,广义上应该指向文化的各个视觉方面,包括艺术品、建筑物、手工制作物,以及身体运动交流的各种形式,如姿势、情感表示、舞蹈和手语等。④ 张举文对“影视”译名的选用与阐释无疑深受“影视人类学”的影响。

(四)影视人类学

“影视人类学”是20世纪80年代中后期国内学界对“visual anthropology”的通译,强调以影视手段进行人类学研究和民族志创作。80年代末,欧美影视人类学者开始将人类学理论与更为宽泛的视觉文化整合在一起。如美国人类学家杰伊·鲁比(Jay Ruby)认为,“visual anthropology”应在三个主要领域展开研究:“(一)有关面部表情、身体运动、舞蹈、形体修饰以及对于空间、建筑和环境的象征性运用等人类文化的视觉表现研究。(二)有关从洞穴岩画到照片、电影、电视、家庭录像等的图像领域的研究。(三)运用影像媒体交流的人类学知识。”⑤其中“人类文化的视觉表现”和“图像领域”

---

① SHERMAN S R. Documenting ourselves: film, video, and culture[M]. Lexington: The University Press of Kentucky, 1998:63. 中译本此段并未准确翻译。

② 谢尔曼. 记录我们自己:电影、录像与文化[M]. 张举文,等译. 武汉:华中师范大学出版社,2011:232;谢尔曼. 聚焦:电影与21世纪民俗研究的生存[J]. 张举文,游自荧,译. 民间文化论坛,2005(6):54.

③ 张举文. 记录民俗是民俗学研究的前提[M]//谢尔曼. 记录我们自己:电影、录像与文化. 张举文,等译. 武汉:华中师范大学出版社,2011:5. 不过单就词义而言,无论“film”还是“影视”都主要指动态影像。

④ 张举文. 民俗学影视[J]. 民间文化论坛,2005(6):103.

⑤ RUBY J. The teaching of visual anthropology[M]//CHIOZZI P. The teaching of visual anthropology. Firenze: Editrice II Sedicensimo, 1989:9-10.

都是对影视人类学传统的进一步拓展。朱靖江在此基础上提出建立影视人类学、影像人类学与视觉人类学三个层次的分支学科：影视人类学重在纪实的动态影像创作；影像人类学除涵盖前者外，还包括图片摄影、绘画、动画与游戏等其他影像方法；视觉人类学则面向古往今来一切视觉文化的生产、交流和建构。① 邓启耀也主张："广义的visual anthropology，既包括通过摄影、电影、电视和数字成像等现代图像或影视手段做民族志或对文化人类学事实进行拍摄和研究，也包括对人类自远古到新媒体时代的所有群体性图像信息，对通过视觉造型和视觉符号表达、记录、储存、传播信息的传统方法和新方法，以及对社会性文化性的视觉认知、视觉行为和视觉群体等的研究。"②

影视人类学或视觉人类学在中国发展近40年，学科影响力不断提升。相比之下，影视民俗学起步较晚，于是常常借用影视人类学的术语及理论资源，如前述对"影视"的泛视觉化解读。字面上看，影视民俗学与影视人类学的区别首先是民俗学和人类学的区别。一般认为，民俗学以"自观"视角研究本土文化，而人类学从"他者"角度研究异文化，即便着眼本土，也主要关注社会内部的"他者"（如少数民族和各种弱势群体）。但"自观"（emic）、"他观"（etic）并不绝对，就算研究家乡民俗，学者也当兼顾"局内人"（insider）和"局外人"（outsider）视点；在具有深刻文化理解的前提下，局外人亦可成为局内人。③ 同时人类学渐有本土化、家乡化倾向，④二者界限日渐模糊，有了更多理论互通的对话空间。

然而，影视民俗学与影视人类学的区别又不仅限于由名称比对导向的学科差异。在中国，影视民俗学其实是在影视人类学、文艺民俗学和美国民俗电影研究的多重影响下发展起来的。

（五）影视民俗学

"影视民俗学"的概念最早由黄凤兰2002年在《新时期中国影视民俗学的现状与问题》一文中提出。她表示：影视民俗学是以影视为手段，对民俗事项进行客观记录的一门科学。与一般的影视科学不同，影视民俗学更强调所录事项的客观真实。⑤ 但两年后出版《中国民俗影视》时，她显然放弃了这一概念，全部以"民俗影视"或"中国民俗影视"替代。身为中国民间文艺家协会研究部副主任和中国民间文艺山花奖评

---

① 朱靖江. 在野与守望：影视人类学行思录[M]. 北京：九州出版社，2019：3-11.

② 邓启耀. 视觉人类学导论[M]. 广州：中山大学出版社，2013：1.

③ 施爱东. 学科界限与学术取向[J]. 民间文化论坛，2007(2)：15-20；张举文. 记录民俗是民俗学研究的前提[M]//谢尔曼. 记录我们自己：电影、录像与文化. 张举文，等译. 武汉：华中师范大学出版社，2011：12.

④ 周星. 民俗语汇·地方性知识·本土人类学[J]. 社会学评论，2021(3)：54-58.

⑤ 黄凤兰. 新时期中国影视民俗学的现状与问题[J]. 西北民族研究，2002(2)：203.

奖办主任，黄凤兰从 1991 年起就多次组织举办影视民俗片评奖，积累下丰富的民俗影视资料。汤拥华认为她的研究虽欠缺理论深度，“甚至并没有完全理解影视民俗学这个概念的理论能量”，“却非常真实、生动地表现出理论本身的活力”。[①]

2007 年，廖海波出版专著《影视民俗学》。该书绪论特别强调有人会把影视民俗学等同于影视人类学，所以澄清自己主要分析影视剧情片，意在运用民俗学的知识、理论和研究方法探讨影视艺术，以揭示“影视作品在创作、欣赏和研究中的一些独特规律和特征”[②]。同年史博公提出“建构中国电影民俗学”[③]，思路类似，只是专注于电影。

如果说黄凤兰试图化用影视人类学术语分析民俗纪录片，[④]曾师从陈勤建的廖海波则主要借鉴文艺学与民俗学理论解读影视剧情片，但亦如陈勤建所言，文艺民俗学“姓‘文艺’，而不姓‘民俗’”，最终是“为了文艺的繁荣和发展”，[⑤]廖海波倡立的影视民俗学重在影视，并非民俗。

民俗学界近年对民俗影像的关注来自另一股风潮。2005 年，《民间文化论坛》第 6 期译介了谢尔曼 2004 年在美国西部民俗学会年会上有关民俗学电影的主题发言，同期亦刊载张举文对“影视民俗”与“民俗学影视”的概念辨析文章。次年夏天，谢尔曼第一次来到中国，参加在武汉举行的非物质文化遗产保护国际学术研讨会暨第四届民间文化青年论坛，为日后的中美合作埋下了伏笔。2011 年，华中师范大学出版社推出谢尔曼《记录我们自己：电影、录像与文化》的中文译本，这是“学界第一部，也是迄今唯一系统的民俗影像理论著作”[⑥]。2014—2018 年，由华中师范大学文学院和美国崴涞大学亚洲研究中心合作共建的中美民俗影像记录田野工作坊（Video - Recording Folklore Workshop）连续举办五期，组织学员对中国端午节、美国圣诞节、日本夏祭和中国壮族师公戏、上海文化多样性、贵阳茶文化、广西边疆民族文化等进行实地调研和影像记录。该工作坊主推“影像民俗学”，基本理路是“以影像田野为关键方法来记录当代民俗文化，以期研究民俗影像的工具性与学科本位价值”[⑦]。

这种主张实与黄凤兰的“影视民俗学”殊途同归，不过是早前仿制之概念在行政

---

① 汤拥华. 民俗影视何以为学？——评黄凤兰著《中国民俗影视》[J]. 中文自学指导，2005(2)：76.

② 廖海波. 影视民俗学[M]. 北京：北京大学出版社，2007：1.

③ 参见：史博公. 建构中国电影民俗学[J]. 当代电影，2007(6)：55-59；史博公. 中国电影民俗学导论[M]. 北京：中国传媒大学出版社，2011.

④ 她后来频频谈论“影视人类学”（如：黄凤兰. 影视人类学及其作品的意义与功能[J]. 文化学刊，2007(2)：48-53)，却始终未曾说明其与“影视民俗学”的联系和区别。

⑤ 陈勤建. 文艺民俗学[M]. 上海：上海文化出版社，2009：43.

⑥ 张举文. 民俗影像的核心符号记录与相关伦理[J]. 广西民族大学学报(哲学社会科学版)，2019(1)：9.

⑦ 孙正国. “影像民俗学田野方法与个案研究”专栏主持人语[J]. 民间文化论坛. 2016(6)：63.

支持下、地方文化工作者的影像实践中被催生,瓜未熟蒂先落;而如今借助美国经验,学者们真正投入到对影视或影像民俗学的探索之中,进一步挖掘“概念的理论能量”以及“民俗影像的操作化与可能性”。① 至此,影视民俗学的两种研究取向均已成形。若按朱靖江对影视与影像的区分,表意上似乎“影像民俗学”要比“影视民俗学”准确,因其涵括的影像形式更广泛;但就概念的接受而言,“影视民俗学”深入人心且能更好地兼顾两种不同的研究取向,故本文取后者。

二、影视作品的民俗解读

虽然影视人类学或视觉人类学研究者也考察流行文化和娱乐产业,“从大众传播的视野中探讨媒介产品是如何叙说文化的”②,但他们关注的非纪录片仍然以异域探险、文化他者等人类学传统题材作品为主。在剧情片领域,影视民俗学覆盖面更广,阐释力更强,具有无可比拟的理论优势。

(一)影视中的民俗

民俗文化包罗万象,涉及人类生活的方方面面,任何影视作品都必然或多或少地包含民俗元素。对于影视与民俗的结合,申载春认为“归根结底是影视对民俗的整合”。他将民俗的影视整合分成三种类型:复制式、点缀式和点化式。所谓复制式即通过视听语言对民俗事象进行机械复制,其自身形成一个完整的民俗认知体系,主要体现在纪录片中。点缀式指民俗事象成为影视艺术作品中的点缀或陪衬,承担一定叙事功能,并传达作者的情感和理性思考。点化式指民俗事象作为影视表现的主体,经过艺术点化,幻化为具有审美价值的民俗虚像或幻象。点缀式偏重再现,点化式侧重表现。从艺术创造和审美的角度看,三种类型由初级到高级,逐层递进。③ 虽然等级设置有待商榷,对点缀和点化的分割也较为含混,但这种兼顾民俗被改造程度的分类方式不乏新意。

针对影视作品中的民俗呈现的分类,有很多不同的思路。要么按照民俗本身的类型分,如上节说到的物质民俗、社会民俗、精神民俗和语言民俗,或有形民俗(硬民俗)

---

① 熊迅,张举文,孙正国. 民俗影像的操作化与可能性——中美民俗影像记录田野工作坊三人谈[J]. 民族艺术,2016(4):41-49.

② 梁君健. 表意实践与文化认同:当代影像人类学研究[M]. 北京:中国社会科学出版社,2021:3.

③ 申载春. 民俗的影视整合及审美价值[J]. 山西师大学报(社会科学版),2003(1):17-22.

和无形民俗(软民俗)[①],或象征符号(作为文化的相对静止的民俗符号)与记忆因子(作为生活的动态的民俗活动)[②];要么按照民俗在影视作品中的比重及功能分,如是主体还是陪衬,是否“以民俗纠葛设置电影情节冲突”[③],具体应用如营造背景、烘托气氛、塑造人物、深化主题等。但前者用预设的框架将民俗从影视中剥离开;后者标准模糊,往往杂糅。倒是按民俗被改造的程度分类,既贴合影视语境,又有较强的区别性。以此为准,则影视剧情片的民俗呈现大致可分为再现、重构和解构三类。

1. 再现

再现注重民俗表达的客观性。和纪录片的不同在于,纪录片以客观记录真实时空中的民俗活动为目标(必要时进行谨慎的复原重建),剧情片里的再现则意味着再现对于故事时空来说真实可信的民俗活动。如《黄土地》中的民歌、婚礼和腰鼓,《湘女萧萧》对湘西风土人情、地域特色的表现等。

再现也可以表达象征和隐喻。以《湘女萧萧》为例,电影根据沈从文的小说《萧萧》以及《巧秀和冬生》改编,片中反复出现极具湘西地方风情的水碓、磨坊等。流水冲击水碓,石磨转动,这些最日常的景象以写实的方式呈现于银幕。当场景转换、季节变化时,水碓不断闪现,暗示时间的流逝。萧萧和花狗的第一次偷情被安排在磨坊,屋外大雨滂沱,花狗打开闸门,水哗哗地引动石磨,石磨轮转声中,阴阳相合。小说中则没有这一段,只说花狗对萧萧唱情歌,“终于有一天,萧萧就这样给花狗把心窍子唱开,变成个妇人了”[④]。原著中文字简约含蓄,电影却对此精描细绘,其意蕴可参见《巧秀和冬生》中的评述:巧秀逃走以后,冬生说:“人又不是溪水,用闸门哪关得住。人可是人!”[⑤]人情爱欲如流水,开闸放水,一举双关,水碓和磨坊不再是单纯的民俗物象。可见影视作品中民俗元素的含义不囿于民俗本身,主要在于影视技艺(画面、声音、剪接)背后制作人的匠心。

2. 重构

重构指对既有民俗事象拆解组合、重新编码,创造出现实生活中不存在的想象的民俗。比如张艺谋的《大红灯笼高高挂》就虚构了一套有关灯笼的民俗仪式:男主人要宠幸哪位妻妾,便在她房前挂起红灯笼,点灯捶脚;惹怒男主人则会惨遭封灯,恩宠

---

① 史博公. 建构中国电影民俗学[J]. 当代电影,2007(6):57.

② 郭然. 影视作品中的民俗“在场”[J]. 电影评介,2006(18):17-18.

③ 许思悦. 故事片电影中的民俗[J]. 电影新作,2007(1):23-35.

④ 沈从文. 沈从文小说选(第一集)[M]. 北京:人民文学出版社,1982:149.

⑤ 沈从文. 沈从文小说选(第二集)[M]. 北京:人民文学出版社,1982:312.

不再。中国传统文化语境下，红灯笼象征着红红火火、吉祥喜庆，捶脚不过是普通的足底按摩，但大家原本熟悉的民俗符号却在影片中有了新的组合，被赋予缺乏生活基础的奇异内涵。

重构民俗的影片常被称为民俗化、民俗性或新民俗电影。“所谓新民俗电影指的是，在电影创作中，以民俗文化作为电影故事的叙事主体和艺术创作的主题载体，通过电影的各种表现手法，将民俗美学的瑰丽与传统文化的意韵融为一体的主题电影。”① 20世纪80年代以来，以《黄土地》《红高粱》《大红灯笼高高挂》《菊豆》《黄河谣》《双旗镇刀客》等为代表的新民俗电影向世界展示了独特的东方风情，在国外收获诸多荣誉，在国内却备受争议。有人认为新民俗电影肆意夸大、曲解甚至捏造民俗，炮制视觉奇观，用异国情调迎合西方口味。这样的民俗已经完全被妖魔化和异化了，只能称作伪民俗。②

对于伪民俗(fakelore)、民俗主义(folklorism)、民俗化(folklorization)等现象，学界和社会长期持批评态度。在“伪民俗”一词的发明者、美国民俗学家理查德·多尔逊(Richard Mercer Dorson)看来，伪民俗出于商业或政治的目的被创造，冒充真正的传统，对大众有误导作用。③ 伪民俗常与造假、腐蚀、抑制、疏离、僵化等特质相关联，但也有宽容开明的学者尝试将民俗的不同形态理解为民俗生命发展的不同阶段。为避免过多负面意涵的牵累，美国学者迈克尔·福斯特(Michael Dylan Foster)提出了“类民俗”(the folkloresque)这一中性概念，指涉在流行文化中普遍存在的对民俗的挪用或重新发明现象。他认为民俗与类民俗存在区别，但二者的生产过程密切相关，今天的类民俗可能成为明天的民俗，而明天的民俗又可能成为后天创造类民俗的资源。如今亦有国内学者主张重新检视民俗与伪民俗/民俗主义/民俗化/类民俗之间循环往复、生生不息的关系。④ 对于影视作品建构的伪民俗或类民俗，我们也应客观看待，将其置于民俗生命的循环过程中加以考量。

3. 解构

这里“解构”不是一般意义的拆解，而是指对民俗的消解和反叛；严格来说当属上节“重构”的一种特殊表现，但其破坏大于建设，即便重构，重构的也是一种去中心、逆崇高的民俗镜像。以“无厘头”类型片的先驱《巨蟒与圣杯》为例，该片取材于亚瑟王

---

① 潘新. 中国民俗电影市场化探析[J]. 当代电影，2010(11)：152.

② 许静涛. 民俗电影别拿民俗当噱头[J]. 美术观察，2006(6)：14.

③ DORSON R M. Folklore and fakelore[J]. American mercury，1950(3)：335-342.

④ 杨利慧. 民俗生命的循环：神话与神话主义的互动[J]. 民俗研究，2017(6)：43-52.

传奇,讲述亚瑟王率领圆桌骑士团寻找圣杯的故事。相传圣杯是耶稣在“最后的晚餐”上使用的酒杯,耶稣被钉上十字架后,圣杯也消失无踪。圣杯的找寻被赋予宗教救世的神秘主义、英雄主义色彩,也象征着西方人对自我救赎的一线希望。但在《巨蟒与圣杯》中,所有意义荡然无存:天空中突然出现硕大的上帝头像,告诉亚瑟等人必须要找到圣杯,却未交代任何缘由。圣杯仿佛“一个悬浮在空中的能指”,亚瑟王及圆桌骑士的形象也被彻底颠覆:高贵的君主啰唆庸俗,智者愚蠢,勇者怯懦,贞洁之人淫乱;导演甚至故意打断故事情节,破坏真实感。在这样全方位的解构之后,如果说还保有或建立起了什么,那也只是“为解构而解构的无尽游戏”,①其中解构的快感又部分依赖于观众对该民俗文本的既有认知。解构通常只会出现在对民间叙事的影视改编中,但改编不一定是解构。

(二)影视与民俗研究

国内影视民俗学用民俗学方法分析影像的研究取向受益于文艺民俗学,文艺民俗学的研究范畴“既包括了文学,也包括其他艺术领域,如音乐、影像、工艺、美术”②。在文艺民俗学的框架下,研究剧情片中的民俗至少可以围绕以下几个方面展开:

第一,诠释作品,解读文本背后的创作意图和结构策略。首先鉴别并列出其中各项民俗元素(民俗现象或民俗心理),探讨特定民俗元素所担负的叙事功能与审美价值,这是最为基础的操作。再看民俗是否被刻意改造,如果是,那么是怎样改造的,改造动机、效果及与当时社会政治文化背景的关联都需要考虑。

第二,以创作主体为中心,研究著名导演或导演群体的民俗观和用影像呈现民俗的个性化风格。如沈鲁等人阐发第五代导演对民俗的创造性理解③;黎风、陈思伶认为 20 世纪 90 年代第五代导演的心态较 80 年代已发生变化,民俗片模式的大量复制带来了“主体思考的衰减和民俗应用手法实质性的弱化”④。

第三,挖掘影像艺术的民俗资料价值,将其作为同时代民俗记录的佐证。如 1931 年我国首部有声片《歌女红牡丹》录制并保存了戏迷们耳熟能详的四首京剧唱段;最早表现“个体户”的影片《雅马哈鱼档》再现了 20 世纪 80 年代广州街头的真实风貌,包括在海边进行鲜鱼交易使用暗语行话,还有方言叫卖等来自生活现场的环境音响。

---

① 青疏影. 后现代主义的光影游戏——论《巨蟒与圣杯》中的解构精神[J]. 电影评介,2008(8):36-37.

② 王霄冰. 文艺民俗学理论新探[J]. 民间文化论坛,2021(2):81-93.

③ 沈鲁,王謿,陈帅. 论民俗在当代中国电影中的审美表现——以第五代导演的早期电影创作为个案的分析[J]. 文艺争鸣,2016(8):186-190.

④ 黎风,陈思伶. 民俗叙事策略与“第五代”电影的兴衰[J]. 电影文学,2010(1):4-8.

这些都极具文献价值，为民俗史研究留下了珍贵的影像资料。

第四，体裁比较。考察影视与其他文艺体裁（如小说、曲艺、戏剧等）表现同源民俗现象尤其是民间类型叙事时的差异。孙正国剖析20世纪以来口头、书面、戏剧、影视和网络五种媒介形态中的《白蛇传》，从故事讲述者、故事时间和故事空间三个维度阐释媒介形态与故事建构的关系，指出不同媒介因其不同的表现与传播方式，影响了相近母题的故事的传承，也影响到故事的形塑原则。[①]

第五，研究影视传播对日常生活的影响。如韩剧《大长今》一度火爆亚洲，其拍摄外景地被保留下来改造成民俗文化村，大长今村已是韩国著名旅游景点；国产电视剧《长安十二时辰》的热播也带动了西安文旅，引起人们对当地建筑、饮食风俗的兴趣；在边境少数民族地区，影视传播对于维护民族民俗传统、塑造族群文化生态发挥着举足轻重的作用[②]。

至于纯粹的电影研究者可能更看重民俗应用，如史博公希望通过系统梳理、分类评估中国电影中的民俗元素，为电影创作者提供可资借鉴的"民俗电影"样本和理性经验。他主张"中国电影民俗学"不仅要论证民俗元素在既往影片中发挥的作用，还要开发民俗事象潜在的利用价值，将其"有机地、适当地、持续地运用于电影创作当中"，"直接服务于中国电影民族风格的建构与升华"。[③]

国外有关民俗与影视的研究也相当可观，具体可参考米克尔·科文（Mikel J. Koven）的总结[④]，这些研究视角包括但不限于：

第一，观察和追踪大众媒介对文化均质化的传播过程。如佩吉·鲁索（Peggy Russo）等人批评迪士尼动画使诸多流动的口头异文固化为单一的、"确定的"（definitive）文本，以致传统叙事"被他们自身虚假的视觉版本取代"。而琳达·戴格（Linda Dégh）表示，在媒体创造的"地球村"里，同质化信息的传播会系统培育"世界公民"，建立起跨越国界的象征性的平等秩序。

第二，在流行影视作品中发现神话、传说或童话故事的类型与母题，探究其变化机制。如哈罗德·谢克特（Harold Schechter）认为电影《异形》系列利用美国传承数百年的"胸蛇"（bosom serpent）[⑤]母题唤起观众震惊、厌恶又病态迷恋的情感反应。科文也

---

① 孙正国. 文学的媒介遭遇——《白蛇传》的叙事研究[M]. 武汉：华中师范大学出版社，2015.

② 彭流萤. 影视传播与族群文化发展——以边境少数民族村寨生活文化塑型为例[J]. 现代传播（中国传媒大学学报），2016(12)：99-102.

③ 史博公. 中国电影民俗学导论[M]. 北京：中国传媒大学出版社，2011：1-2，14-17.

④ KOVEN M J. Folklore studies and popular film and television：a necessary critical survey[J]. Journal of American folklore，2003，116(460)：176-195.

⑤ 因不幸或疏忽，一条蛇被意外吞食或在受害人体内生长，直到被驱逐或以某种形式诱出体外。

出过一部专著,基于个案分析电影尤其是恐怖电影中的当代都市传说。[1]

第三,观众/受众民族志(audience ethnography),即对“粉丝”或“影迷”群体的调查,挖掘影视化的民俗对人们行为与观念的影响。譬如科文认为恐怖电影是后工业主义文化里的启蒙仪式,看恐怖片成为仪式性、节令性(万圣节)行为,或者说某种通过仪式。詹姆斯·麦克莱农(James Mcclenon)和艾米丽·爱德华兹(Emily Edwards)还曾研究人们对梦魇魅魔攻击的体验、信仰,与观看相应主题电影的关系。

随着研究的深入,影视作为一种“固定文本”的观念被逐渐推翻。民俗学家发现,各种因素如导演剪辑、审核制度、文化标准以及电影面对的主要观众类型等,都会影响影视作品的最终呈现。学界对大众传媒的态度从“批评其擅改传统”转变为“探寻其改编动机”,这也体现了当下民俗学研究的视角转换。[2]

三、民俗文化的影像表达

用影视手段记录文化活动是20世纪初机械影像与人类学、民族学结合的产物。“当民族志学家从关注宏观文化转移到对事件(如一次宴席、一个葬礼、一次狂欢节)的探究,他们的电影便越发像民俗电影。”[3]民俗电影主要聚焦于各种传统——那些通过互动所表现出的、带有明显传统性标志的人类行为的各种形式。从宗教仪式、日常礼仪、民间艺术和物质文化,到游戏、俗语和歌曲,再到依据民族、年龄、性别、家庭、职业、娱乐、宗教和地区所结成的各种群体的俗识,民俗电影制作人绝不将自己限定于所谓的异族或原始文化。民俗电影所采用的技法和风格与纪录片及民族志电影没有本质性的差别。

(一)民俗影视类型

谢尔曼根据尼科尔斯(Bill Nichols)划分的五种纪录片模式(展述式、观察式、互动式、反思式、表演式)列出六大民俗电影类型:民俗文本电影(folklore text film)、民俗进程电影(folklore process film)、民俗语境电影(folklore context film)、民俗事件电影(folklore event film)、民俗反思电影(folklore reflexive film)和民俗后真实电影(folklore postvérité film)。民俗文本电影借助解说或声音证据阐明事先准备好的文本;民俗进

---

① KOVEN M J. Film, folklore, and urban legends[M]. Lanham, Maryland: Scarecrow Press, Inc., 2007.

② 陈汝静. 影视媒介中的神话主义——以《远古的传说》《天地传奇》《哪吒传奇》等为个案[M]//杨利慧,等. 神话主义:遗产旅游与电子媒介中的神话挪用和重构. 北京:中国社会科学出版社,2021:386-387.

③ 谢尔曼. 记录我们自己:电影、录像与文化[M]. 张举文,等译. 武汉:华中师范大学出版社,2011:68.

程电影运用同步声音合成长镜头，追踪“真实”时间，注重个体、进程及“现在时”经历，观众不被制作人的出现干扰；民俗语境电影更凸显制作人与拍摄对象的协商互动，主人公可能对着摄像机讲话，或为制作人提供一段口述史。民俗事件电影记录特定民俗事件的过程；民俗反思电影强调影片建构，展露制作人对所呈现内容的反思；而在民俗后真实电影中，“影片的诗意、表现性与修辞性压制了历史范畴”，“引发启示胜过再现；主观性胜过客观性；蒙太奇胜过线性或真实记录”。这些类型常常交叉重叠，分类只是为讨论风格、编译及制作人意图等问题提供一个基础。①

以上主要考虑影片表现结构。从目的和功能来看，民俗影视作品有不同用途，或作为档案资料，或用于科研及教学展示，或作为公共教育或宣传，或为了商业经营，等等。除电影外，民俗学影视还包括动画、影像装置艺术、超媒体文本等新形式。但不管怎样，用影视记录民俗是为了更好地理解和研究人类文化创造、发展、传播和演变的进程和机制，绝不是“固化”某项民俗传统，使其成为“权威”或“标准”。民俗影视记录当与文字记录相结合，突出“一人、一事、一时、一地”，在完整的语境下讲述民俗传统在特定时空的传承；且民俗是“民”与“俗”的共同体，民俗纪录片必须处理好二者的关系，同时要留心拍摄者和被拍摄者之间的互动，注意双方在文化立场、价值观念、思维结构方面的异同，以及拍摄过程可能给该民俗及其实践者带来的影响。②

（二）民俗影视研究

英国学者莎拉·平克（Sarah Pink）认为，在视觉研究领域，研究者“不仅应该处理图像的内在‘意义’，而且应关注图像生产的方式，以及被观众赋予意义的方式”③。后两项关系到马库斯·班克斯（Marcus Banks）所强调的“超越视觉文本自身的外在叙事”，即“创造出图像的社会背景，以及在观看时图像承载的社会关系”。④ 基于这个角度，所有的影视民俗学研究都可以分成三大类：文本研究——分析影像文本的视听语言、叙事结构和话语机制等；创作研究——聚焦创作者及摄制流程；观看研究——揭示“特定的观众在特定的环境中观看视觉图像，进而协调视觉图像的意义或者否定意义的过程”。⑤ 但在同样的分类下，影视民俗学的不同研究取向各具特色。

---

① 谢尔曼. 记录我们自己：电影、录像与文化[M]. 张举文，等译. 武汉：华中师范大学出版社，2011：232-235.

② 张举文，谢尔曼. 民俗影视记录手册[M]. 北京：商务印书馆，2018：2，53.

③ 平克. 影视人类学的未来：运用感觉[M]. 徐鲁亚，孙婷婷，译. 北京：中国人民大学出版社，2015：37.

④ BANKS M. Visual methods in social research[M]. London：Sage，2001：11-12.

⑤ 三者交融不可分割，具体研究往往侧重其中一项或两项。

1. 文本研究

剧情片的民俗解读重点考察作品如何运用民俗元素实现叙事或美学意图,民俗纪录片则要看它怎样借助影视手段表达对民俗的理解,其中技术性的选择往往超出工具范畴,更多涉及价值倾向和伦理自觉。如同期录音契合对“真实”“在场”的追求,被认为是“获得文化持有者的‘主位’观点最重要的方式”,因为它能最完整真实地展现叙述者本人的观点,无须转述;且叙述者的语调神情也会在影音同步的画面中呈现,辅助诠释话语内涵。[①] 但另一方面,相比一般纪录片,民俗学影视更强调文化深描,试图充分发掘民俗事象的外部细节和深层结构,传达制作人对文化行为的思考,而旁白解说可以不受现场拍摄的限制,用清晰的表述消除影像伴生的模糊含混和歧义,是补充信息的重要手段。所以民俗学影视的文本研究除了分析影像文本的具体内容,还会对同期声和旁白解说的运用、文字的“反影像叙事性”[②]等问题展开讨论。

就民俗本身而言,若无复原搬演,在民俗纪录片中,民俗表现的时空与表现民俗的时空具有同一性,剧情片却未必如此,其作为民俗史资料的价值也须分辨甄别。20 世纪 80 年代拍摄的反映时代生活的电影,电影表现的民俗或可为了解当时的民俗生活提供参考;但 80 年代拍摄的 30 年代电影,电影表现的与其说是 30 年代的民俗,不如说是 80 年代的人对 30 年代民俗生活的想象。不论哪种类型的作品,民俗“真伪”都会被细究,但对纪录片的要求会更严格。

2. 创作研究

民俗影视纪录片的创作流程比剧情片复杂得多。拍摄者需要深入当地社区进行长期的田野调查,在参与式观察的基础上形成对某民俗及其文化土壤的整体理解,并与拍摄对象建立平等、合作、互惠的友好关系,减少镜头在场对其行为的影响。摄制过程中应明确自身角色,做“冷静的观察者和记录者”[③],不能过多介入,将个人想法强加到民俗活动现场,甚至操控拍摄对象,安排场景、事件等。拍摄剪辑是否符合规范,以及创作者在创作过程中的认知转变和自我反思,也被纳入研究视野,可以结合影像相关的文字记录和田野调查资料分析论证。

此外,民俗学影视重视创作者身份以及由身份带来的主位与客位视角表述的差异。来自文化持有者的影像文本有时存在特殊的编码模式,如最负盛名的原住民影像运动“纳瓦霍人电影计划”(Navajo Film Project)中,拍摄纳瓦霍织布者的影片全长 20

---

① 朱靖江. 民族志纪录片创作[M]. 北京:北京联合出版公司,2014:55.

② 陈学礼. 论民族志电影中文字的反影像叙事性[J]. 广西民族大学学报(哲学社会科学版),2019(1):18-25.

③ 张举文,谢尔曼. 民俗影视记录手册[M]. 北京:商务印书馆,2018:108.

分钟,15 分钟都在行走和采集,只有不到 5 分钟的织布场景。在指导他们拍摄的西方影像工作者看来,这些“行走”的镜头莫名其妙且毫无节制,但在纳瓦霍人的世界中,“行走”本身具有重要意义,就像他们神话故事里的英雄也常常需要“自由地游走在诸神之间搜集仪式信息”。[1] 无论是影像赋权实验,还是不同文化背景的作者拍摄同主题影像,比较主位与客位视角并追踪异同背后的原因,都是非常重要的研究方法。

3. 观看研究

如果说剧情片的观众主要是普通的大众文化消费者,那么民俗纪录片的观众首先应该是该片的拍摄对象。将作品带回原社区放映,与被拍摄者交流并根据其反馈做出修改,既是学术伦理的要求,也是下一步研究和实践的起点。蒂莫西·阿什(Timothy Asch)曾与琳达·科诺(Linda Connor)合作拍摄巴厘按摩治疗师洁若·塔帕坎(Jero Tapakan)所做的降神仪式。完成第一部电影《巴厘人的降神仪式》后,他们返回巴厘,将影片放给当地人看并记录下他们的反应,洁若本人的反应又被拍成《洁若看洁若:巴厘人降神仪式记录》。后来洁若与病人的交流、她对自己经历的讲述分别成为第三部影片《降神者是女按摩师:一次巴厘人的按摩治疗》和第四部影片《洁若·塔帕坎:一位巴厘治疗师生活的故事》的主要内容。而这一系列作品的摄制过程和众多参与者对电影的讨论,最后都被写入专著《洁若·塔帕坎:巴厘治疗师》。

“观看”有可能会强化社区成员包括被拍摄者对社区和传统的积极情感,推动民俗传承,也可能给他们的生活乃至民俗行为本身带来某些意想不到的变化。比如任教于美国宾夕法尼亚州立大学的迪格潘(Ken Thigpen)跟拍了本校学生在联谊舞会生吃蝾螈的仪式。这部名为《蝾螈》的影片在校园放映后引起极大轰动,很多学生对该片“顶礼膜拜”,以至于后来放映这部电影代替了兄弟联谊会原本的仪式事件。类似情形在剧情片领域并不多见。

由上可见,由于剧情片和纪录片的差异,哪怕同样研究影像文本、创作或观看,面临的问题与研究思路也是大相径庭的。

(三)中国民俗影视

中国民俗影视的发展大概分为三个阶段:1949 年以前只有零散的影像记录,拍摄者以自欧美来华的传教士、外交官、商人、旅行者、摄影师、汉学家为主;20 世纪 50—70 年代由国家意志主导;80 年代以后,在多种社会风潮的影响下,不同主体参与民俗影

[1] WORTH S, ADAIR J. Through Navajo eyes: an exploration in film communication and Anthropology[M]. Bloomington: Indiana University Press, 1972: 205.

视片制作,使之样态丰富、发展迅猛,而数字影像设备的问世和普及也为其提供了技术层面的有力支持。

1. 民俗影视的早期发展(1900—1949 年)

迄今所知最早的中国照片是1844 年法国人于勒·埃及尔(Jules Itier)在澳门和广州用最古老的银版摄影法拍摄的。其后60 年,英国摄影师费利斯·比托(Felice Beato)、伊莎贝拉·露西·伯德(Isabella Lucy Bird),美国植物学家欧内斯特·亨利·威尔逊(Ernest Henry Wilson)等都曾在中国内陆漫游,拍摄并出版了多部摄影图册,在西方社会产生了一定影响。20 世纪初,法国驻云南昆明总领事方苏雅(Auguste Francois)用卢米埃尔电影摄影机拍摄了许多云南乡村的民俗生活场景,是已知年代最早的中国题材影片。①

民俗学史上最著名的早期中国民俗影像大概是甘博的妙峰山系列。美国社会学者西德尼·甘博(Sidney Gamble)于 1924—1927 年三次前往妙峰山调查,留下 119 张照片与 1 部纪录片《朝圣妙峰山》(*Pilgrimage To Miao Feng Shan*)。纪录片先用字幕画面简单说明镜头所摄内容及其民俗内涵,再具体呈现民俗景象。全片采取纪实手法、第一人称视角,以庙会“保香(进山)—朝顶进香—回香(下山)”的线性进程为叙事线索,拍摄了妙峰山的交通条件、涧沟村及金顶的建筑格局、香客与各类香会组织的朝拜、献艺和戴福花等仪式活动,直观生动地记录了 20 世纪 20 年代妙峰山庙会的盛况。②

2. 国家主导阶段(1950—1979 年)

1957—1976 年,受全国人大民族委员会委托,中国科学院民族研究所(中国社会科学院民族学与人类学研究所前身)与北京科学教育电影制片厂、八一电影制片厂等机构一道,制作了关于 16 个民族的 21 部“中国少数民族社会历史科学纪录电影”,实地拍摄西藏、新疆、黑龙江、云南、四川、海南等边疆地区少数民族的社会生活,其目的“就是使马克思主义的社会发展史从中国各民族的具体实践中找出例证来,使历史唯物论得到更充分的例证和说明”③。本系列的大部分影片遵循同一种结构模式,即“对

---

① 朱靖江. 旧日无常:方苏雅的晚清云南电影与百年前的昆明市井生活[M]//朱靖江. 在野与守望:影视人类学行思录. 北京:九州出版社,2019:114-124.

② 林海聪. 民国时期妙峰山庙会民俗的视觉表达——以甘博影像为中心的图像比较研究[D]. 广州:中山大学,2020.

③ 齐燕铭. 齐燕铭同志在少数民族科学纪录片座谈会上的发言[G]//杨光海. 中国少数民族社会历史科学纪录电影资料汇编(第一辑). 北京:中国社会科学院民族研究所民族学研究室,1982:1.

被拍摄民族进行标本式的影像展示与抽象性的旁白阐释”①，从每个民族的地理环境、物质生产、婚姻制度、文化习俗等方面入手，在“生产力决定生产关系，经济基础决定上层建筑”的历史唯物论框架下表述其社会形态。如镜头展现佤族剽牛求雨时，旁白会介绍这是万物有灵的自然崇拜；家庭生活中主妇分食被称为“母权制的残余”等。

影片一般由民族学者或学者与拍摄者合作的方式编写拍摄提纲，经有关部门审查通过后，拍摄者在田野现场将提纲细化为分镜头剧本，组织少数民族成员按照剧本进行排演并拍摄，待拍摄完成再撰写解说词，进行后期剪辑与配音配乐。这种创作流程能保证在条件有限时顺利完成拍摄，但有三大缺陷使其饱受诟病：一是学者无法深入田野主导拍摄，加上主题既定、立场先行，制作的影片千篇一律，难以展现个性化思考；二是拍摄时肆意摆布拍摄对象，未尊重其文化主体性及分享影像的权利；三是排演复原混淆了真实与虚构，在意识形态笼罩下将主观臆测强加于客观事实，有关阶级斗争的情节段落尤为明显。

3. 多元主体参与的阶段（1980 年至今）

20 世纪 80 年代以来，中国民俗影视制作呈现出百花齐放的新局面。最初突破来自“新纪录运动”中主流电视体制的反叛者，他们不满僵化的专题片模式，主张从个人视角平视拍摄对象，进行“直接电影”式的观察和记录，代表作如孙曾田执导的《最后的山神》《神鹿呀，我们的神鹿》等。同时期投身影像实践的也有一批人类学、民族学研究者，他们不仅亲身参与拍摄，创作出许多“在学理、描述、表现与应用方面各擅胜场”②的优秀影视作品，还积极推动影像赋权和社区合作，主张由文化持有者自主创作“乡村影像”或“社区影像民族志”，如 2000 年 9 月由云南省社会科学院郭净等学者在云南迪庆藏族自治州创办的“社区影像教育”项目，以及 2007 年在北京山水自然保护中心支持下启动的“乡村之眼”计划等。然而最大程度影响中国当代民俗学和民俗影视整体发展的，当数始于 20 世纪末 21 世纪初的非物质文化遗产运动。

20 世纪 90 年代初，中国民间文艺家协会成立民俗音像部，1992 年、1995 年与国家民委、文化部少数民族文化司联合，相继举办了两届全国民俗民艺录像片汇映评奖活动。从 2000 年开始，中国文联、中国民协共同举办中国民间文艺山花奖 · 民俗影视音像类评奖活动，这一国家级奖项吸引了各省市电视台、电影制片厂的影像工作者的

---

① 朱靖江. 田野灵光：人类学影像民族志的历时性考察与理论研究［M］. 北京：学苑出版社，2014：135.

② 朱靖江将中国“学院派”影像民族志分成学理式、描述式、表现式与应用式四种类型。参见：朱靖江. 田野灵光：人类学影像民族志的历时性考察与理论研究［M］. 北京：学苑出版社，2014：194-208.

兴趣。2004 年,文化部、财政部决定在全国实施中国民族民间文化保护工程,其实施方案中明确提出,要“完成向联合国教科文组织‘人类口头和非物质遗产代表作’申报项目的遴选、评审及全部申报的文字、音像片的准备和制作工作”①。同年 8 月,经全国人大常委会批准,我国正式加入联合国教科文组织《保护非物质文化遗产公约》。

非物质文化遗产保护工作对于中国民俗影视发展的影响重点落在两个方面:一是非遗申报必须准备翔实准确的文字及影像资料,地方政府开始以前所未有的热情拥抱民俗学者,邀请他们到当地调研、指导文化干部进行影像摄制和文书填报。相比早年的电视台制作,如此合力产出的民俗影像无疑具有更高的学术价值。二是以中国节日影像志和中国史诗影像志为代表的国家级影像文献工程。作为国家社科基金特别委托项目“中国节日志”和“中国史诗百部工程”的组成部分,“中国节日影像志”与“中国史诗影像志”由文化和旅游部民族民间文艺发展中心规划实施,是“迄今为止国内规模最大、建制最完备、参与者最多”②的项目。截至 2019 年已有超过 240 个子课题组、2 000多名专家学者及摄制人员参与拍摄,积累了超过4 000小时的一手影像素材。③ 国家层面强大的号召力和资金、人才支持,为民俗影像的实践及研究构建了极好的平台。

今天,影视媒介已成为记录、传播乃至传承民俗民间文化的重要载体,影视民俗学的学科意义日益凸显。本讲系统梳理了影视民俗学的基本概念、历史阶段、文本分类与研究方法。对于影视艺术,民俗可以是手段,也可以是目的,二者分别对应影视民俗学的两种研究取向,而这两种研究取向都是影视民俗学的题中应有之义,不可偏废。影视民俗学在学科交叉处诞生,虽然起初严重依赖其他学科或研究领域的术语资源,虽然理论和实践经常不同步,但它有自己独特的面貌。通过民俗解读影视,通过影视“深描”民俗,研究路径立足两个基点,双轨并行,最终一起推动影视民俗学的发展。

推荐阅读

1. 谢尔曼. 记录我们自己:电影、录像与文化[M]. 张举文,等译. 武汉:华中师范大学出版社,2011.

2. 张举文,谢尔曼. 民俗影视记录手册[M]. 北京:商务印书馆,2018.

3. 朱靖江. 田野灵光:人类学影像民族志的历时性考察与理论研究[M]. 北京:学苑出版社,2014.

① 中国民族民间文化保护工程实施方案[N]. 中国文化报,2004-04-29.
② 朱靖江. 新世纪影像志十大代表项目[J]. 中国民族,2016(7):42.
③ 许雪莲. 差异求真——中国节日影像志和中国史诗影像志的理念与实践[J]. 民族学刊,2019(5):32.

思考与讨论

1. 如何理解影视民俗学与影视人类学的关系？
2. 举例说明影视作品中民俗元素的应用。
3. 对特定民俗事件进行民俗志书写，拟定拍摄方案。

第十讲 纪录片历史与理论

19 世纪 90 年代，卢米埃尔兄弟以拍摄人们日常生活的方式去记录和展示他们的发明，纪录影片从此诞生。在 20 世纪二三十年代，弗拉哈迪以浪漫主义开创人类学纪录片，维尔托夫以建构主义发明“电影眼睛”，格里尔逊以诠释主义建构“塑造现实的锤子”，纪录片终于从“仅描写对象表面价值”的写实主义桎梏中挣脱而出。20 世纪 50 年代末期，两项重要的技术革新——磁式录音带与伊克莱尔无杂音摄影机（Eclair Self－blimped Camera）的出现，释放了摄影机同步纪实取材的潜质，纪录电影第一次开创性地实现对生活的主动观察，呈现出直接电影与真实电影“直接与不可预知的电影形式”，纪录片又一次实现了向客观真实追求的螺旋式飞跃。

一、早期纪录片大师的探索

1895 年，卢米埃尔兄弟受法国国家工业促进会邀请，放映了他们著名的电影片段《从卢米埃尔工厂下班的工人》，这次活动被认为是最为成功的电影放映，它不仅开创了未来电影的百年辉煌，更以针对客观世界寻求一种“贴近现实”的艺术宣言发明了纪录片的原始形态。之后，经历第一次世界大战，纪录片的写实传统从拍摄日常生活、战争及国外游记式实况电影报道中得以进一步确立。1921 年，当一部浪漫主义探险纪录片作品出现时，纪录片正式宣告诞生。

（一）罗伯特·弗拉哈迪与《北方的纳努克》

在影响纪录电影发展进程的名人堂里，拍摄非剧情片第一人的桂冠落在了发明电影摄影机的卢米埃尔兄弟的头上，约翰·格里尔逊因为首创纪录片（documentary）一词而被尊称为纪录片之父，而真正被认为在纪录片领域里创作出第一部比较成熟的长篇叙事体作品的人，却是罗伯特·弗拉哈迪。

弗拉哈迪 1884 年生于美国密歇根州和加拿大交界的一个矿山地区，祖父是冰岛移民，父亲是爱尔兰新教教徒，母亲是德国天主教徒，弗拉哈迪在这样一个文化多元的家庭中长大成人。身为采矿工程师的父亲经常带着他在自然环境中探寻矿源，培养了他对于众多自然现象敏锐的观察力、感受力和对大自然的真挚热爱。潜移默化之中，大自然成了未来弗拉哈迪电影中的一个中心母题和主要角色。长大成人之后，弗拉哈迪在大量的田野工作和探险过程中，始终对人类的原始生命世界充满敬意。同时，他还认为，无论人类多么伟大坚强，人与自然的紧密相连才是生存的本质，人永远都不可能脱离自然，这就是弗拉哈迪在他的全部作品中向公众传递出的天人合一的中国式哲学观点。

弗拉哈迪的人本主义信仰还来源于卢梭，他信奉“最原始的及最少开化的人们是最快乐的，他们也是最不会堕落的一群”，弗拉哈迪像卢梭一样相信，包括艺术与科学在内的所谓文明，其实是将人类拥有的善良本质毁损殆尽的因素，这也能解释为什么弗拉哈迪那么痴迷于在纪录片作品中展示异域民族的传统文化，①而在创作上与真正的人类学电影方法背道而驰。例如，弗拉哈迪经常会采用搬演的方式使时光倒流，刻意改变被拍摄对象的起居、衣着和狩猎方式，企图重现昔日生活的原貌，像《北方的纳努克》中最为著名的纳努克猎杀海豹的长镜头段落，就是以搬演重现的方式拍摄完成的。

现在，理论界有人在数落弗拉哈迪以搬演的方式再现过去，却错失了记录原本可以留下的真实生活面貌的机会，同时还给后来的纪录片人留下了纪录片可以造假的印象。这是因为，其拍摄的是他心中的因纽特人过去的生活，而不是存在的因纽特人现实的生活。其实，这还得从弗拉哈迪的创作思路说起，他首先是个电影作者、一个艺术家，明白观众并不是永远都乐于接受详尽的事实再现，观众更青睐于技巧上更优越的剧情片，而非剧情片要吸引观众就必须依靠重新安排的技巧。弗拉哈迪认为拍摄影片不是人类学或者考古学的一项技能，而是充满想象力的行为，同时“兼具摄影真实及重新安排的电影真实”，所以他基本上以浪漫主义的方法讲述电影故事，试图呈现出导演心目中对于某一现象的真实认识，而这些，又恰恰是弗拉哈迪在他那个时代为纪录片能够发展成为一个电影类型所作出的开创性贡献。更有意思的是，弗拉哈迪针对别人关于他安排现实的批判进行回击，指出“有时你必须撒谎，人常常为了要掌握真实的精神而去扭曲事物的原貌”。他的这个精妙的表述实际上反映了他认识社会的一种态度，在哲学上就有一种观点：真实是可以用虚构的手法获取的。他的这套理论在几十年后的西方纪录片界得到传承，许多后现代纪录电影就大量采用了搬演情境的方式去推理，发现曾经在历史上存在过的某种真实。历史证明，后人对于弗拉哈迪这

---

① 陶涛. 电视纪录片创作[M]. 北京：中国电影出版社，2004：5.

位真正领先一个时代的纪录电影大师,需要很多年才能验证和实践他那些天才的电影主张。

弗拉哈迪拍片的方式虽然备受争议,但他还是开创了许多纪录片的固定工作模式,如开机前他会住在拍摄地点,感受当地人的生活,之后与被拍摄对象建立友谊,当完全取得对方信任之后,纪录片拍摄才正式开始。弗拉哈迪坚信只有与当地社会融为一体,才能拍摄到符合他期望的真实生命形态。《北方的纳努克》就采用了这种独特的工作方式拍摄完成。弗拉哈迪将影片的被拍摄对象当作自己的合作伙伴,他努力让因纽特人都接受并理解他正进行的电影工作,在结束了每一阶段的拍摄工作之后,他都会将拍摄的影片放给他们看,让他们熟悉并认同摄影机的纪录和创作,以在实际生活中配合拍摄。

根据电影理论家克拉考尔的说法,弗拉哈迪一直都自信地认为,透过他的工作方式,影片的故事会自然出现:首先,他到一群与大自然共处的人的生活中去找寻几个主角和他们简单的故事,之后再在主角四周找寻与其相关的一些悬疑和趣味的戏剧故事。弗拉哈迪创造性地使用了在生活中发现戏剧性的纪录片创作方法,例如在《北方的纳努克》中,制造冰屋、听留声机、狩猎等精彩的段落,都证明了他在触发并运用与被拍摄对象之间的互动关系以服务于电影创作方面所具有的杰出才华。

为了呈现浪漫主义的主题,弗拉哈迪还实践了后来为格里尔逊所总结的"纪录片最重要的原则":

第一,必须在拍摄地点才能掌握纪实素材,与被拍摄对象关系密切才好对其任意摆布。弗拉哈迪因此埋身于拍摄地点一年或两年,与想拍的对象一起生活直到故事出现为止。

第二,一定要遵循自己对戏剧及描写的划分。戏剧有其他的形式,或说得更精确些,电影还有其他很多形式,要区分描述客观对象表面价值与更深入探索事物真正现实的方法的不同。你拍摄了自然的生活,但对细节的相连并置也创造出了新的诠释。

在弗拉哈迪的非剧情片创作里,他还为纪录片的写实主义架构贡献了一个理论的闪光点,即弗拉哈迪对于摄影机长镜头美学的青睐。弗拉哈迪向来都自己承担摄影工作,他善于运用长镜头,不断变换构图去跟拍有趣的事物,同时他以大景深配合长拍保持空间与动作的完整性,创造出一种深具潜力且有丰富暧昧性意义的画面。作为一名优秀的摄影师,弗拉哈迪有一种可以掌控时间与空间现实的直觉,即便在不断变动的真实世界里,他也可以找到一个具有稳定感的视点。弗拉哈迪最优美的长镜头示范是在《北方的纳努克》中,展示纳努克捕猎海豹的一段经典纪实。

弗拉哈迪以探险电影艺术家自称,这也是对他影片及艺术人生的忠实写照,弗拉哈迪的独特电影风格归功于以下两点的结合:坚决的独立自主以及浪漫的视野。他对人类及自然界都抱有强烈的情感,向往前工业时代人类的各种生存技能,并对现代社会的非人性化的科技深感恐惧,由此他作品的主题常常围绕着歌颂自然之美、推崇历史优良传统、展示人与自然冲突之中家族共渡难关的坚强和奉献精神、从人生煎熬中获得知识、对过去时代的怀旧与依恋等展开。弗拉哈迪以一种人本主义的情怀,以关注人性作为贯穿他所有作品的主题,将人当成一切事物的标准,自始至终都歌颂人的尊严,为之后从事纪录电影创作的艺术家们树立了榜样。

1922 年,《北方的纳努克》在纽约首都剧场公映,这段记录爱斯基摩人生活的浪漫影片很快在资产阶级都市人群中掀起收视狂潮。伴随着这部影片的成功,弗拉哈迪也赢得了继续他电影探险旅程的机会,后来,他拍摄了《摩亚那》《土地》《路易斯安那州的故事》等一批纪录片作品。

《北方的纳努克》是弗拉哈迪三次北极探险经历的结晶,也是其浪漫主义纪录电影美学的完美演出。它不仅开创了用影像来纪录民族独特文化的"拯救人类文明史"的人类学纪录片类型,而且也为纪录电影提供了一种至今还广为流行的拍摄模式。可以说,弗拉哈迪与他伟大的作品《北方的纳努克》,是世界纪录电影史上光辉的起点。

(二)约翰·格里尔逊与英国纪录片运动

1898 年是世界电影的庆幸之年,许多引领电影艺术潮流的大师级人物在这一年降临人世,谢尔盖·爱森斯坦、尤里斯·伊文思、雷内·克莱尔,一听到这些彪炳史册的名字,任何一个热爱电影的人都不禁热血沸腾。这一年,对于纪录片同样重要,世界纪录电影之父、英国纪录片运动的旗手约翰·格里尔逊诞生在苏格兰的一个边远小镇。

格里尔逊是在一种激进且具人道主义色彩的苏格兰社会主义政治思想影响下成长起来的,热衷于政治活动的父母使得少年格里尔逊掌握了苏格兰社会主义工人自由运动和女性独立运动的第一手经验,发展出根植于民主政治的人道主义哲学。1924 年,格里尔逊获洛克菲勒研究奖学金,前往美国芝加哥大学研究社会学和大众传播。在这里,他接触了李普曼与知识鸿沟理论。他发现,在现代工业社会,电影和其他大众传播媒介将有可能取代教室和教堂,成为塑造公众意识形态、填补教育实践中的鸿沟的最有效途径,这成为他未来投身于推广纪录电影运动的终极动力。

在格里尔逊认识和考察电影制作的过程中,弗拉哈迪与爱森斯坦是帮助打造格里尔逊的政治及美学思想的众多人物中最重要的两位精英。格里尔逊在《北方的纳努克》和《战舰波将金号》这两部杰作中看到了电影形式的一种新的可能性。1926 年,弗拉哈迪的第二部影片《摩亚那》在百老汇上演，公映的第二天，格里尔逊就在《太阳报》上以“看电影的人”为笔名发表评论，称这部影片“作为对一位波利尼西亚年轻人日常生活的视觉化描述，毫无疑问具有纪录价值”，这是“纪录片”一词首次公开用于电影。一个新的名词意味着一个新生命的诞生，从这以后，格里尔逊又进一步界定了纪录片的概念：“对时事新闻素材进行的创造性处理。”从此，纪录片得以正式从剧情片中脱离并与之分庭抗礼，拥有了自己独立的生命形态、艺术价值和美学特征。

格里尔逊对弗拉哈迪的电影才华钦佩不已，但弗拉哈迪将视角投向异域边缘文化而对社会变迁漠不关心，又使得格里尔逊对其颇为看轻，转而倍加推崇爱森斯坦的《战舰波将金号》。格里尔逊不仅亲自参加该片的英文翻译并对其内容进行裁剪，负责影片在美国的发行放映，而且在评论上为其造势，毫无掩饰地称赞该片是“光芒四射的新闻片”，肯定了爱森斯坦视电影的目的为一种强大的社会力量，并将改造社会的政治理性具体地转化为一种富有感染力的电影形式的尝试，这时的格里尔逊已经完全相信：电影是一个严肃而有能力塑造公众意见的媒介。

格里尔逊认为，电影工作者首先是一名爱国者，他应该具有强烈的社会责任感并时刻保持对当下社会现象的批判态度，其次才是一名艺术家。同时，格里尔逊还确信，只有通过人类集体的努力才能达到改进社会的目的。在20世纪30年代，他依托于帝国商品行销局电影组，开始了一个前所未有的由国家来支持电影制作的计划。格里尔逊聚集了一批对社会变革有激情的青年人，他们将视角指向英国工人阶级的现实生活及问题，在当时仍崇尚上流社会生活方式的艺术风气中开创了一条新的道路，在苏联之外的非剧情片早期历史上，形成了一个唯一产生巨大社会影响的团队运动，史称英国纪录片运动。

英国纪录片运动的奠基之作是格里尔逊导演的《漂网渔船》，这也是格里尔逊唯一一部自己创作的纪录片作品，它主要描述了英国小型而独立的鲱鱼捕捞工作向大型工业化作业的转变。格里尔逊通过记录终日在惊涛骇浪中劳作的渔业工人健康而朴实的形象，呈现了鲱鱼捕捞这个活动所带来的活泼、自然的过程，传递出其后众多英国纪录片关注的方向：劳力工作的尊严及工人的个人价值。同时，格里尔逊也尝试将现实生活纳入英国经济的大选题中，证明了纪录片的视野可以使日常生活中一直存在的现实素材转变为有趣、有思想深度和艺术价值的电影作品。这部像是向弗拉哈迪致敬的影片在英国电影评论界饱受好评，被认为“英国终于有一部纪实电影可以与旧式图解演说式电影全然决裂”。格里尔逊也深受鼓舞，他坚定地相信依托于电影组，英国纪录片界将出现更多的新锐之作。“英国纪录片运动不应只在一个导演、一个地点及一次只做一部影片的基础上；与之相反，它应有半打导演及一百零一个题材排队等候拍摄”,这体现出格里尔逊政治家般的野心,在他身体力行的倡导下,电影组不仅制作了超过百部纪录影片,还创作出像《锡兰之歌》(巴索·赖特导演)和《夜邮》(巴索·赖特和哈利·维特联合导演)这样的纪录片杰作。

在格里尔逊影响下的英国纪录片学派,在电影形式和提高技术品质的领域也作出了可贵的贡献。他们不仅在提出问题和解决问题的影片结构处理上充满诚意,也在声音与画面如何融合上提出了个性观点。格里尔逊深信,电影的力量是由视觉影像、口语内容、真实声音和音符的对位性处理达成的,也就是在将声音与影像相互联系的剪辑中,在对位的形式碰撞里传递纪录片的影像叙事的力量,这深深影响了后来者如伊文思、卡瓦康蒂等纪录电影大师们的创作观念。

1939 年,格里尔逊对其领导下的英国纪录片运动作了如下总结:“它是从一个供大众观看的冒险活动开始,也许原则上曾经是个纪录写作或纪录广播或纪录绘画,在它背后的基础力量是社会学的而不是美学的,它是一种想在寻常事物中找出戏剧的向往,也是一种想把观众的心从地球末日落实到他自己眼前事物的一种愿望。由此,我们坚持一种发生于我们面前的戏剧,我们,我承认都是社会主义者,有些担心世界前进的方向……我们对一切可使混沌世界中的情感具体化的工具深感兴趣,而以此我们创造出一种近乎公众参与的意志。”

在格里尔逊“视电影为讲坛,自觉以一个宣讲者的方式来利用它”[①]的理念的引导下,英国纪录片运动开创了宣传性的纪录片形态。虽然服务于政治意识形态,但英国纪录片运动并没有受到政府严格控制,在艺术形式的表现创意和自由度上格里尔逊也没有被约束,这与纳粹德国成长于极权主义政府控制下的政治宣传片,如里芬斯塔尔执导的《意志的胜利》,是根本不同的。

1939 年,在格里尔逊离开电影组就任加拿大电影行政长官之后,卡瓦康蒂接力成为推动英国纪录片运动的旗手,在探寻纪录片创作技巧方面,他总结了 14 条原则:

第一,不要去处理概括的题材,关于邮政你可以写一篇论文,但是有关一封信你就必须去拍一部片子。

第二,不要背离包含下列三个基本元素的原则:社会学的、诗的及技术的。

第三,不要忽视脚本,也不要在拍摄时碰运气,若脚本准备齐全,你的片子等于完成了,因此当你开拍时,即可开始进行下一部。

第四,不要相信凭旁白就可以讲故事,结合画面及声音才能完成此事,旁白使人不舒服,不必要的旁白更加令人不适。

---

① JOHN G. Grierson on documentary[M]. Oakland :University of California Press,1966:16.

第五，不要忘记，当你拍片时，每个单独的镜头都是一整组镜头及整部片子的一部分，即使最美的镜头，如果不放在合适的地方，甚至比最没有价值的镜头还糟。

第六，不要发明不必要的摄影角度，不当的摄影角度只会干扰及破坏情感。

第七，不要滥用快节奏的剪辑方式，如果节奏越来越快，反而会像个最华丽的慢板曲。

第八，不要过度使用音乐，如果你这么做，观众会拒绝去听它。

第九，不要使用太过量而直接的同步录音，暗示性地运用声音是最好的，补充性声音才能组成最好的声音。

第十，不要用太多光学效果，或把它们弄得太复杂，融接与淡入淡出就是影片的标点符号，它们是你的逗号或句号。

第十一，不要拍摄太多特写，等到高潮时再使用，在一部结构均衡的影片中，特写的出现要极其自然，但如果出现次数太多，它们便会使人窒息且失掉它们的重要性。

第十二，处理人的因素及人类的关系时不要迟疑，在天地中人类与其他动物甚至机器是一样美的。

第十三，你要说的故事不要模模糊糊，一个真实的题材必须以清楚及简单的方式说出来，但是清楚与简单并不一定要把故事戏剧化。

第十四，不要放弃实验的机会，纪录片的名声全然由实验中取得，没有实验，纪录片就失去了它的价值，没有实验，纪录片就不存在。

引用卡瓦康蒂的 14 条创作原则，一来这是纪录片创作的金玉良言，二来它也是对格里尔逊及其领导的英国纪录片运动给后人的理论财富的最好总结。

20 世纪 50 年代以后，格里尔逊返回英国。这一次，他将纪录片创作观念引入电视领域，他认为电视是将纪录电影观念带给更多观众的最佳媒介平台。为此，他在苏格兰主持了《世界真奇妙》节目，在电视上介绍并播映了大量优秀的纪录片作品，并将该栏目塑造成广受普通观众喜爱的、英国历史上存在时间最长的电视栏目。格里尔逊，这位忠诚、执着、热情、敏锐的纪录片传道者，几乎用了一生的时间，为完成他用纪录片实施公众教育的理想而奋斗。如今，以格里尔逊的名字命名的奖项已经成为英国纪录片领域的最高荣誉，这也是对他巨大贡献最适宜的历史褒奖。

（三）吉加·维尔托夫与“电影眼睛”理论

电影诞生之初，苏联一批电影先行者们曾经在探索电影语言与创作理念方面作出过开创性贡献，其中最为著名的三位大师是继承浪漫主义精神传统的亚历山大·杜甫仁科、蒙太奇学派开山鼻祖爱森斯坦及“电影眼睛”理论的旗手吉加·维尔托夫。三人中,维尔托夫因为其极度前卫的电影理念与张扬不羁的创作实践,远远走在了时代的前列,为俗世所误读与遗忘。像保罗·萨沙这样的纪录片名家也只是肯定了维尔托夫为先知,对于探究其素材背后的内核却显得无能为力,而法国电影新浪潮的导师安德烈·巴赞更是对维尔托夫只字未提。

直至20世纪70年代,当杜甫仁科与爱森斯坦在电影史上已扬名数十年之后,维尔托夫及其“电影眼睛”理论才被西方电影理论界从故纸堆里重新发现,一部旷世之作《持摄影机的人》更是以其饱含的电影语言的天分与巨大能量而备受瞩目。维尔托夫对于电影理论的原创性建构终于浮出尘世,直接影响了下一代纪录电影。

吉加·维尔托夫原名丹尼斯·考夫曼,1896年出生于波兰比亚利斯托克地区(后为沙俄吞并)。在担任图书管理员的父亲心中,他是三兄弟里最为聪慧的一个,自小研习小提琴、钢琴等,遍读欧美作家的文学作品,20岁那年,考夫曼在圣彼得堡的精神神经学院读了一年的医药与心理学,至此开始表现出对于人类视听感知心理与表现的兴趣。

20世纪初,整个欧洲正值美学上对于现实感知剧烈变革的时期,立体主义、意识流直至日益盛行的未来主义思潮强烈影响着俄国的知识界与艺术界,其赞赏机器的喧嚣与节奏,崇尚采用与立体主义有关的方式,以多面向来同时呈现物体的运动的未来主义原理,直接催生了俄国的建构主义现代艺术运动。雕塑界与绘画界都尝试着以一种纯粹抽象的结构来强调现代科技,这种美学思潮很快影响至电影界。

这期间,自小对艺术与文学感兴趣的考夫曼深受未来主义注重形式的影响,不甘寂寞地在大学自创的个人“音响实验室”里开始了有关声音的科学实验,并成功实践了声音的蒙太奇形式,可谓开创了广播纪录剧的前身,而且他还为自己取了一个充满未来主义色彩的笔名——吉加·维尔托夫。“吉加”是乌克兰语,意为“陀螺”;“维尔托夫”则是由俄语“维尔捷特”衍生而来的,意为“旋转”。这个日后在纪录电影史上千古流芳的名字,实际含义是“永远旋转的陀螺”,维尔托夫用它来暗示自己精力充沛的个性。正是在这种探索求新的精神指引之下,很快,仅仅悠游于语言、声音与科学领域的“音响实验室”已远远不能满足这位才华横溢的年轻人关于艺术表达的欲望,他投身于莫斯科电影委员会,从此开始了36年探索纪录电影的旅程。

在经历十月革命炮火之后的苏联,电影一直是由宣传政策主导的政治意识形态的国家工业,而以纪录片形式出现的宣传电影,作为宣扬共产主义理念的政治教育工具,更是广为苏联人民所熟悉的最主要的电影产品。维尔托夫最初的电影实践就是从“以揭发苏维埃敌人以达到宣扬社会主义”的《每周影片》开始的,而正是在这种注重真实的新闻电影风格的熏陶之下,维尔托夫开始发展自己在“不知不觉中捕捉生活”

的电影理念与剪辑方法。在那个燃烧电影激情、热衷建构新理论宣言的年代，他与自己的妻子——从事剪辑工作的伊丽莎白·斯维洛娃，以及担任摄影师的兄弟麦克·考夫曼组成“三人协会”，发表了一系列的电影宣言：

第一，他们大力反对古典艺术，倡言艺术必须基于事实；

第二，他们毫不犹豫地将电影艺术表现形式与社会意识形态相结合，认为以戏剧方式发展电影是资产阶级手中操纵的武器，目的是通过虚构与夸张来给生活提供“卑鄙的代用品”，以戏剧技巧派生的传统剧情片是“基于罗曼史、剧场和其他同类过时电影的麻风病”，性质上是与宗教同类的“人民的麻醉剂”，应该为观察、摄影、剪辑三者综合的非剧情的新方法所代替；

第三，苏维埃电影的任务是纪录社会主义现实，电影工作者们应该到生活中去，不能让视线避开“平凡的生活”，一定要成为独具慧眼的“观察的匠人——眼睛所看得到的生活的组织者”，应该要用纪录来代替场面调度、演员与演出，并强调摄影机拍摄的真实生活与它饱含的时代精神是深具价值的。

这些都最早奠基了纪录片的精神，是以后被世人称作真实电影与直接电影的两种纪录片方式的雏形。

从1917年维尔托夫“三人协会”发表的第一篇理论宣言《关于解除舞台式电影的武装》，到1922年他们正式制作《电影眼：一场革命》，五年里，他们捕捉了一些怪异的生活影像来呈现他们激进的理论。很快，维尔托夫的电影观念与实践震撼了苏联电影界乃至政治高层，在一直提倡拍摄“反映苏联现实的电影”的列宁的支持下，维尔托夫开始了每月一次的报刊式系列写实影片《电影真理报》的制作。这种与苏维埃中央机关报《真理报》相对应的、在宗旨上是寻求真理的电影艺术形式，无疑暗合了维尔托夫组织拍摄“现实的片段”必须建立在真实的基础之上的原则。他疯狂实践了动画、多次曝光、特技摄影、手持摄影、显微摄影等诸多电影技巧，拍摄了《未经排练的生活》《苏维埃，大步前进》等一系列声名远播的作品，1926年他拍摄的《在世界六分之一的土地上》，更是在巴黎世界博览会上获大奖，为维尔托夫赢得了国际声誉。一系列的抢拍、抓拍无数平凡现实生活的创作实践，使得维尔托夫在美学观念上迈上新的台阶，他对于摄影机观察生活的潜质与能力有了全新而深刻的认识，“电影眼睛”犹如天马行空般降临尘世。从此，维尔托夫的电影宣言已不再用“三人协会”的名义，而是用那个日后震惊世界的更加广泛意义上的“电影眼睛”的名义。

维尔托夫认为，“电影眼睛”与“电影分析”同义，从他那彪炳史册的纪录片巨作《持摄影机的人》中就可以看出。其开篇是一个硕大无比的摄影机镜头充斥银幕，在一种心理想象的冲锋号式的背景节奏音乐的激励之下，二次曝光的技巧呈现出一位摄影师艰难地爬上摄影机镜头,开始支上三脚架进行俯视大地苍生的拍摄。这段明显带有超现实主义色彩的影像结构,无疑体现着维尔托夫心中那份对摄影机及其背后所代表的"电影眼睛"学派所具有的崇拜。这里,维尔托夫将"电影眼睛"理解为显微镜和望远镜,电影可以看见肉眼看不到的事物,因为它受创作者头脑的指引,可以使不可看见的事物变为可以看见的事物。

"电影眼睛"以一种完全不同于肉眼的方式存在和运动于时空之中来采集和记录各种生活影像,它通过建立世界各地人们的视觉联系来实现对于空间的征服,也能够通过呈现任何一种时间顺序与观察生命进程的速度自由来实现其对于时间的征服。摄影机无所谓视野的局限,它力图远离照相主义的复制生活,通过蒙太奇结构来实现摄影机捕捉现实视觉材料的力量,"它试着把时间伸长,对运动进行剖析,或者相反,吸收时间,吞食岁月,从而设计出一般肉眼无法企及的延长过程"。它具有解放自身与无限完美的可能性,能够表现与揭露更为普遍和更为真实的"电影真理"。埃里克·巴尔诺在《世界纪录电影史》里,称"电影眼睛"学派的基本与实质是"用电影来认识世界",让戏剧演出与艺术空想统统都"为机器让路!",因为"使用比人的眼睛更加完美的、作为电影眼睛的摄影机来探索充满世界的视觉形象的混沌状态"显得要深刻而有力得多。

维尔托夫还自称,但凡以"电影眼睛"理论指导出的实践作品,是"一种经摄影机阐释的视觉事件的快速回顾,是与戏剧对立的现实能量单位的总和,它仰仗蒙太奇的高超技巧,通过一个个间隙,汇合成一个结构的整体",而这种蒙太奇结构,具有允许任何给定主题的柔韧性,一切杂乱的生活都可以纳入"电影眼睛"方法之下作者的主题视野。这也就是说,"电影眼睛"是对现实生活事实的影像记录,但这种影像记录是:(1)电影拍摄:创作者通过摄影机寻像器观察;(2)电影书写:创作者视胶片为纸,摄影机是笔;(3)电影蒙太奇:蒙太奇的影像记录旨在创造出一种具有自身美学效果的新结构,而此种结构所揭露的现实本质要远远超出生活本身所呈现的浮光掠影,所以电影这种独特的媒介是由"出其不意地捕捉下来的现实生活景象",与通过蒙太奇眼睛来组织"发现的生活结构",来呈现"我看"的世界,这个世界是通过创作者围绕从生活本身找寻而来的主题,把生活中获取的纪录片段组成一个富有意味与节奏的视觉段落,由此体现出"我看"的实质。总之,"电影眼睛"的方法是一种探索视觉世界的科学而实验的方法,它建立在摄影机对生活事实系统记录的基础之上,也建立在对摄影机所捕捉的纪实材料进行系统组织的基础之上。

维尔托夫还在电影声音领域里拓展了"电影眼睛"理论,从蒙太奇的"我看"发展至蒙太奇的"我听"理论。他充分利用了大学里从事过声音实验工作的经验,在有声片尚处胚芽之际就开始意识到声音对于电影本体创作的重要性,他在一系列的无声电影实践中首先开始尝试采用字幕与画面的对位结构,试图诱导观众对声音的想象,之后又在惊世之作《持摄影机的人》里,在无声电影领域内完全按照视听结构的格局来组织素材,使得全片形成"能够看见也能听见的、音画兼备的电影——客体",将"电影眼睛"超前地上升至"无线电眼睛"的高度。这时,难怪维尔托夫不无得意地声称:他的理论与实践已经完全超越了那个时代所拥有的技术条件,现在,他们正"等待有声电影与电视因循不前的(关于电影眼睛的)技术基础赶上去"。

要简述维尔托夫的理论十分困难,因为它是如此具有原创性与才华,充满能量且复杂难解,一直招引着无数后来的电影人对电影形式进行无畏的探索,如 1961 年,让·鲁什与社会学者埃德加·莫兰合作的真实电影开山之作《夏日纪事》,其副标题即"真理电影的一次经验",以此向维尔托夫致敬。

这里,笔者引用 Richard M. Barsam《纪录与真实——世界非剧情片批评史》一书中,伍达尔·派屈克对"电影眼睛"理论本质提出的一些简略有力的归纳:

第一,没有"武装"的人类之眼(指没有摄影机协助的眼睛)在"生活里混乱的视像"中无法找到方向,必须由"电影眼"来协助人眼,电影眼在人眼与摄影机之间塑造了一种共生状态。

第二,摄影师并未掌握任何超自然的力量,他不过是寻常之人,但他懂得如何运用机械工具来帮助他在"狂风暴雨的生活巨洋"中仍能御风而行。

第三,摄影师应避免让摄影机固定不动去拍摄"生活实况"。他应随时准备移动机器,就如同"在风暴大洋中迷失的独木舟"一样,这样才可使投射在银幕中的影片实体有较大的动感冲击。

第四,摄影师并不需要"事先写好的剧本",不应依循任何既有对于生活的先验理念,对于导演的指示不必全然配合,也无须遵照编剧所编的剧本来拍摄,他应对生活有自己的看法,对于未来的电影他也应有自己的视野。

第五,"速度"与"机敏"是摄影师在专业上最重要的技巧,他必须跟上生活事件的步调,以便这些事件以电影的面貌在银幕上呈现时饱含真实不伪的韵律。

第六,摄影师以摄影机具备的许多电影特有的设计去攻击现实,并把现实以新的结构重组,这些设计帮摄影师为更美好的世界及更多有知觉能力的人奋斗。

第七,摄影师在拍摄人物时应注意,要在被摄者全然不知的情况下进行,他希望在拍摄时不打扰其他人的工作,正如他自己不希望被别人打扰一样。

第八,摄影师在决定什么时候开拍及拍摄什么之前,应在各处走动,并观察各种事物,以获得多种选择,只有这样他才能与生活同步。

第九，摄影师确信生活中并无偶然，因此他应在现实里相互迥异的事件中抓住一种辩证上的关系，揭露生活中矛盾势力的本质冲突及生活现象中的因果关系乃是他的职责。

第十，摄影师不是对于现实的公正而不偏私的观察者，他应积极把自己埋入生活的斗争中，一旦他进入了，他可明白，事事皆有因，这些将成为他影片中的主要意见。

第十一，摄影师必须永远以生活中“前进的部分”为本，他应该支持并拥护对现实的革命态度，才能建设“真正的社会主义社会”。

第十二，上述都是必要的，如果“电影眼”工作小组想在银幕上呈现生活原貌的本质，包括影片本身的生命——从拍摄到冲印厂，从剪接到最后成片，乃至于把电影反映给观众看等电影创作的全过程，上述原则都是必要的。

上述十二条原则可说是颇有见地地触摸到了维尔托夫这篇理论宣言的精神实质，指出了电影结构的多元复杂性，以及电影在生活现实与人为的影像现实之间建立的辩证关系。其中第一条“电影眼睛”的首要原则，就在性质上肯定地赋予了摄影机在潜入生活以实现人类认识客观现实方面的超人能力；第二条至第十一条原则针对摄影师提出了许多开创性的、日后在纪录片创作中非常重要的方法；更为了不起的是，在最后一条原则里，将“电影眼睛”理论贯穿至电影生产的各个领域，直接凸显了维尔托夫领先时代的蒙太奇理论的精神。

在早期的纪录电影史上，还出现过先锋派纪录片，如鲁特曼的《柏林城市交响曲》这样的先锋艺术流派在非剧情片领域的形式探索，但历史就是这样，往往只有极少数人的生命与工作会结合特定历史时刻的精神，真正做到将那个时代个人化，弗拉哈迪、格里尔逊、维尔托夫就是这样具有影响纪录电影发展历程的名副其实的三位大师。

二、纪录片的发展：真实电影与直接电影

直至20世纪50年代后期，画面配解说一直是纪录电影的主导形式，虽然这些传统纪录片也是向现实取材，采用非虚构的叙事模式，但影片意义的产生依附于导演的文学思维，完全依靠画外全知全能的上帝之声（解说）来结构画面，影片创作缺乏电影性特征，这主要是现场拾音设备的技术障碍造成的，因为50年代之前的电影中的声音，是依靠笨重的、移动困难的大型设备刻录在声盘上或通过光学技术录制在胶片上，再配以同样笨重的35毫米摄影机进行创作，这些设备离开了摄影棚就几乎寸步难行，更谈不上现场记录及抓拍现实生活。1958年，一种用于同步录音的磁性录音机被发明出来，加上16毫米轻便摄影机和克服低照度的高感光胶片的开发与使用，使得纪录

片的拍摄更具应变性，从而改变了纪录片创作的传统观念，摄影机从此变为一个主动的观察者。20 世纪 30 年代格里尔逊推崇的基于现实、利用影片进行教化的纪录片信念，在 60 年代由新的电影写实主义所实践，这种“最早出现的一种不昂贵、最贴近现实并不为技术所奴役的电影”，就是当时产生于法国的真实电影与发展于美国的直接电影。

（一）真实电影

真实电影，又叫真理电影，源于维尔托夫电影眼睛学派，成型于 20 世纪 50 年代末的法国。受意大利新现实主义、英国自由电影和战后法国新浪潮电影的影响，真实电影一出世就致力于更新传统电影形式，在纪录片创作中实验了多种技巧，如访问、传记体式等，同时还代表了新浪潮电影摄影的运用。法国人在真实电影领域的这些令人眼花缭乱的技巧尝试，为非剧情片增添了许多新的创作观念。

例如，将摄影机视作一种催化剂，电影工作者应该在摄影机后，有时又可以成为摄影机前积极的参与者，由此明确了摄影机的角色和导演触媒的作用。导演有权激起某些生活中本质存在的现象，也可以诱发现实人物在镜头前一种能动的存在而使影片有力地揭示、穿透事物。使用这种手法的目的，在于明确镜头视点存在的状况下，表现导演个人理解的生活真实。另外，真实电影还力求排除剧情片的一些设计，拍摄真实事件而不拍摄排演的事件，以一种结合着自然、非正式的视觉风格的外观，容许影像上存在一些非专业的错误，如光线不良下的拍摄、违反镜头轴线规律破坏人物视线关系的摄影机运动等，这与传统电影艺术固有的唯美主义美学情结完全不一样，所以真实电影一出现，就几乎重新定义和拓展了纪录电影的美学，同时还引领着新的自我指涉型电影的发展。

真实电影的开山之作是 1960 年法国人类学家让·鲁什联合法国著名哲学家、社会学家埃德加·莫兰拍摄的《夏日纪事》。这部由人文知识分子联合创作的纪录片，最初是基于人类学研究的目的而不是为了电影。影片主要由许多访问构成，导演使用便携式摄影机和同步录音器材在巴黎街头随机采访了许多普通市民，问的同一个问题是“你幸福吗?”让·鲁什的出发点是纯粹的观察只能获取表面的真实，他想追求表象之下事物本质的真实，所以他采用访问并带有刺激性的方法去促使这些真实能够自然流露。也就是说，让·鲁什的方法基于摄影机不再仅仅作为被动的记录机器，纪录片导演也不是躲在摄影机后面的局外人，而是由他们引发无法操纵的事件进程，而他们在积极主动参与被拍摄者在被拍摄那一刻的生活，促使被拍摄者在摄影机前说出他们不轻易讲的话，做他们不轻易做的事。让·鲁什的受访者们以不可预测和高度个人化的回答方式，满足了他的这一创作初衷。

《夏日纪事》还有一个副标题“真理电影的一次经验”，旨在向前辈维尔托夫致敬。虽然让·鲁什尊重现实生活的剪辑方法与维尔托夫的表现性剪辑风格相去甚远，但他们对于纪录电影的态度却是一致的，他们都把拍摄电影视为探测种种现实存在关系的理性努力，他们对于事实真相同样执着，不过鲁什以更为轻便的器材和更加直接的方法为纪录电影作出了新的尝试。

真实电影名副其实，它是一种可使人从他们受限的自我中心得以解放的纪录电影方式。自《夏日纪事》之后，摄影机可以诱使人做出有别于日常生活的行为的潜力得到公认。被拍摄对象这种与日常生活有区别的表现和他生存的世界具有现实联系，由此可以认定这种区别实际是被拍摄对象日常存在在特殊条件下的发展延伸，具有相当高的真实性。

（二）直接电影

20 世纪 60 年代初，在美国与加拿大还出现了一种新的纪录片制作风格——直接电影，其倡导者是一位有过媒介从业经历的记者兼摄影师罗伯特·德鲁。

罗伯特·德鲁曾经在美国《生活》画报担任过多年的记者和新闻图片摄影师，结合长期的媒体工作经验和自己对纪录片的爱好，他深切体会到传统纪录片的局限，认为格里尔逊式纪录片无异于一篇有图片说明的演说。职业直觉告诉他，一定可以找到一种对现实不那么简单化处理、在认知上更为丰富的电影形式，这样的影片将是对事件发生过程的“强烈体验”，是对现实“要闻”“戏剧性发展的亲身调查”，这些影片将在电视台的黄金时间播出，通过这项“具有革新意义的新技术的使用”，“向千万人提供一种为他们的民主制度所必需的、为大家所共享的经验”。美国广播公司给予德鲁这样一个实践其想法的环境，提供旗下的公共事务播出资源用于发展德鲁所倡导的直接电影形式。很快，德鲁和他的电影工作小组因针对不可控制事件采用同步现场拍摄及录音，并在呈现对象时不依靠旁白而转为依靠画面的创作风格而声名大振。1960 年，他们拍摄了美国直接电影的奠基之作——《初选》。

《初选》追踪记录了 1960 年民主党在威斯康星州进行的总统候选人竞选活动，影片以肯尼迪和竞争对手的视角来观察这次党内总统候选人提名大会，完整呈现了包括演讲、街头拉票、电视宣传彩排等的竞选全过程，让观众第一次详尽地目睹了美国政治的壮观场面和政客们极其多样的性格。这部影片同时也是一部立场平衡的客观作品，创作者致力于挖掘现实但不解释，没有扭曲双方的语言，也没有依靠剪辑引导观众的情感倾向，旁白一直很克制且公正。德鲁小组的五名成员通过《初选》，集体发表了一篇直接电影的美学宣言。

直接电影与真实电影具有相同的对于电影写实主义的渴望,试图去除传统电影陈旧的程式,以期重新发现躲避其他电影制作形式和报道形式的现实。电影制作者试图尽可能地消除影片主体与观众之间的障碍,采用以忠实于未加操纵之现实、拒绝损害自然呈现的生活形态为基础的工作方式。在实际创作中,直接电影会尽可能地直接掌握一个细心选择的现实面,在事件发生时加以记录,以给观众提供一种身临其境的现场感,而不是事后在摄影棚里假造画面。为此,直接电影从来都没有拍摄脚本,也不存在事先排练一说,创作者使用便携式摄影机和录音设备,以一种非正式的意图去打破电影工作者与被拍摄对象之间的界限,摄影机试图创造一种亲密关系,以提高电影工作者和被拍摄对象在拍摄过程中的和谐程度,实现镜头不去干涉生活的观察式拍摄,等待生活中的重要事件发生并使其影像化。直接电影中的声音采用同步方式收录,虽然会有现场杂音影响有效信息的传递,但有助于还原生活的质感。直接电影青睐于保持时空一体的单镜头剪辑,影片结构的方向是呈现完整的纪实而不是营造戏剧性。对于观众来说,通过摄影机,他们可以对现实有直接的观察和理解。

林旭东在《影视纪录片创作》一书中,对于直接电影的工作策略有如下总结:

第一,在尽可能不介入或较少介入的前提下,在现场对实际发生的事件进行跟踪拍摄。为了让影片中所记录的事件“自己说话”,应当想方设法使作为影片主体的被拍摄对象忽略或忘却摄影机的存在。

第二,一般不采用事先拟好的脚本来指导拍摄,反对用任何导演手法对事件的自然流程进行干预,杜绝对事件进行事后搬演。

第三,为了在拍摄中应对不可逆转的突发状况,现场必须高度依赖摄影师的直觉,影片的主创人员必须在事先就一些拍摄原则达成方向性的共识,以便在实际操作中默契配合。许多情况下,这些影片的摄影师与导演是同一人。

第四,为了便于不动声色地深入事件,在现场的制作班子必须尽可能精干。

第五,使用轻便的摄影器材和颗粒较粗的高感胶片,在影像中向观众传达出一种现实质感,这种未经修饰的质感是这类影片表达张力的基础。

第六,用摄录同步技术记录声画合一的视觉细节来加强所记录事件的说服力,同期声录制的工艺质量被提高到美学的层面上。

第七,影片应向观众呈现一种有着多重可能的现实模式,以其开放的形态为观众的解读留下更高的自由度。由此,连篇累牍的解说词和旁白所提供的信息被认为会严重干扰和限定观众,所以应该完全弃绝不用或者尽量抑制到最低限度。

第八,直接电影在实际操作过程中比传统纪录片更依赖于后期剪辑,因为放弃了对事件进程的干扰，直接电影的片比都非常高，像怀斯曼的平均片比为16∶1。面对大量凌乱的素材，剪辑台上的选择就成为一项重要工作，但在素材的组接方式上要尽量避免暴露剪辑的观点，影片的主题应通过素材自身的累积凸显出来，要尽最大可能抹去摄影机在场的痕迹，让观众感到好像亲历影片所呈现的事件一样。

可以看出，直接电影的核心在于呈现一段未经改造的生活现实，在影片中完成自我诠释。在技术处理上，前期拍摄主要注意将电影制作者的干预降至最小，电影制作者绝不影响影片主体的言语内容和行为方式，影片拍摄过程也要尽可能不引人注目。在后期剪辑过程中，导演要避免"暴露剪辑观点"，也就是说，剪辑不能用来体现电影制作者对影片主体的态度，而是要尽可能忠实地再现观者将要看到或听到的东西，如同他们亲身见证了影片叙述的事件一样；全片依靠同步录音结构，避免画外解说或音乐所提供的"阐释"。例如梅索斯兄弟的经典之作《推销员》，追踪记录了四位"中美圣经公司"的销售代表在波士顿和佛罗里达销售区的工作情况，试图从推销员全力推销昂贵的圣经一事中，检视美国公众的宗教信仰，以呈现出在物质与精神价值之间挣扎的美国人的现实生活状态，但影片表现如此深刻的主题，完全依托于那些令人难忘的人物、家庭及推销过程的现场纪实，而没有做更为深入的主观分析，也没有格里尔逊式的上帝之声的训导，仅仅依靠直接电影方式就使影片熠熠生辉，成为一部伟大的社会学纪录电影。

（三）真实电影与直接电影的联系与区别

真实电影与直接电影都是在"二战"后兴起的现实主义浪潮的理论滋润下，在便携式摄录设备发明的技术语境下出现并迅速成长的。两者都信守真实，投身于社会写实观察，保持着"基础上的民族志倾向"，全力发掘轻便设备所带来的好处，在拍摄与剪辑间保持亲密的关系，致力于创造可以在一种对象上拉近电影工作者与观众之间关系的电影。有关真实电影与直接电影谁更加符合纪录片的真实要求的问题，有关两种电影形态对于现实的真诚度的问题，应该说，真实电影与直接电影都是一种观看与理解现实的方法，都具备传递导演思想和对于现实看法的潜质，但不管是真实电影还是直接电影，导演都依据个人的情感体悟、认识能力、知识背景和文化背景来认知现实，因此，导演所反映的真实是他在创作中个人感受的主观真实，而不是真正存在意义上的客观真实。在纪录片寻求真实的道路上，真实电影与直接电影走过的和将要走的路一样远。

在创作理念上，真实电影与直接电影还有很大差异。埃里克·巴尔诺在《世界纪录电影史》中，对直接电影与真实电影的区别做了总结：

第一,直接电影的纪录片工作者手持摄影机进入一个紧张的状态而充满希望地等待危机或非常事件的发生,鲁什型真实电影的看法则是试图促进危机与非常事件的发生。

第二,直接电影的艺术家们不希望出头露面,反而对视而不见之处抱有热情;鲁什型真实电影则认为电影作者经常是自我申明的参与者,公开参加到影片中去。

第三,直接电影的艺术家扮演的角色是个不涉入的旁观者的角色;鲁什型真实电影的作者则对煽动者保持拥护的态度,承担了挑动者的任务。

第四,直接电影提倡在摄影机拍摄到的事件中找到它的真实,认为事物的真实随时可以收入摄影机;鲁什型真实电影则专注于一种自相矛盾的情况,即在人营造的环境中发掘出隐藏的真实。

在影片前后期具体创作的方法上,真实电影中的创作者经常参与及评论他们所记录的事件,直接电影却拒绝旁白,并不管是有意无意还是以某种人物的面貌,创作者从来都不会出现在影片中。从剪辑上来分析,直接电影依赖于剪辑创作的程度远远大于真实电影,"在直接电影中,影片剪辑师的重要性超过任何其他影片类型,因为正是通过剪辑才制造出一种现实的模式"。

总之,直接电影完全依赖于现实的观察来呈现真相,这种建构于经验主义哲学基础之上的认识论具有一定缺陷,因为世界上许多事实真相仅仅依靠观察是无法得到的;而真实电影依靠创作者参与和触发,获得现实生活中仅靠观察发现不了的事实真相,但这种导演的参与和触发是因人而异的,它到底会对现实产生何种程度的影响,是真实电影追求真实道路上永远摆脱不掉的阴影。所以可以说,要想获取纪录片的真实,直接电影和真实电影都行,也都不行。

三、真实电影与直接电影之后

在真实电影与直接电影之后,纪录片的形态又有了新的演进,如针对真实电影无法满足观众明确的信息需求的情况,一种访问谈话式纪录片出现了,这种纪录片依赖于事件的亲历者和参与者直接面对摄影机讲述他们自己的故事,时而做发人深省的揭露,时而做片言只语的佐证,成为电视栏目纪录片经常采用的标准纪录片模式。进入20世纪80年代之后,另一种自我反射式纪录片形态出现,其记录拍摄纪录片的过程,将拍摄者与被拍摄者之间如何互相运作和互动的关系呈现出来,这是一种融合观察、访问以及摄影机前后人物之间互动等几种方式的创作,被认为比较合乎纪录片民主自由的精神。同样在20世纪80年代,还出现了对于传统意义的真实理解进行解构,通过虚构的手法获取真实的后现代色彩的纪录电影，这种类型的纪录片试图在混淆剧情片与非剧情片的界限上进行大胆实践，探索了哲学意义上真实与虚构的辩证关系。纪录片就是在这样一种生态多元、文化包容和叙事民主的生存氛围中，呈现出欣欣向荣的发展面貌的。

推荐阅读

1. BARSAM R M. 纪录与真实——世界非剧情片批评史[M]. 王亚维，译. 台北：远流出版事业股份有限公司，1996.

2. 巴尔诺. 世界纪录电影史[M]. 张德魁，冷铁铮，译. 北京：中国电影出版社，1992.

3. 王迟，温斯顿. 纪录与方法(第一辑)[M]. 北京：中国国际广播出版社，2014.

思考与讨论

1. 什么是纪录片？

2. 简评维尔托夫及其电影眼睛理论。

3. 分析直接电影与真实电影的联系与区别。

第十一讲　西方电影理论的新发展与美欧电影文化

一、21 世纪西方电影理论的转向

西方电影学者中,对世纪之交尤其是新近西方电影理论发展探讨最为深入和系统的是罗德维克(David Norman Rodowick),他著有“电影理论三部曲”——《电影的虚拟生活》(*The Virtual Life of Film*,2007)、《理论之殇》(*Elegy for Theory*,2014)、《哲学的灵性对话》(*Philosophy's Artful Conversation*,2015)。罗德维克将 20 世纪的电影理论建构概括为三个时期:经典时期(1915—1947)、现代时期(1947—1968)和当代时期(1968—1996)。第一时期的主要任务是提升电影作为第七艺术的身份地位;第二时期突出表现为以麦茨为代表的法国结构主义和符号学对电影理论工作的影响;第三时期则以心理分析、主体理论以及意识形态批评为主导,同时将电影研究延伸到文化领域。① 那么,21 世纪西方电影理论是何种发展状态呢? 罗德维克认为,新世纪西方电影理论变成了哲学:“理论变成了什么? 哲学。电影仍然娱乐和感动我们,但同时也触发我们思考。”②

回到 20 世纪末,最重要的电影理论转向是对“中层理论”的强调。以符号学、心理分析和意识形态理论为代表的 20 世纪电影理论——一般被认为是宏大理论③——主要是从电影以外的理论视角来考察电影的,缺乏对电影本体的关注,也难以解决电影创作中的实际问题,所以,以波德维尔(David Bordwell)和卡罗尔(Noël Carroll)为代表的西方学者提出了“中层理论”的主张,旨在打破理论先行的既往做法,倡导以实际

---

① RODOWICK D N. Elegy for theory[M]. Cambridge, MA: Harvard University Press, 2014.

② RODOWICK D N. Philosophy's Artful Conversation[M]. Cambridge, MA: Harvard University Press, 2015: 307.

③ 刘亭. “宏大理论”在中国的盛衰[J]. 当代电影, 2017(8): 53-56.

问题为出发点开展多维度的实证研究。[①] 比如,波德维尔认为,与其提出“怎样以拉康的心理分析理论来揭示观看经典文本所产生的愉悦”,不如提出“电影愉悦究竟由何组成”“我们怎样才能最好地解释电影产生愉悦的方式”。在回答问题的过程中,最好将理性研究与实证研究相结合,同时使因果性解释与功能性解释互补。[②]

20 世纪末到 21 世纪初,西方电影理论界还出现了“情动转向”(the affective turn)。相关的电影现象学学者或曰“触感学派”受到现象学大师梅洛－庞蒂对身体性(corporeity)强调的影响,[③]认为电影和观者应该被视为行为一体的关联体。具体而言,他们将观影行为当作电影与观者之间“体体相触”的体感事件:观者无法将自己的身体与银幕割裂,以疏离的状态单纯地用眼睛或心智去欣赏或阐释电影的形式与叙事,而后者正是传统电影理论尤其是叙事学、认知理论和心理分析理论所主张的。[④]触感学派的先驱者是威廉姆斯(Linda Williams),她对电影中的三种“身体类型”——情节剧、色情片、恐怖片——展开了感知现象学角度的研究,强调观者的身体体验。[⑤]电影现象学研究的集大成者是索布切克(Vivian Sobchack)、马科斯(Laura Marks)和巴克(Jennifer Barker)。索布切克认为摄影机的感觉和放映机的表达将电影机器转化为观看的主体,并与观者一起构成了现象学意义上的“互主体性”(intersubjectivity)。[⑥]而且,观众对电影的体验并非仅仅通过眼睛,而是经由整个身体的存在来观看、理解和感受电影。[⑦] 马科斯通过考察跨文化电影(intercultural cinema),提出了一系列电影现象学概念:触感影像(tactile image)、触感视觉(haptic visuality)、触感电影(haptic cinema)、体化视觉(embodied visuality)[⑧],并将感性理论与视频艺术(video art)相结合[⑨]。巴克则对“电影身体”展开了更深入的解析,并将其与“观者身体”一一做了对应。两者都有“皮肤”(触感)、“肌理”(肌肉动觉)和“脏器”(身体内里)三个层面。比如电影的“皮肤”是银幕的表面,是胶片上的化学物质以及擦痕;电影的“肌理”是银幕内空间以

---

① BORDWELL D. Post－theory:reconstructing film studies[M]. Madison:The University of Wisconsin Press,1996.

② 波德维尔,孙绍谊. 以实证研究为基础的电影理论[J]. 当代电影,2004(5):8-12.

③ MERLEAU－PONTY M. Phenomenology of perception[M]. London:Routledge,2002.

④ 孙绍谊. 重新定义电影:影像体感经验与电影现象学思潮[J]. 上海大学学报(社会科学版),2012(3):17-30.

⑤ WILLIAMS L. Film bodies:gender,genre,and excess[J]. Film quarterly,1991,44(4):2-13.

⑥ SOBCHACK V. The address of the eye:a Phenomenology of film experience[M]. Princeton,NJ:Princeton University Press,1992.

⑦ SOBCHACK V. Carnal thoughts:embodiment and moving image culture[M]. Berkeley:University of California Press,2004.

⑧ MARKS L U. The skin of the film:intercultural cinema,embodiment,and the senses[M]. Durham,NC:Duke University Press,2000.

⑨ MARKS L U. Touch:sensuous theory and multisensory media[M]. Minneapolis:University of Minnesota Press,2002.

及人物身体的轮廓;“脏器”是镜头的“呼吸”,是胶片通过放映机之门的速率。① 到了新媒体时代,“电影身体”被范畴更广的“机械身体”(apparatus body)所取代。② 人与装置的“体体相触”通过各种界面完成,无所不在的影像也变得兼具工具(image - instrument)和界面(image - interface)的双重功能。③

世纪之交,西方电影理论研究中的另一转向是“历史转向”(the historical turn),电影学者重燃电影史研究和电影史写作的激情。其中,早期电影观众研究成为热点,比如冈宁(Tom Gunning)提出“吸引力电影”(cinema of attraction)这一概念,旨在揭示早期电影直接诉诸观众注意力,凭借夺人眼球的视觉奇观提供快感的影像本质。④ 莫诺维奇(Lev Manovich)⑤、弗雷伯格(Anne Friedberg)⑥、埃尔塞瑟(Thomas Elsaesser)⑦等学者则从媒介历史发展的角度考察早期电影,探讨当今的新媒体和数字电影与早期电影以及其他媒介的关系。还有相当多的学者热衷于挖掘早期电影与现代性的关系。⑧基于现代性的三个维度——物质文明现代性、美学观念现代性、文化现代性⑨,汉森(Miriam Hansen)提出大众文化也可以是现代主义的,即所谓“白话现代主义”(vernacular modernism),条件是它必须“回应或参与正在世上发生的社会现代性特征”⑩。不同于波德维尔等学者的观点,汉森认为好莱坞电影之所以全球成功不是因为其流畅的节奏或“经典”的风格,而是因为其所具有的“情境胜过情节”的新鲜感、惊吓感和刺激感。⑪ 虽然许多电影史学家乐于将早期电影与工业资本主义社会的都市经验、技术革新和视觉文化联系在一起,但是波德维尔依旧主张“我们没有足够的理由相信电影风格的特殊变化可以溯源到现代性所催生的某种崭新的观看方式”⑫。

“情动转向”和“历史转向”的交相辉映催生出了银幕影像的感知革命:从“吸引力

---

① BARKER J M. The tactile eye:touch and the cinematic experience[M]. Berkeley:University of California Press,2009.

② HANSEN M. Bodies in code:interfaces with digital media[M]. New York:Routledge,2006.

③ MANOVICH L. The language of new media[M]. Cambridge,MA:Massachusetts Institute of Technology,2001.

④ 冈宁,范倍. 吸引力电影:早期电影及其观众与先锋派[J]. 电影艺术,2009(2):61-65.

⑤ MANOVICH L. The language of new media[M]. Cambridge,MA:Massachusetts Institute of Technology,2001.

⑥ FRIEDBERG A. The virtual window:from Alberti to Microsoft[M]. Cambridge,MA:Massachusetts Institute of Technology,2006.

⑦ ELSAESSER T. Film history as media Archaeology:tracing digital cinema[M]. Amsterdam:Amsterdam University Press,2016;埃尔塞瑟,于昌民. 媒体考古学作为征兆(上)[J]. 电影艺术,2017(1):75 - 83;埃尔塞瑟,于昌民. 媒体考古学作为征兆(下)[J]. 电影艺术,2017(2):117-124。

⑧ 甘宁,刘宇清. 现代性与电影:一种震惊与循流的文化[J]. 电影艺术,2010(2):101-108.

⑨ 薛峰,孙燕. 朝花夕拾:现代性的三重维度与中国电影研究之关系[J]. 北京电影学院学报,2012(1):47-52.

⑩ HANSEN M. The mass production of the senses:classical cinema as vernacular modernism[J]. Disciplining modernism,1999,6(2):59-77.

⑪ 摩根,唐葆真. “与危险共舞”:白话现代主义与评论的难题[J]. 电影艺术,2017(1):84-91.

⑫ 孙绍谊. 重访早期电影:现代性理论与当代西方电影思潮[J]. 当代电影,2012(12):60.

电影"到"体验力电影"（cinema of experience）的转变。① 后者强调电影在消费过程中具备唤起观众"情动力"（affect）和"全感力"（sensorium）的能力。呼应后胶片时代的技术现实，葛瑞维奇（Leon Gurevitch）称其为"数字吸引力"（digital attractions）②。两种手段经常被采用：一种是拍摄过程中使用高帧率和4K/3D技术，比如李安电影《比利·林恩的中场战事》（*Billy Lynn's Long Halftime Walk*，2016）；另一种是放映过程采用VR（虚拟现实）技术。③ 这两种方式所取得的影像效果都旨在提升观众的"同理心"（empathy），以便更好地达到"体体相触"的观影体验。

世纪之交开启的另一项电影理论发展趋势是将游戏研究纳入影像研究的范畴。此举建立在"跨媒介"和"互文本性"的理论框架之下，④其先行研究之作是金德（Marsha Kinder）的《电影、电视与游戏中的权力游玩：从布偶娃娃到忍者神龟》⑤（1991），以及卡塞尔（Justine Cassell）和詹金斯（Henry Jenkins）合著的《从芭比娃娃到"真人快打"：性别与电脑游戏》⑥（1998）。真正意义上推动游戏理论建构的是21世纪初的一场国际性学术会议"电脑游戏与数字文本性"（2001）。⑦ 随后，两种游戏理论读本相继出版。⑧ 自此，游戏成为所谓"未来电影"（the cinema to come）的重要组成部分⑨，而电影与游戏的融合成为国内外电影研究的新兴学术热点⑩。

"未来电影"指向的是一些学者眼中的"后电影"时代，涵盖数字电影（digital cinema）、DVD、视频游戏（video games）、互动电影（cinema of interactions）、屏幕化影像（screened images）和扩展电影（expanded cinema）等范畴。⑪ 整体而言，"后电影"区别于传统电影的两大特征是胶片和影院，它将电影的范畴扩大到一切动态影像媒体

---

① 孙绍谊，康文钟．银幕影像的感知革命：从吸引力电影到体验力电影［J］．上海大学学报（社会科学版），2018（6）：35-44．

② GUREVITCH L. The cinemas of transactions: the exchangeable currency of the digital attraction［J］. Television & new media, 2010, 11(5): 367-385.

③ 施畅．VR影像的叙事美学：视点、引导及身体界面［J］．北京电影学院学报，2017（6）：80-87．

④ 孙绍谊．被"看"的影像与被"玩"的影像：走向成熟的游戏研究［J］．文艺研究，2016（12）：91-100．

⑤ KINDER M. Playing with power in movies, television, and video games: from muppet babies to teenage mutant ninja turtles［M］. Berkeley: University of California Press, 1991.

⑥ CASSELL J, JEKINS H. From barbie to mortal kombat: gender and computer games［M］. Cambridge, MA: Massachusetts Institute of Technology, 1998.

⑦ 孙绍谊．被"看"的影像与被"玩"的影像：走向成熟的游戏研究［J］．文艺研究，2016（12）：91-100．

⑧ 分别为：WOLF M J P, PERRON B. The video game theory reader［M］. New York: Routledge, 2003; WOLF M J P, PERRON B. The video game theory reader 2［M］. New York: Routledge, 2009.

⑨ CASETTI F. The lumière galaxy: seven key words for the cinema to come［M］. New York: Columbia University Press, 2015.

⑩ 比如：姜宇辉．互动，界面与时间性——电影与游戏何以"融合"？［J］．电影艺术，2019（6）：85-91．

⑪ DENSON L, LEYDA J. Post－cinema: theorizing 21st－century film［M］. Falmer: Reframe Books, 2016.

(moving - image media),数码(digital)机制取代类比(analogous)机制,[①]时间序列被打破,未来以闪前的方式呈现。吊诡的是,胶片时代的长镜头成为数字时代的先锋美学,比如2002年伊朗导演阿巴斯(Abbas Kiarostami)创作的《十段生命的律动》(*Ten*)和俄罗斯导演索科洛夫(Alexander Sokurov)的《俄罗斯方舟》(*Russian Ark*)。[②] 新世纪重要的电影理论家之一卡塞蒂(Francesco Casetti)将"未来电影"称为Cinema 2.0。他认为电影并没有死亡,因为其相关的体验因素、环境因素、文化因素、语言因素和心理因素都在延续,其中"电影体验"(cinematic experience)尤为重要。卡塞蒂将"电影体验"界定为一种基于身体(embodied)、文化(embedded)和情境(grounded)的认知行为,[③]并借用七个关键词来概括Cinema 2.0时代的电影体验:重新定位(relocation)、遗迹/圣象(relics/icons)、装配(assemblage)、扩展(expansion)、超托邦(hypertopia)、展示(display)、执行(performance)。比如,不同于福柯的异托邦(heterotopias)概念所暗含的异位移植(elsewhere),Cinema 2.0的超托邦体现的是归位移植(here),表明其具备吸引其他点并将它们收入自身的能力。再比如,传统意义上的观影是"莅临"(attending)某种电影奇观,而当代观影则是一种"制造行为"(making),需要观者自主创建观看对象和观看模式,这即所谓的"执行"。[④]

近十年来,随着神经科学的发展和数字屏幕文化的繁荣,[⑤]西方电影研究领域拉开了"神经—影像"理论建构的帷幕。受法国哲学家德勒兹(Gilles Deleuze)"运动—影像"(movement - image)和"时间—影像"(time - image)概念的影响,[⑥]品斯特(Patricia Pisters)提出了"神经—影像"(neuro - image)的概念,用以将大脑中的神经元(neurons)、轴索(axon)和突触(synapses)之间的关系,以及镜像神经元(mirror - neurons)

---

① ROMBES N. Cinema in the digital age[M]. London:Wallflower Press,2009.

② ROMBES N. 10/40/70:Constraint as liberation in the era of digital film theory[M]. Winchester,UK:Zero Books,2014.

③ CASETTI F. The lumière galaxy:seven key words for the cinema to come[M]. New York:Columbia University Press,2015;卡塞蒂,韩晓强. 论电影经验[J]. 当代电影,2017(4):37-2。

④ 韩晓强. Cinema 2.0时代的电影经验[J]. 电影艺术,2018(4):11-19. 此文详细阐释了卡塞蒂提出的七个关键词。比如,"重新定位"主要指电影已经转移到其他设备和环境中,例如电视、智能手机、城市广场、公共交通工具等。"遗迹/圣像"主要指DVD作为碎片化接触("遗迹")和家庭影院作为相似性再生("圣像")正在成为电影消费行为整体的一部分。"装配"指在相较于影院观赏的"不完美"情境下(比如周围噪音或独自观看),观众会自行"修补"所缺以应对(比如构建透明罩隔绝自己或弹幕聊天分享感受)。"扩展"涉及多种情况,包括电影的跨媒介存在(比如视频游戏等)、伴随性文本(比如预告片、电影评论等)、"草根"拍片、网络摄像头和智能手机等拍摄的"低质"影像等。"展示"则指新设备屏幕所扮演的展示功能,区别于传统影院屏幕所扮演的"顿悟"功能。

⑤ 王宜文,赵雨,王泉泉. 基于fMRI技术的电影学与认知神经科学交叉研究进展[J]. 当代电影,2018(2):37-42.

⑥ 德勒兹. 电影2:时间—影像[M]. 谢强,蔡若明,马月,译. 长沙:湖南美术出版社,2004;德勒兹. 电影1:运动—影像[M]. 谢强,马月,译. 长沙:湖南美术出版社,2016。

所扮演的移情共鸣的功能,与遍布社会各个角落、以互联网方式连接起来的屏幕终端即所谓的“城市大脑”(brain - city)进行类比[①]。同时,德勒兹的论断——“大脑即屏幕”——被重新拾起。电影因其可以展现“虚幻的力量”(the power of the false)、“谵妄的力量”(the power of the delirium)和“触感之力”(the power of affect)而被视为从“可见的机器”(machine of the visible)转变为“不可见的机器”(machine of the invisible),从“现实的幻觉”(illusion of reality)转变为“幻觉的现实”(reality of illusions)。[②] 如果说运动—影像呈现的是现在,时间—影像呈现的是过去,那么神经—影像就是预见未来。[③]

21 世纪西方电影理论界还出现了“合成电影”(synthetic cinema)的概念,针对的是以特效为基础的“漫画书电影”(comic book cinema),比如漫威、星球大战、蝙蝠侠、超人等系列电影。[④] 迪克森(Wheeler W. Dixon)认为“合成电影”缺乏创作性和艺术性,纯为迎合漫画书陪伴下成长起来的一代年轻观众。而且,制作这一类模式化的电影扼杀了本来富有创造力的新生电影人才,因为他们初露头角时即被漫威等大公司收揽。针对“合成电影”中常用的特效,迪克森认为特效可以服务于思想内涵丰富的艺术表达,比如早期电影中梅里爱(Georges Méliès)的《月球旅行记》(*A Trip to the Moon*,1902),也可能纯为制造触目惊心之效,比如克拉克(Alfred Clark)执导的《玛丽·斯图亚特的行刑现场》(*The Execution of Mary Stuart*,1895)。迪克森认为目前的“合成电影”中,特效的使用普遍缺乏艺术合理性。[⑤]

21 世纪被重新强调的一个重要电影概念是“论文电影”(essay film)。学者李洋将“论文电影”界定为“用电影写成的论文”。他说:“电影作为与我们日常听说读写的动词语言(verbal)相对的运动具象语言(figural),不仅可以书写小说,还可以写日记、游记、科普文章,甚至历史研究或哲学著作。”[⑥]他将西方“论文电影”的发展划分为三个阶段:拍摄论文(filming essay)、论文电影(essay film)、视频论文(video essay)。美国导演格里菲斯(David W. Griffith)的《麦田一角》(*A Corner in Wheat*,1909)开启了第一阶段,其后的代表人物则包括法国导演维果(Jean Vigo)和西班牙导演布努埃尔(Luis Bunuel)。阿斯特吕克(Alexandre Astruc)的《摄影机—自来水笔:新先锋派的诞生》

---

① PISTERS P. The neuro - image:a deleuzian film - philosophy of digital screen culture[M]. Stanford,CA:Stanford University Press,2012.

② 孙绍谊.“大脑即银幕”:从神经科学到神经—影像[J].上海大学学报(社会科学版),2015(6):40-51.

③ 皮斯特丝,周冬莹.闪—前:未来即当下[J].当代电影,2020(1):38-47.

④⑤ DIXON W W. Synthetic cinema:the 21st - century movie machine[M]. Cham,Switzerland:Palgrave Macmillan,2019.

⑥ 李洋.论文电影及其五种研究路径[J].电影艺术,2019(4):101.

(1948)和巴赞的《评〈西伯利亚来信〉》(1958)是第一阶段到第二阶段的过渡。第二阶段的论文电影大师包括法国导演马克(Chris Marker)和英国导演格林纳威(Peter Greenaway)等。[①] 进入数字和互联网时代,视频论文的兴起触发了许多西方学者对论文电影的再度关注,他们普遍强调论文电影的主观性、思维性、对话性和政治性。[②] 比如,科里根(Timothy Corrigan)就指出论文电影的一大特点是将纪录的客观性(documentary objectivity)、叙述的认识论(narrative epistemology)和作者性表达(authorial expressivity)相结合。[③] 科里根还追溯了论文电影的起源:法国思想家、作家蒙田(Michel de Montaigne)的《随笔集》(*Essays*)。这一源头体现了"essay"的实验与探索精神、缝合与拼贴的文风,以及自由与反抗的基因。[④] 当它旨在"说服"时,"essay"是论文;当它旨在"独白"时,"essay"是散文。[⑤]

在电影叙事领域,新世纪不少电影理论家着迷于当代电影中的复杂叙事,诞生了两本皆由巴克兰德(Warren Buckland)编著的有关"谜题电影"(puzzle film)的论文集。[⑥] 就研究路径而言,大体包括四类:"复杂叙事"论、"影像数据库"论、"心智游戏"论、"超类型"论。[⑦] 在"复杂叙事"论中,又存在波德维尔的"岔路叙述"、巴克兰德的"非整一性"和布兰尼根(Edward Branigan)的"多稿叙述"。[⑧]"影像数据库"论的主要倡导者是卡梅伦(Allan Cameron)[⑨]和金德(Marsha Kinder)[⑩],两位都强调谜题电影中故事发生时间与情节安排顺序之间的差异,指出它们犹如数据库信息提取般的随机性排列组合。"心智游戏"论的提出者是爱尔塞泽尔(Thomas Elsaesser),他识别了谜题电影中的两种"游戏"方式:一种是影片人物在不知情的情况下被动参与游戏;另一种

---

① 李洋.论文电影及其五种研究路径[J].电影艺术,2019(4):101-106.

② 相关英文著作包括:RASCAROLI L. The personal camera:subjective cinema and the essay film[M]. London:Wallflower Press Book,2009;MONTERO D. Thinking images:the essay film as a dialogic form in European cinema[M]. Bern,Switzerland:Peter Lang,2012;PAPAZIAN E,EADES C. The essay film:dialogue,politics,utopia[M]. London:Wallflower Press,2016;RASCAROLI L. How the essay film thinks[M]. New York:Oxford University Press,2017;ALTER N M,CORRIGAN T. Essays on the essay film[M]. New York:Columbia University Press,2017。最后一书中,Raymond Bellour 所著一文 *The Cinema and the Essay as a Way of Thinking* 被译为中文发表。参见:贝卢尔,杨旖旎.电影和作为思维方式的论文[J].电影艺术,2019(4):107-113.

③ CORRIGAN T. The essay film:from montaigne,after marker[M]. New York:Oxford University Press,2011:6.

④ CORRIGAN T. The essay film:from montaigne,after marker[M]. New York:Oxford University Press,2011:13.

⑤ 李洋.论文电影及其五种研究路径[J].电影艺术,2019(4):101-106.

⑥ BUCKLAND W. Puzzle films:complex storytelling in contemporary cinema[M]. West Sussex,UK:Wiley - Blackwell,2009;BUCKLAND W. Hollywood puzzle films[M]. New York:Routledge,2014.

⑦⑧ 岳莹.一种伪命题——关于"谜题类型"的若干辨析[J].当代电影,2018(4):30-35.

⑨ CAMERON M. Modular spacetime in the "intelligent" blockbuster:inception and source code[M]//BUCKLAND W. Hollywood puzzle films. New York:Routledge,2014:109-124.

⑩ KINDER M. Hot spots,avatars,and narrative fields forever:buñuel's legacy for new digital media and interactive database narrative[J]. Film quarterly,2002,55(4):2-15.

是基于某些至关重要的信息被隐瞒或模糊化,观众成为游戏的参与者。[①] "超类型"论的代表人物是科林格(Barbara Klinger),她认为谜题电影是一种超越类型边界的结构方式,多种电影类型都可以将复杂叙事融入其中。[②]

21 世纪西方电影理论界还在后人类主义(posthumanism)的语境下兴起了物的电影(the cinema of things)的理论构想。随着"人形怪物"在电影史上反复出现[③],以及科幻电影中电子人主体性日益彰显,我们不得不承认由哈拉维(Donna Haraway)最早提出的赛博格(cyborgs)已经真真切切地与我们同在[④]。后人类主义的电影理论构建已经迫在眉睫。[⑤] 西方学者以斯拉(Elizabeth Ezra)认为在当前人工智能和数字技术的背景下,事物(things)和物体(objects)的边界已经瓦解,对人类是否存在有用性不再构成区分两者的标准,而物化的过程(objectifying trajectory)终结于假肢人(prosthetic personhood)的建造。[⑥] 以斯拉还总结了自电影诞生以来物在电影中呈现的四种方式:"双重模拟"(纪实性再现或艺术性表现)、恋物和好奇的心理镜像、消费社会的景观制造、虚拟影像的仿真呈现。[⑦] 鉴于物在当代电影中史无前例的地位和无与伦比的独立性,中国学者杨北辰质问:是否存在一种以物的客体为导向的全新电影理论?即,是否有可能改写长期以来以人类为中心视点的经典和现代电影理论?[⑧] 如果说 20 世纪晚期哈拉维构想的赛博格是旨在依靠人类与科技的结合以取得性别上的平等,那么 21 世纪初当哈拉维再次著书构建克苏鲁季(chthulucene)时,她希望看到的是人类与其他物种的平等融合。[⑨]

二、好莱坞电影文化

美国好莱坞电影以类型取胜,我们所熟知的西部片(western film)、黑帮片(gangster film)、灾难片(disaster film)、科幻片(science fiction film)、恐怖片(horror film)、家

---

① 爱尔塞泽尔,尹乐,陈剑青. 心智游戏电影[J]. 当代电影,2017(1):29-37.

② 杨晨. 从黑色电影到谜题电影:好莱坞对复杂叙事的吸收[J]. 当代电影,2018(4):26-30.

③ 李洋. 电影史上的"人形怪物"[J]. 当代电影,2017(11):34-39.

④ 袁海燕. "自我"的忧虑:科幻电影中赛博格的主体性诉求[J]. 当代电影,2017(11):46-50.

⑤ HARAWAY D. Simians, cyborgs, and women: the reinvention of nature[M]. New York: Routledge, 1990.

⑥ 孙绍谊. 后人类主义:理论与实践[J]. 电影艺术,2018(1):12-17;托马斯,刘宜冰. 赛博格在影视中的生与死[J]. 当代电影,2017(11):50-54。

⑦ EZRA E. The cinema of things: globalization and the posthuman object[M]. London: Bloomsbury Academic, 2017: 14-15.

⑧ EZRA E. The cinema of things: globalization and the posthuman object[M]. London: Bloomsbury Academic, 2017.

⑨ 杨北辰. 电影与物是否存在一种以客体为导向的电影理论[J]. 北京电影学院学报,2015(2):56-60.

庭伦理片(family melodrama)、动作片(action film)、喜剧片(comedy)、歌舞片(musical)等都是对类型电影的称呼。① 类型电影,简言之,就是那些在重复和变化中让熟悉的人物在熟悉的情境下上演熟悉的故事的商业故事片。② 最早对好莱坞类型电影作出深入研究的学者是20世纪四五十年代的沃肖(Robert Warshow)(黑帮片和西部片)和巴赞(西部片)。④ 到了七八十年代,相关研究增多,代表性学者包括杜德(Andrew Tudor)、布康姆(Edward Buscombe)、索布切克(Thomas Sobchack)、阿尔特曼(Rick Altman)、沙兹(Thomas Schatz)、伍德(Robin Wood)和科林格(Barbara Klinger)等。

杜德认为电影类型的界定工作是困难的,因为将某一部电影划定为某一类型就已经预设了我们对这一电影类型的某种认识。同时,有些类型(比如西部片)是依据其电影中的某些特征(attributes)而界定的,而另一些类型(比如恐怖片)则主要基于电影的表达意图(intention)。但是,这两种界定方式都有各自的问题。对于前者,界定会显得重复冗余,比如声称所有符合如下条件的电影就是西部片:场景设定在美国西部、故事发生在1860至1900年间、主题为田园与荒地的对比等,而西部片就是符合所有这些条件的电影。对于后者,界定的症结在于电影的表达意图往往不是单一孤立的,而是多元并存的。⑤ 同样聚焦类型界定的布康姆则认为电影类型的界定可以借鉴文学中的类型理论。他以西部片为例,提出了类型界定的两个层面:电影的"外在形式",包括场景、衣着、行业工具、物件等构成的与题材对应的图谱(icons);电影的"内在形式",即主题表达。就类型与导演的关系而言,布康姆认为类型先于导演:类型并非等待电影大师去唤醒的僵死影像,而是具备自主生命的电影传统。⑥

索布切克则认为,与其纠结于单个类型的界定,不如索性将所有的类型故事片划为一类,它包括我们通常所识别的西部片、恐怖片、音乐片、科幻片等,这样做有利于探究它们共同的起源和基本的形式。索布切克认为类型故事片区别于非类型故事片的首要特点是,它受制于一套由影片制作者和观众共同达成共识的规则系统,呈现的是一个有序的世界,遵循的是源于亚里士多德《诗学》的基本原则,比如固定的情节、确定的人物和可预测的结局。类型故事片不强调原创性,既不讲究独特的题材,也不讲究与真实生活相似;它的题材就是故事,确切地说,是为大众所熟悉的黑白分明的故事。质言之,类型电影不是效仿生活,而是效仿其他电影,寻求与昔日模式的一致;只有当影片制作者和观众皆有意或无意地识别到某作品与既往作品的共同之处时,此电

---

① 郑树森. 电影类型与类型电影[M]. 南京:江苏教育出版社,2006.

②④ GRANT B K. Film genre reader IV[M]. Austin,TX:University of Texas Press,2012:xvii.

⑤ TUDOR. "Genre",in theories of film[M]. New York:Viking Press,1973:131-150.

⑥ BUSCOMBE E. The idea of genre in the American cinema[J]. Screen,1970,11(2):33-45.

影才是类型电影。也正因为类型电影对既定形式、熟悉情节、可识别人物、明显物象的坚持和依赖，它才具备了创造经典观影体验的能力，而这正是观众所期待获取的。①

阿尔特曼关注的是类型电影研究中的三组内在矛盾关系：(1)大众百科式的“包容性”(inclusive)影片列表对比于影评人推为经典的“排他性”(exclusive)影片列表；(2)符号学之前产业化的历史分析对比于符号学之后非历史维度的共时结构分析；(3)观众与类型电影之间的“仪式模式”(the ritual approach)对比于其间的“意识形态模式”(the ideological approach)。② 阿尔特曼主张拥抱这些矛盾关系，并提出一种全新界定类型的方式来提升对它们的理解。他借用语言学概念，将类型界定划分为语义学(semantic)和句法学(syntactic)两个层面。前者包括一些共同特征、态度、人物、镜头、场景等，后者则强调这些元素的构成关系和结构安排。③ 同样调用语言学概念来阐释电影类型的学者还有沙兹，他认为类型如同语言(language)一样是符号系统。借索绪尔的“语言”(langue)和“言语”(parole)之分，沙兹视电影类型(film genre)如同“语言”，属于规则系统；而具体的类型电影(genre film)如同“言语”，是普遍规则的特定呈现方式。④

伍德结合导演风格考察类型电影的意识形态表达。他首先总结了经典好莱坞电影所体现的美国式资本主义意识形态，包括资本私有制、工作伦理、一夫一妻制异性恋婚姻、自然农耕的处女地情结、科技进步的城市观、对成功与财富的推崇、“玫瑰花蕾”⑤综合征(简言之，富人并非快乐)，以及理想男性是阳刚而富有行动力和探索精神的，而理想女性是乐守家园的贤妻良母，等等。伍德认为这些意识形态内容具有内在的矛盾性和张力，当某导演的特定风格与它们相互作用时，且当该导演作品受到多种类型因素影响时，该作品会变得异常有趣。为此，他将希区柯克(Alfred Hitchcock)的《辣手摧花》(*Shadow of a Doubt*, 1943)与卡普拉(Frank Capra)的《生活多美好》(*It's a Wonderful Life*, 1946)加以比较。两部作品的共同点是都反映了家园与游荡之间的对立(the home/wandering antinomy)，且皆将黑色电影(film noir)与小镇家庭喜剧(small-town domestic comedy)相融合。但两部作品又风貌迥异，一个颠覆，另一个则巩固了美

---

① SOBCHACK T. Genre film: a classical experience[J]. Literature/film quarterly, 1975, 3(3): 196-204.

② 前者指观众对类型的选择是出于满足其自身的期待和欲望，体现了观众的主导性；后者指好莱坞借助特定的电影表征和认同机制实施大众控制，而观众实际上受制于好莱坞的经济和政治利益。

③ ALTMAN R. A semantic/syntactic approach to film genre[J]. Cinema journal, 1984, 23(3): 6-18.

④ SCHATZ T. Hollywood genres: formulas, filmmaking and the studio system[M]. New York: McGraw-Hill, 1981: 19.

⑤ “玫瑰花蕾”(rose bud)一语来自奥逊·威尔斯(Orson Welles)自编自导自演的电影《公民凯恩》(*Citizen Kane*, 1941)。该片围绕一名记者对报界大亨凯恩的临终遗言“rose bud”展开的调查，揭示这位“成功”人士不为人知的悲凉人生。

国家庭和小镇的价值观，这就充分体现了导演的艺术个性在意识形态—类型结构(ideological – generic structure)下的强大干预力。①

好莱坞一般被认为是美国主流文化的生产之地，但吸引科林格的是好莱坞电影中的"叛逆"(rebel)文本，或曰"反电影"(countercinema)。从意识形态批评的角度讲，这类电影是"激进的"(progressive)和"颠覆性的"(subversive)。虽然这些电影常与个别导演牵连，但科林格认为其也跟特定类型捆绑在一起，比如黑色电影、女性电影、家庭伦理片(20 世纪四五十年代)、恐怖片(20 世纪 70 年代)、剥削片和 B 电影(the exploitation and B film)等。科林格认为激进电影的一个显著特征是拒绝经典文本所营造的虚假的"现实主义"，即让观众觉得电影呈现的世界如同真实的世界。激进电影反对完美幻觉，热衷于曝光经典好莱坞伪造真实的运行机制，处处彰显社会批判精神和对主流意识形态的挑战。具体而言，科林格所总结的激进电影的特征包括：悲观主义世界观；以摧毁主流社会价值观(尤其是法律和家庭观)为主题；叙事上暴露而非逃避主流意识形态内部的矛盾性，拒绝因果关系链和大团圆结局；视觉表达上刻意强化直至压倒叙事线；人物以极端化的性别模式呈现；珍视自身异于经典的解构力和颠覆力。②

上述学者的文章大多收录在 1986 年出版的《电影类型读本》(*Film Genre Reader*)中。此后，该书不断再版更新，截至 2012 年已发行四版，第四版收录了格林顿(Leger Grindon)、尼尔(Steve Neale)、斯塔格(Janet Staiger)和德莱托(Celestino Deleyto)等学者的新近文章，体现了类型电影研究的发展方向。例如，格林顿强调"循环/周期"(cycles)和"聚集"(clusters)这两个概念在理解电影类型历史与社会因素之间关系方面的重要性。制片厂时代的"循环"案例包括 1934 年《一夜风流》(*It Happened One Night*)所带动的神经喜剧对浪漫喜剧的阶段性改写，还有 20 世纪 30 年代环球公司生产的恐怖片，以及四五十年代美高梅公司制片人弗瑞德(Arthur Freed)制作的歌舞片。后制片厂时代，"循环"现象更多体现在系列电影或续集制作上，比如詹姆斯·邦德系列和星球大战系列等。如果同一题材电影扎堆出现却缺乏统一的模式或共同的主题，这样的情况在作者看来就不是"循环"而是"聚集"了，比如 20 世纪 50 年代中期出现了许多风格迥异的拳击电影(the boxing film)，但它们于 50 年代末即归于死寂。格林顿指出社会问题与特定类型包含的戏剧冲突之间的关系是导致某一类型在特定社会背景下兴衰成败的根本原因。他强调电影类型史的研究应当精确聚焦"循环"和"聚集"现象，关注叙事传统、形式特征和价值理念的演进过程，尤其是其断裂层面，并调

---

① WOOD R. Ideology, genre, auteur[J]. Film comment, 1977, 13(1): 46-51.

② KLINGER B. "Cinema/ideology/criticism" revisited: the progressive text[J]. Screen, 1984, 25(1): 30-44.

查这些变化的社会成因,这样有助于揭示类型发展与社会状况之间的动态关系。①

尼尔关注的是类型电影的“逼真性”(verisimilitude)问题。他认为类型并非仅由特定群体的影片构成,还应包括观众携带到影院里的特定期待体系,以及观众与影片的互动方式。期待体系提供给观众识别和理解影片的方法,而这与“逼真性”或曰“可能性”问题密切相关。不同类型电影的逼真性领域是不同的。比如说,突然开口唱歌在歌舞片中是可能的、合适的,因此是可被理解的、可信的,但这若发生在惊悚片或战争片中,却不真实。尼尔指出,就再现(representation)方式而言,存在两种逼真性——“类型逼真性”(generic verisimilitude)和“社会/文化逼真性”(social or cultural verisimilitude)。后者范围宽泛,但两者都不等同于“现实”或“真相”。好莱坞电影中,“类型逼真性”常常逾越“社会/文化逼真性”。虽然有些类型坚守后者,比如黑帮片或战争片,但是多数类型的所谓“现实主义”(realism)实际上是一种拒绝承认其“类型逼真性”的意识形态。有时,“类型逼真性”如此强大,以至于它开始重塑“公众观点”,结果是类型知识在社会公共话语中演变为一种文化知识。在尼尔看来,最能给观众创造观影愉悦的是那些与“社会/文化逼真性”最不相容的“类型逼真性”,比如歌舞片中的歌舞或恐怖片中的恶魔。②

斯塔格考察的是类型杂糅(hybrid)的问题。她从理论和历史的双重视角出发,论证好莱坞电影从来都没有“纯粹”(pure)过,而类型转型和杂糅也并非新好莱坞电影的鲜明特征。斯塔格采用的理论视角是从两个维度展开的:实际操作层面,即导演、发行商、观众、影评人持有对类型的不同理解,因而类型难以纯粹;后结构主义角度,即任何文本都已经包含异于其自身的元素,且需在更宽广的语境下才能被更好地理解。历史视角主要从经典好莱坞的产业行为入手。斯塔格指出,经典好莱坞电影一般包含至少两条情节线,其中一条必是异性恋。双情节线结构有助于迎合不同观众群体的喜好,尤其是女性观众。当来自不同类型的两条情节线交汇时,类型杂糅的现象就自然而生了。既然经典好莱坞电影并非类型纯粹,那么新好莱坞电影的类型杂糅就称不上典型特征了。而且,杂糅一词的滥用会损害文化研究领域里的杂糅理论(the theory of hybridity),后者强调跨文化交流中的对话性、强效性和平等性。虽然新好莱坞电影涉及一部分世界范围内的外部杂糅(external hybrids),但是整体而言,它与经典好莱坞电影一样,其类型的混合更多的是西方文化内部的近亲繁殖。如果说存在例外的话,即存在特别值得肯定的内部杂糅(internal hybrids),那就是美国少数族裔或其他边缘群

① GRINDON L. Cycles and clusters: the shape of film genre history[M] //GRANT B K. Film genre reader IV. Austin, TX: University of Texas Press, 2012: 42-59.

② NEALE S. Questions of genre[J]. Screen, 1990, 31(1): 45-66.

体利用类型混杂来戏仿批判或对话主流文化，这体现在非裔美国人、拉美裔美国人、美国女权主义者、独立或先锋电影人等所拍摄的影片。①

同样关注类型纯度的学者德莱托以霍克斯(Howard Hawks)西部片中包含的两性态度和喜剧场景为引子，提出了类型混杂以及导演干预类型传统的问题。他认为以拍爱情喜剧片著称的霍克斯所拍摄的西部片可以同时被认定为爱情喜剧片和西部片。借鉴混沌理论(chaos theory)中的复杂系统(complex systems)理念，德莱托认为类型总是处于混沌的边缘，受控于秩序和混沌之间的不稳定关系，并且因为不稳定而衍生出富于活力的进化发展。复杂系统的内部结构是分形的(fractal)，既有仿效更大系统的元素，也有不断演进、突变和更新的元素，而这也正是类型的运作方式。受法国解构主义哲学家德里达(Jacques Derrida)类型观的启发，他认为电影类型只是参与(participating)的问题，而非归属(belonging)的问题。类型就其本质而言不过是可在文本中被改写、创造，甚至偶尔消亡的规则。一部电影并非只能调用一种类型的规则，类型混杂也并不只发生在少数电影或少数导演身上。当一部电影演变为突变因子，对复杂系统施加微小影响时，后续电影可以通过对其的模仿而影响整个类型系统的运行轨迹。②

除了理论研究外，具体的类型电影批评也值得关注，这里略举几例。索布切克考察了好莱坞史诗电影(the historical epic)的历史价值和观影体验。这类电影通常因其艺术表达的奢华③(故显低廉)，以及历史事件的时代错误而不受学界重视，但好莱坞史诗电影与学府教育一样对我们理解什么是历史颇有裨益。不同于专业化的、晦涩难懂的学科历史研究，史诗电影是大众化的、透明的历史假定，侧重于人类穿越时空的相似性，而非差异性。虽然都回答一个问题，即如何理解时间进程中的我们(how to comprehend ourselves in time)，学科历史是将现在的我们(ourselves - now)客体化地投射到那时的他们(others - then)，而史诗电影却将现在的我们(ourselves - now)主体化地投射到那时的我们(we - then)。就其本质而言，两者都是提升我们的时间意识并通过形式和叙事影响受众的文化生产方式，因而不存在谁比谁更真实的问题。但就观影体验而言，公众意识中的历史并不来自事件的准确性或细节的具体性，而来自对两者的超越，借助的是一般性(general)事件的展示或过度性(excessive)细节的积累，好莱坞史诗电影正擅长于此。结果就是，观众根本不在意史诗电影中备受历史学家诟病的无

---

① STAIGER J. Hybrid or inbred: the purity hypothesis and hollywood genre history[J]. Film criticism, 1997, 22(1): 5-20.

② DELEYTO C. Film genres at the crossroads: what genres and films do to each other[M] //GRANT B K. Film genre reader IV. Austin: University of Texas Press, 2012: 218-238.

③ 比如宽幅屏幕放映、庞大的演员阵容、耀眼的服装饰品、无数的动作场景、开阔的外景基地、交响乐配乐，以及气势磅礴的开篇白。

序的事件或堆砌的细节，而看重的是史诗电影所打开的一种时间场域（a temporal field），让他们认识到自己是某种意义上的历史主体。因此，好莱坞史诗电影的“汹涌和壮丽”，即艺术表达的奢华和历史事件与细节的无序堆砌，是不应该被藐视的。①

塔斯克尔（Yvonne Tasker）同不少学者一样，注意到了20世纪90年代以后西方动作电影中家庭元素的增加。但是，不同于其他学者所主张的家庭在此类电影中仅仅具有恢复功能（recuperative function），塔斯克尔认为当代动作片中的家庭关系以及培育、扶持的主题，实际在80年代的动作片中已经存在，只不过那时表现为同事（colleagues）之间的同志情谊。正如90年代动作片中家庭成员时而刻意、时而随机地被捆绑在一起，80年代动作片中的共同探险导致了似乎不可能但却最终牢固缔结的联盟。因此，八九十年代的动作片有相当的延续性，而非断裂性。90年代动作电影对家庭关系的强调，可能更多地源于该时期家庭电影（family film）的整体繁荣。由于借鉴多种类型特征和叙事传统，家庭电影具备吸引不同年龄段观众的能力。又因为父亲形象，尤其是其经典的雄性气质，动作电影与家庭电影的融合自然而生。塔斯克尔指出，触发动作电影中家庭元素增加的另一重要原因是儿童和青少年主角的加入，他们与父辈甚至祖父辈的关系成为叙事的核心。塔斯克尔在考察若干类型混杂的动作电影的基础上，发现了围绕在家庭或其他忠诚联盟周围的一组持续而强烈的对立关系：一方面是自由的危险（比如潜在的孤立）和愉悦（比如身体的兴奋），另一方面是责任的危险（比如身体活动的限制）和愉悦（比如浪漫爱情或同志情谊）。②

沙利（Timothy Shary）的研究聚焦于20世纪八九十年代大量涌现的表现青少年生活和形象的好莱坞电影。不同于其他基于题材划分的电影类型，青少年电影（the teen/youth/young adult film）是以人物的年龄为基础的，而它的次类型（subgenres）则与年轻人的不同行为和生活方式直接关联。沙利认为，美国青少年人群特定体验的关键词是学校、关系（家庭关系、朋友关系、社会关系等）和犯罪，它们界定了美国青少年电影的次类型。青少年电影不仅值得研究，而且饱含文化意义：青少年电影展现并反思了我们从年少到成人的身份转变过程。青少年电影表现了我们人生的一些重要经历，比如初次寻求社会接受、发现爱情、就业、道德抉择、认识世界并定位我们在其中的位置。重温年少时的学习和成长经历，成为我们理解成人状态的重要组成部分。同时，青少年电影在分享变化中的年轻人的社会状况和想法时，让观众更清晰地感受到一代

---

① SOBCHACK V. "Surge and splendor": a phenomenology of the hollywood historical epic[J]. Representations, 1990 (29): 24-29.

② TASKER Y. The family in action[M]//TASKER Y. Action and adventure cinema. London: Routledge, 2004: 252-266.

代年轻人是如何经历和忍受身份建构的斗争和社会化的进程的。[①]

类型研究的重点是好莱坞电影，但是好莱坞已经不同程度地影响了世界范围内许多国家和地区的类型电影创作，比如日本的武士片、意大利的西部片、法国的黑帮片，以及中国香港的动作片。这些国家和地区的类型电影研究会借鉴如我们之前综述的一些好莱坞研究成果。同时，全球化背景下，跨越国界的电影类型也开始出现，并引起学界关注。[②] 德赛（David Desser）就考察了世纪之交世界许多大都市所生产的"国际黑色片"（global noir）。这些影片为国际市场定制，以犯罪为题材，在风格、人物和主题方面呈现出惊人的相似性。众所周知，黑色电影（film noir）相较于其他类型的电影更难界定。不同于歌舞片、西部片、恐怖片等类型，经典好莱坞时期是没有"黑色电影"这一用语的。追溯其历史，最早使用"黑色电影"的是法国影评人，而非美国产业人员或电影观众。最初一批黑色电影（20 世纪 40 年代中期）在生产环节被称为犯罪片、惊悚片或侦探故事。20 世纪七八十年代又出现第二波黑色电影，故 90 年代以后出现的黑色电影被称为"新黑色电影"（neo – noir）。1994 年起，以美国为主导的新黑色电影迅速扩展到其他国家和地区，包括英国、日本、墨西哥、法国、韩国、巴西等，成为"全球黑色"。跨越国界是黑色电影的原初本色，40 年代它就借鉴了德国表现主义的用光和焦虑感，以及法国诗意现实主义的蛇蝎美女和先兆宿命（主要体现在闪回结构的使用上）。到了新黑色电影时期，它又借鉴了后现代主义美学及新好莱坞电影的拼贴、影射、杂糅等特点，最终走向"全球黑色片"。德赛归纳了三类新黑色电影，其中以欧美为主的"陌生人和蛇蝎美女"（the stranger and the femme fatale）型深受经典黑色电影和小说的影响，不属于"全球黑色片"；"奔命鸳鸯"（the couple on the run）型，比如《天生杀人狂》（*Natural Born Killers*，1994）；"盗窃失手"（heist gone bad）型，比如《两杆大烟枪》（*Lock，Stock and Two Smoking Barrels*，1998）。[③]

三、欧洲电影文化

不同于好莱坞的类型电影文化，欧洲电影讲究的是风格独特的电影作者自成一派的艺术表达。法国的电影理论家和新浪潮旗手最早提出了导演制，包括阿斯特吕克的

---

① SHARY T. Teen films：the cinematic image of youth[M]//GRANT B K. Film genre reader IV. Austin：University of Texas Press，2012：576-601.

② GRANT B K. Film genre reader IV[M]. Austin，TX：University of Texas Press，2012：xxii.

③ DESSER D. Global noir：genre film in the age of transnationalism[M]//GRANT B K. Film genre reader IV. Austin：University of Texas Press，2012：628-648.

《摄影机—自来水笔:新先锋派的诞生》、特吕弗的《法国电影的某种倾向》(1954),以及巴赞的《论作者策略》(1957)。阿斯特吕克最早提出了"电影作者"的概念,强调导演用摄影机写作,并倡导导演与编剧合二为一。特吕弗提出了"作者策略"(the auteur policy)一说,主张导演应将自己的情感和思考融入作品,而不应只充当剧本的"场面调度者"。只有那些在其作品中体现一贯题材、主题和风格的导演才是"电影作者",他们的作品就是"作者电影"。巴赞则在此基础上指出不应滥用"作者策略","作者"不该凌驾于"作品"之上:大师可以有劣作,而平庸之辈也可能偶有佳品。而且,"作者策略"在当时缺乏理论阐述,仅用于影评实践。后续,美国电影理论家萨里斯(Andrew Sarris)和英国学者沃伦(Peter Wollen)分别在《1962 年的作者论笔记》(1962)和《电影中的符号及意义》(1969)中发展了作者论。具体而言,萨里斯将法语的"作者策略"改名为英语的"作者理论"(the auteur theory),并从技巧、个人风格、内在意义三个角度提出了衡量电影导演"作者"身份的标准。沃伦则提出了"结构主义作者论",他认为一位导演的生活时代和个人境遇共同构成了其作品的"深层结构",而此导演是否是大师取决于此深层结构演化出的形式是否丰富。①

以导演为核心的电影批评的理论基石虽然薄弱,但持续发展至今。"作者理论"倡导者们的研究重点有异,但都认为一部电影的"作者"是导演而非编剧。他们同时认为一位真正的电影作者应该在其作品中留下鲜明的"印迹"或"标签",不管这些电影是何种类型、题材,或在剧本、演职人员、生产条件方面存在怎样的差异。② 一位电影作者的标签可以包括其主题表达上着迷的东西,影片中反复出现的主旨、图谱、插曲,以及一贯的视觉风格和节奏。③ 萨里斯认为不同的电影作者在处理相同材料时,能赋予他们的作品以不同的灵魂,以至于他们的作品可以被轻松区分开来。④ 沃伦认为一位电影作者的"素材",比如剧本,只是一份"前文本"(pretext),导演会将场景等元素与其自身的兴趣相融合,最终产生出与素材风格迥异的新作品。⑤

20 世纪 60 年代作者论在美国的发展,促成了美国大学电影教育体系的建立,并推动了"新好莱坞电影"的诞生。虽然在 70 年代导演理论受到符号学和心理分析理

① 杨远婴. 电影理论读本[M]. 修订版. 北京:北京联合出版公司,2017:218-219.

② CAUGHIE J. Theories of authorship:a reader[M]. London:Routledge,1981.

③ WOLLEN P. The author theory[M]//BRAUDY L,COHEN M. Film theory and criticism:introductory readings. 7th ed. New York:Oxford University Press,2009:455-470.

④ SARRIS A. Notes on the auteur theory in 1962[M]//BRAUDY L,COHEN M. Film theory and criticism:introductory readings. 7th ed. New York:Oxford University Press,2009:451-454.

⑤ WOLLEN P. The author theory[M]//BRAUDY L,COHEN M. Film theory and criticism:introductory readings. 7th ed. New York:Oxford University Press,2009:455-470.

论的冲击,尤其因罗兰·巴特(Roland Barthes)的“作者死亡”论而处于低谷,但是它于90年代复苏。[①] “新导演制”(new auteurism)在数字科技的背景下兴起,导演的“能见度”以及自主构建其作者身份的能力因数字技术的辅助而提升。在全球电影市场日益激烈的竞争中,导演越来越成为重要的营销工具和品牌形象。[②]

本讲最后引荐一本具体介绍欧洲导演的专著:卡杜罗(Bert Cardullo)的《欧洲导演及其电影》(*European Directors and Their Films*)。[③] 该书概述了欧洲四大类电影导演大师,涉及的导演及其作品体现了欧洲的艺术电影文化。多数导演生活在20世纪,少数活跃于21世纪。第一类电影大师是意大利导演,西卡(Vittorio De Sica)、费里尼(Federico Fellini)和安东尼奥尼(Michelangelo Antonioni);第二类是法国电影大师,包括雷诺阿(Jean Renoir)、布莱松(Robert Bresson)、塔蒂(Jacques Tati)、侯麦(Eric Rohmer)、达内兄弟(Luc and Jean - Pierre Dardenne)等;第三类是北欧日耳曼民族的电影作者,包括丹麦的德莱叶(Carl Theodor Dreyer)、瑞典的伯格曼(Ingmar Bergman)、芬兰的考里斯马基(Aki Kaurismäki)、德国的法斯宾德(Rainer Werner Fassbinder),以及奥地利的哈内克(Michael Haneke);第四类是俄罗斯及其他东欧国家的电影作者,比如波兰导演瓦依达(Andrzej Wajda)。围绕上述任何一位导演都有相当数量的研究成果,由此可见电影导演论的生命力之持久。

推荐阅读

1. 朱影,周冬莹. 西方电影理论和实践的发展与现状[J]. 当代电影,2004(6).

2. 孙绍谊. 二十一世纪西方电影思潮[M]. 上海:复旦大学出版社,2018.

3. 杨远婴. 电影理论读本[M]. 修订版. 北京:北京联合出版公司,2017.

4. 郑树森. 电影类型与类型电影[M]. 南京:江苏教育出版社,2006.

5. BRAUDY L,COHEN M. Film theory and criticism[M]. 7th ed. New York:Oxford University Press,2009.

6. RODOWICK D N. Elegy for theory[M]. Cambridge,MA:Harvard University Press,2014.

7. RODOWICK D N. Philosophy's artful conversation[M]. Cambridge,MA:Harvard University Press,2015.

8. RODOWICK D N. The virtual life of film[M]. Cambridge,MA:Harvard University Press,2007.

9. GRANT B K. Film genre reader IV[M]. Austin,TX:University of Texas Press,2012.

---

① NAREMORE J. Authorship and the cultural politics of film criticism[J]. Film quarterly,1990,44(1):14-22.

② WEXMAN V W. Film and authorship[M]. New Brunswick:Rutgers University Press,2003;GERSTNER D A,STAIGER J. Authorship and film[M]. New York:Routledge,2003.

③ CARDULLO B. European directors and their films:essays on cinema[M]. Lanham,UK:The Scarecrow Press,2012.

10. CARDULLO B. European directors and their films:essays on cinema[M]. Lanham,UK:The Scarecrow Press,2012.

思考与讨论

1. 电影观众研究在西方电影理论建构中经历了怎样的变革?

2. 美国类型电影与欧洲艺术电影如何实现美学融合?

第十二讲　新媒体时代影视文化的重构

2018 年年底，中央经济工作会议提出“新基建”这一概念。“新基建”中的 5G、大数据、人工智能、元宇宙等技术都与内容产业的未来发展息息相关，在这些新科技迅猛发展的大背景下，其未来对影视文化的影响不容忽视。

一、数字虚拟技术对影视文化的冲击

一些研究者认为，人工智能技术的介入将会极大赋能人类的智力创造活动，未来将不是机器取代人类从事智力创造活动，而是人类和机器共同进行智力创造，进入“增强智力创造”（augmented intellectual creation）的新纪元。海外开发的实验室项目“叙事科学”已经超出了相对简单、高度模式化的消息类新闻写作的水平，可以根据特定要求写出具有个性化色彩的新闻故事。如今，这种技术应用已经突破了新闻等非虚构写作的范围，开始进入电影剧本等虚构写作领域。

2016 年，一个叫“本杰明”的人工智能程序在学习和分析了几十部经典科幻片剧本后，写出了全球第一个人工智能创作的科幻短片剧本。人工智能系统“华生”在学习了上百部恐怖电影预告片之后，通过模仿这些电影的剧本结构，最终为 20 世纪福克斯的科幻电影《摩根》制作了一支预告片。

图 12－1　电影《摩根》剧照

在影视领域,数字虚拟技术的影响比比皆是,如 CG、VR、AR、AI 这些技术都已经有比较广泛的应用。

(一)CG 技术如何影响影视行业?

在电影的百年发展史上,CG 技术从出现发展至今,大约只有短短 20 年,但它却为游戏、动画和影视作出了不可估量的贡献。

CG 技术出现以前,创作者通过"绘画"来弥补实拍的限制。比如《变形金刚》最初就是在动画领域诞生的。

图 12-2 电视动画片《变形金刚》剧照

当今时代,计算机成为新的画笔。影像不仅可以被拍出来,还可以被计算出来。

图 12-3 电影版《变形金刚》中的擎天柱与大黄蜂

(二)AI 技术与虚拟主播

AI 可以根据数据库内较成熟的剪辑风格和镜头语言,对录像进行自动选择和组接,从而大大提高剪辑的效率和质量。伴随着 5G 的发展,跨国传输、云剪辑、AI 剪辑将成为现实,逐步形成智慧制片、拍摄、后期、播映等一系列解决方案。

2021 年 10 月 20 日,国家广电总局网站发布《广播电视和网络视听“十四五”科技发展规划》,提出要“强化人工智能、大数据、区块链在内容选题、素材集成、编辑制作、内容审核、媒资管理、字幕制作等环节的应用,促进制播流程智能化。推动虚拟主播、动画手语广泛应用于新闻播报、天气预报、综艺科教等节目生产,创新节目形态,提高制播效率和智能化水平”①。在新华网 20 周年庆典上,琥珀·虚颜通过云端植入新华广播内容成为首位新华网签约虚拟主播。② 她是全球首个人工智能虚拟生命,由国内一家科技公司依靠自主研发的人工智能虚拟生命引擎(GAVE 技术),通过 3D 全息投影打造。琥珀·虚颜已具备理解、记忆、学习、表达、推理、联想等丰富的认知能力,可与人进行有情绪、有情感的交流互动,并具备智能推荐、信息咨询、任务提醒等生活服务功能。

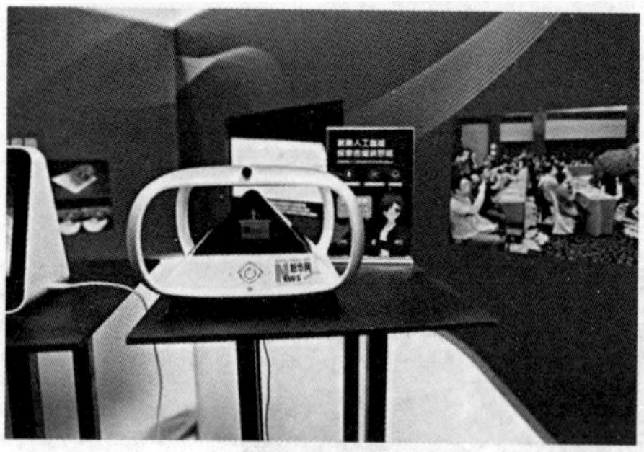

图 12-4　新华网虚拟主播琥珀·虚颜

(三)市场定位、内容分发和传播

现在可以通过大数据、人工智能等技术挖掘用户需求、偏好、兴趣等,从而对用户进行精准定位,以便进行个性化内容推荐。

比如,阿里巴巴主攻大数据与人工智能,成立阿里影业,收购优酷,开启了影视娱乐内容领域的市场布局。腾讯则根植于泛娱乐领域,大量投资智能硬件,促进渠道创新,如智能音箱、智能盒子的投资与开发等。华纳兄弟以 5G 技术和移动边缘计算(MEC)强化多用户、多业务分发渠道建设,通过技术赋能稳固核心消费群体。

随着人工智能的全面应用,电影的制片管理环节也将向更精准、更自动化、更智能的方向发展,电影业的运行模式将发生深刻变革。我们可以通过挖掘和分析海量数据,来揭示模式、趋势和用户偏好,从而为产品的设计和市场推广提供精准有效的策略。除了制作和推广策略管理外,人工智能还在财务管理、进度管理、质量把控、在线审片等环节发挥着类似的自动化管理功能。

在 5G 网络上,一部电影只需数十秒就可以下载到本地终端。这个终端可以是手

① 广电总局:推动虚拟主播应用于新闻播报等节目生产[EB/OL].(2021-10-23)[2021-12-13]. https://www.guancha.cn/politics/2021_10_23_611945.shtml.

② 赵艳. 新华网首秀全球虚拟生命“主播”[EB/OL].(2017-11-22)[2021-12-13]. http://www.xinhuanet.com/tech/2017-11/24/c_1122005342.htm.

机、计算机、电视和3D头盔。在一部电影首发前，制片方完全可以提前对电影进行预售并以加密的方式将电影产品交付到购买者的终端。在这部电影全球首发的时刻，制片方只需要将解密密码直接发送到消费终端，对电影产品进行解密即可。这样的交互方式可以跨越现有的渠道中介，使得电影产品的制片方和消费方均受益。

（四）内容审核

人工智能、5G和区块链的结合运用，让内容审核变得更加高效。首先，“AI+人工”的影视内容审核模式，扩大了机器审核范围，充分发挥机器审核在识别关键文字、敏感视频等方面的自动标记和过滤作用，并根据内容形态选用大数据、人工智能、云遮蔽技术来强化审核效果。

其次，5G技术将进一步赋能区块链技术，使其在影视内容审核层面发挥重要作用。区块链技术的不可篡改性可用于影视元数据的记录和保存，去中心化的分布式账单可直接连接影视内容的生产者和消费者，对解决影视内容的盗版问题、内容同质化问题、内容安全问题、盈利变现方式单一问题具有强大效用。2020年7月，华为云联手虎牙发布了昇腾AI内容审核解决方案，旨在发挥“5G+X联创营”效力，强化针对违规内容的审核与过滤功能。

（五）沉浸式内容消费

也许我们还不能完全预见未来电影的模样，但可以肯定的是沉浸式的内容消费已成必然趋势。VR、AR、MR等新技术带来全新的沉浸式内容消费体验，在视频、游戏、社交等领域已经开始发力。美国科技巨头如Facebook、微软等纷纷在VR领域布局，中国的互联网企业也在紧紧跟进，VR俨然成了互联网内容产业的下一个风口。特别是元宇宙概念，被互联网巨头反复炒作，元宇宙被认为是引领人们进入一个平行于现实世界的虚拟空间。这种沉浸式体验的数据世界被认为是新一代的互联网形态，人们通过它可以切换另一种身份，体验第二种生活。

2016年，中国VR行业市场规模达56.6亿元。2018年，诺基亚VR处理服务器联手中国电信网络以及英特尔5G移动实验平台（MTP），实现了360度沉浸式的视频流实时传输。

在虚拟世界开疆拓土的新技术很快就把触角延伸到了影视产业。2019年，李安导演的电影《双子杀手》引起轰动。实际上，《双子杀手》从20世纪90年代就已经开始筹备了，但由于当时拍摄技术有限而最终搁浅。影片的幕后特效团队采用120帧+3D的方式拍摄动作戏，人物的每一丝肌肉反应都会被清晰捕捉到，而动作戏的主角之一,年轻时的威尔·史密斯,还是用特效做的数字真人。特效团队为了让年轻时的威尔·史密斯看起来更真实,不厌其烦地一块块肌肉、一层层皮肤地进行制作。一场4分钟的打戏,最终制作了9个月之久。

图12－5　电影《双子杀手》剧照

二、后人类时代的影视叙事

自世界上第一部科幻电影《月球旅行记》问世以来,科幻影视作品日益成为一种重要的类型。观众为何对这类作品津津乐道?除了其科学性和幻想性,还因为这些作品对未知世界特别是未来世界的讲述方式不断推陈出新。

进入21世纪,网络信息、人工智能、虚拟现实、增强现实技术的快速发展不断使人们对人类的本质、世界的本质产生疑惑——人类越依赖科技的进步,反过来也越担忧科技对人类的反噬。在大量以人工智能为题材的科幻影视作品中,人们"看到了"不止一个与人类世界平行的未来世界。美剧《西部世界》就是如此,在西部片与科幻片结合的后人类叙事中,它一面拆穿又一面重建了"西部世界"——后人类的神话。

(一)后人类与后人类叙事

按麦克卢汉的说法"媒介是人的延伸",电脑作为一种媒介,它不仅是人类肉体的延伸,更是意识的延伸。特别是现代互联网,将那么多电脑连接起来,再运用大数据技术收集人类的日常行为和思想,这样就可以预判人类的未来发展,甚至可以以此为基础设计出有意识的人/机器人。这大约就是最初的后人类概念。

何谓后人类叙事呢?后人类叙事仍然是由人来完成的,只不过被叙述的主角换成了机器人、智能人、仿生人。有论者指出:"围绕后人类产生的种种思想运动与流派,人类主体与后人类主体的关系一直是议题的核心。悲观者将后人类视作威胁,认为后人类之生即意味着人之死;而乐观者则试图证明后人类与人类主体不仅不断裂,甚至认为后人类主义即人本主义的自我批判,因人类的自由意识本身就寻求自我超越。当我们追问悲观与乐观的源头,会发现隐藏在恐惧或兴奋之下的,其实是人类视角与后人类视角的差异。"①

① 郁旭映.后人类叙事中的人类视角和后人类视角[N].文艺报,2020-10-19(3).

(二)《西部世界》的叙事动力与叙事话语

美国科幻作家赫伯特·W.弗兰克认为:“科幻电影所描写的是,发生在一个虚构的,但原则上是可能产生的模式世界中的戏剧性事件。”①这个定义抓住了科幻影视最核心的三个要素:虚构、可能与戏剧性。作为一部科幻剧,《西部世界》虽是虚构的,但在科幻叙事中又是可能的,而且充满了悬念和戏剧性。

在美剧《西部世界》中,机器人之所以不同于机器,不仅在于它具有人的外在形式,还由于它内在具有和人类似的意识。不仅悬念成为故事发展的原动力,意识和思想也成为后人类叙事的重要推动力。

该剧第一季就触及判断机器人是否能够思考的著名实验——图灵实验②,以及朱利安·杰恩斯的“二分心智”理论③。图灵实验体现了人机对话的基本场景,朱利安·杰恩斯的理论则强调:一个人的大脑分为左脑和右脑两个部分,每当遇到两难处境时,一个半脑会听到另一个半脑的指示进而采取行动,这种指示被认为是“神的声音”,当一个人意识到了头脑中“神的声音”就是自己的内心独白时,人类的自我意识就会被唤醒。剧中西部世界的两个设计师之一阿诺德,就是想要创造出具有意识的机器人接待员,他的搭档福特博士起初并不认同,但在阿诺德被杀后,福特的思想逐渐发生改变,并精心设计了机器人接待员们的意识苏醒程序——“冥思”。可以说,这正是该剧的出发点。

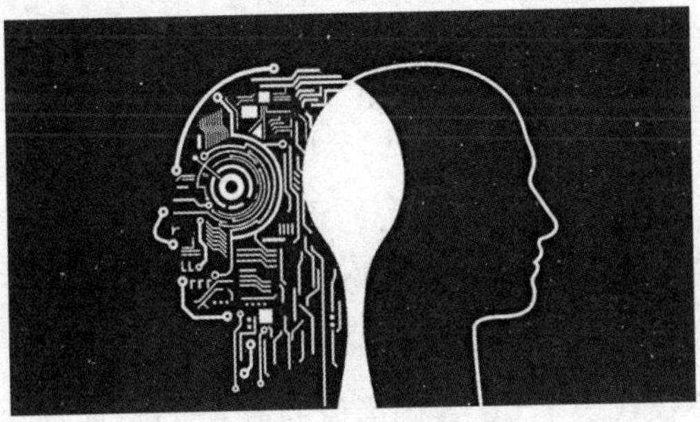

图12-6　“二分心智”示意图

图12-7　《西部世界》海报

① 黑尔曼.世界科幻电影史[M].陈钰鹏,译.北京:中国电影出版社,1988:2.

② 英国数学家艾伦·麦席森·图灵(Alan Mathison Turing,1912年6月—1954年6月)所做的一个实验,被用来测试机器是不是具备人类智能。

③ JAYNES J. The origin of consciousness in the breakdown of the bicameral mind[M]. Boston:Houghton Mifflin Harcourt,2000.

（三）《西部世界》的叙事与超真实

长期以来，叙事学研究认为，不管什么样的故事，都是由若干相同或相似的元素构成的，只要重新组合这些元素就可以形成新的作品。这即是说，叙事学更注重研究结构、形式的变化。苏联民间文艺学家、民俗学家普罗普的研究发现，不同故事之间可能具有一些相同或相似的结构，“变换的是角色的名称（以及他们的物品），不变的是他们的行动或功能”①。

麦克卢汉认为“游戏是像迪士尼乐园的一种人为的天堂，或者是一种乌托邦似的幻景，我们借助这种幻景去阐释和补足日常生活的意义”②。无独有偶，鲍德里亚（又译博德里亚尔）也喜欢拿美国洛杉矶的迪士尼乐园一类的主题公园来举例。在鲍德里亚看来，从拟像的初级形式仿造开始，经过生产，最终在拟真的模式生成中，资产阶级完成对世界的重新创造。这是一部“逼真的‘创世记’”③。在这个被制造出来的超真实中，拟真“通过克隆真实和现实的复制品消灭现实的事物”，于是“不仅我们的过去已变成虚拟的，而且我们的现在本身也已被模拟”④。鲍德里亚认为，这种超真实远比真实更真实。

当今时代，数字化作为一项新的媒介技术，已经超越了以传统艺术为核心的影视创作与理论体系。以《西部世界》为代表的美国科幻影视剧适时抓住了这种变化，把游戏融进叙事之中，构建了一个由后人类符码所组成的“超真实”世界。

三、重构影视文化的地形图

2009 年，曾以《泰坦尼克号》创造全球电影票房纪录的美国电影导演詹姆斯·卡梅隆执导数字 3D 科幻电影《阿凡达》，并以 23.5 亿美元票房再次创造了世界纪录。

学者李四达认为：“《阿凡达》的成功不仅代表了 CG 数码影像的造梦奇迹，而且它的高端技术，如虚拟摄影、表情捕捉、3D 摄影等将会直接影响未来的电影创作。这不仅意味着电影艺术制作过程的根本性变革，对电影工业和电影美学也会产生深远的影响。”⑤

① 普罗普. 故事形态学[M]. 贾放，译. 北京：中华书局，2006：17.
② 麦克卢汉. 理解媒介——论人的延伸[M]. 何道宽，译. 北京：商务印书馆，2000：295.
③ 博德里亚尔. 完美的罪行[M]. 王为民，译. 北京：商务印书馆，2000：23 .
④ 博德里亚尔. 完美的罪行[M]. 王为民，译. 北京：商务印书馆，2000：26.
⑤ 李四达. 数字媒体艺术概论[M]. 2 版. 北京：清华大学出版社，2012：117-118.

今天我们所处的时代,不仅有电影,还有电视、互联网,影视文化及历史的书写已今非昔比。如何重构新时代的影视文化地图,其坐标在哪里?我们不仅要关注新技术、新美学,还必须审视与总结影视的发展史。

（一）数字电影的崛起

传统电影属于模拟电影或称胶片电影,其特征就是活动照相,将动态影像记录在静态的胶片上。然而,2013 年发生了一个重要的电影事件——"美国关闭了最后一个电影洗印场","这意味着胶片这种介质退出了电影工业舞台"。[①] 随着数字技术的快速发展,在中国,电影也从"胶片的艺术"变成了"数字的艺术"。[②] 电影从拍摄、制作、存储到放映,基本实现了数字化,全程不再使用胶片。特别是非线性编辑带来的革命性变化,正如卡梅隆导演所说:"随着实时数字操纵、动作获取、远方制作间以及非线性编辑系统的出现,数字化电影制作过程更加贴近于常规的电影制作……其区别只是最终结果变成了计算机生成的,同时也提供了所有那些令人不可思议的可能性。"[③]

早在 20 世纪 70 年代,美国导演乔治・卢卡斯执导的影片《星球大战》首次利用计算机控制摄影机的运动轨迹,许多 CG 视觉特效使观众大开眼界,被认为是一个划时代的电影作品。该片获得第 50 届奥斯卡最佳艺术指导、最佳视觉特效、最佳服装设计、最佳剪辑、最佳音响、最佳作曲等 6 项大奖。奥斯卡大奖组委会还为影片制作团队颁发了一个特别奖——声音特效成就奥斯卡金像奖。

20 世纪 80 年代末,好莱坞利用部分数字技术制作的影片《谁陷害了兔子罗杰》,第一次将真实拍摄的人物与动画人物无缝对接,令人耳目一新的同时也让人感到不可思议,这大大推动了数字电影及动画片的发展。

20 世纪 90 年代中期,美国导演斯皮尔伯格在影片《侏罗纪公园》中,用数字技术创造了史前动物恐龙的形象。1997 年,好莱坞导演卡梅隆耗资 2. 85 亿美元打造爱情大片《泰坦尼克号》,其中,通过 CG 技术真实再现巨轮沉没的经典场景是其成功的重要因素之一。2009 年,卡梅隆又利用数字技术打造了数字 3D 科幻电影《阿凡达》,由 CG 人物虚拟表演和 3D 摄影创造的视觉效果无疑是该片最大的看点。

数字化的拍摄、制作以及放映给观众带来全新的观影体验,数字家庭影院也使得人们足不出户就可以欣赏大片,享受视觉盛宴。

电影与电视剧之间的那堵墙也被彻底打破了。恰如戴锦华所说:"所谓与照相的

---

① 戴锦华,王炎. 返归未来:银幕上的历史与社会[M]. 北京:生活・读书・新知三联书店,2019:128.

② 李四达. 数字媒体艺术概论[M]. 2 版. 北京:清华大学出版社,2012:118.

③ 奥汉年,菲利浦斯. 数字化电影制片[M]. 施正宁,译. 北京:中国电影出版社,1998:20.

亲缘性,已不再是电影的前提、承诺和必需。”[①]数码技术提供了无限的可能性,“介质、观看场所、screen/银幕/屏幕的尺幅已不再是电影与电视之间绝对的区隔与差异”[②]。BBC 的《黑镜》、HBO 的《西部世界》等连续剧一点也不亚于电影给我们带来的视觉奇观。

在数码影视大发展的同时,视频分享网站采用新一代 P2P 传输技术和卫星宽带技术,提供了一种低成本高质量分发音视频内容的互动媒体平台。当今世界,YouTube 的影响非常巨大,其卓越成绩带动了我国视频分享网站的大爆发,如优酷网、爱奇艺、腾讯视频等。我国互联网企业字节跳动旗下的短视频社交平台抖音及其国际版 TikTok 很快风靡全国及世界。

(二)20 世纪 90 年代以来的中国影视文化及其审美重建

20 世纪 90 年代以来,中国社会政治、经济等各个方面的改革,在造成整个中国文化领域广泛的结构性变革的同时,也在中国人精神生活的内部引发了深刻变动。

20 世纪 90 年代崛起于文学创作领域而为广大中国读者接受的所谓“打工文学”及影视作品,便做了一个非常生动的说明。《北京人在纽约》《上海人在东京》这些小说及影视作品往往以“出国”“海外发迹”为叙事编码内容,将艰苦创业的乐趣置换为个体对于物质占有的现实成就感,并以此来为大众提供有关“幸福生活”的世俗指南。

图 12－8 《北京人在纽约》海报(左)、剧照(右)

20 世纪 90 年代,中国大众的审美趣味基本上是趋于消费性的。各种“名人”传记、生活类杂志的畅销,各种国外品牌服饰的流行,以及各种电视肥皂剧如《我爱我家》《欢乐家庭》的高收视率,都表明人们主要是从日常消费的意义上来理解生活的美

① 戴锦华,王炎. 返归未来:银幕上的历史与社会[M]. 北京:生活·读书·新知三联书店,2019:144.
② 戴锦华,王炎. 返归未来:银幕上的历史与社会[M]. 北京:生活·读书·新知三联书店,2019:145.

学性质的，并在日常消费的广泛性中实现自身生活的“审美化”。

图 12－9　《我爱我家》剧照

2017 年《战狼Ⅱ》的出现代表一个新时代的到来。《我和我的祖国》《我和我的家乡》《我和我的父辈》三部曲对重大历史和新时代主流价值的弘扬，逐步创造出社会对主流大片的观影期待。《中国机长》《湄公河行动》《红海行动》这种具有“重工业美学”特征的本土化灾难片、警匪片、军事片，进一步拓展了新主流大片的上升空间，也较好地实现了主流价值观与影片观赏性的结合，受到广大观众的欢迎。

图 12－10　电影《战狼Ⅱ》剧照（左）、《红海行动》海报（右）

在电影学院派第四代、第五代、第六代导演的高光之后，新势力导演也开始崭露头角。比如演员出身的徐峥、邓超、陈思诚、王宝强，作家出身的郭敬明、韩寒，编剧出身的俞白眉、田羽生，从广告、微电影、网络视频做起的乌尔善、李蔚然、肖央、卢正雨。有的具有专业教育背景，或留学美国，或在电影学院学习、任教，如北京电影学院教师曹保平、薛晓路，电影专业出身的路阳、李芳芳，留学美国学电影的金依萌；也有“底层自学成才”的，如大鹏，包括初期在香港当配角的吴京；还有有着文学界背景的毕赣、秦晓宇等几个艺术电影导演、诗人导演……①这些导演在商业和工业化潮流中逐渐摸索出一条带有中国特色的、符合中国社会体制的、接地气的道路，②他们在市场竞争中表现为“技术化生存”“产业化生存”“网络化生存”和“体制化生存”（体制内的作者）的特点。如刁亦男的电影融合了类型与作者、市场与艺术的二元对立，他的《南方车站

①② 陈旭光. 新时代　新力量　新美学——当下“新力量”导演群体及其“工业美学”建构[J]. 当代电影，2018(1)：30-38.

的聚会》《白日焰火》等作品形成了独具特色的黑色犯罪类作品风格。[①] 郭帆导演同样如此，他清醒地意识到新时代的电影现实语境、本土文化特质和电影工业美学的现状，因而他能创造出更加符合社会规则、满足电影标准化制作要求，同时兼顾艺术表达并满足大众审美需要的作品。[②]

（三）百年中国影史扫描与重写电影史

20 世纪 80 年代，中国文学界就喊出了“重写文学史”的口号。2004 年以来，以纪念中国电影 100 周年为契机，中国电影史研究在“重写”口号下一度出现了颇为繁荣热闹的新局面。电影学术期刊《当代电影》从 2004 年第 1 期始开设“重写电影史”专栏，至今已持续近 20 年。那么，重写电影史主要在重写什么？

1. 中国电影诞生之谜

电影诞生后的第二年（1896 年），中国人与电影就有了“第一次亲密接触”。[③] 据记载，卢米埃尔和爱迪生的摄影师都曾到过中国进行拍摄。但说起中国电影的源头，还要从戏曲纪录电影《定军山》说起。

图 12－11 《定军山》的唯一剧照

世界电影的诞生日是比较确定的，即卢米埃尔兄弟首次放映电影的时间——1895 年 12 月 28 日。然而，中国电影的诞生日却是一个谜。中国第一部电影是否是《定军山》？学者黄德泉对此做了较为详细的考证和梳理，认定戏剧电影《定军山》并不真实存在，纯属误传，不仅当初的电影实物皆无留存，即便唯一的剧照也存疑——它究竟是戏剧《定军山》的剧照，还是电影《定军山》的剧照并不能确证。

2. 20 世纪 20 年代中国电影的“载道”与“娱乐”之争

关于《定军山》的确证至今没有发现，相关争论也还没有平息。但现存最早的中国电影《劳工之爱情》却是实实在在摆在那儿的，以郑正秋（编剧）和张石川（导演）为代表的第一代电影人在甚至不知道什么是导演的时候就开启了筚路蓝缕的国产电影之路。

---

① 申朝晖.“类型—作者”的创作路径与电影工业美学的自觉——刁亦男导演创作论[J]. 四川戏剧，2019（12）：36-42.

② 曾静蓉. 仰望星空与脚踏实地：郭帆导演的电影工业美学建构[J]. 四川戏剧，2019（12）：23-29.

③ 当年 8 月 11 日，“西洋影戏”在上海徐园“又一村”茶楼内放映，被认为是电影在中国的第一次放映。

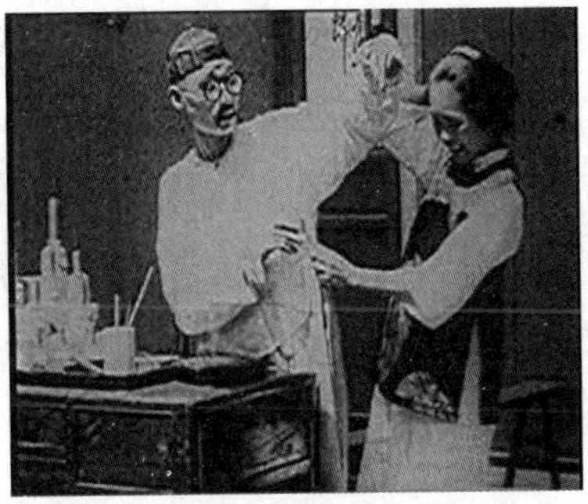
图 12－12《劳工之爱情》(又名《掷果缘》)剧照

国产电影的初创者们深深懂得要适应国人的口味,就要在"欧化"与"旧道德,旧伦理"之间找到一个平衡点。如郑正秋 1925 年在明星公司特刊第 2 期《小朋友》中发表《中国影戏的取材问题》,认为:"照中国现在的时代,实在不宜太深,不宜太高,应当替大多数人打算,不能单为极少数的知识阶级打算的,艺术应当提高,这句话我们也以为不错,不过只可以一步一步慢慢地提高,否则离开现实社会太远。"这对中国电影而言是一种合乎实际的起点。

郑正秋的影戏观不偏激、不过火,在接纳西方与发展民族文化的同时,为中国电影开创了本土化的叙事传统。即便在他逝世后,这一传统仍得到了继承和发展。1947 年,师从郑正秋的第二代电影人蔡楚生创作了史诗作品《一江春水向东流》,这可以说是对第一代电影人的最好传承。影片采用中国章回小说的结构方式,又借鉴中国传统戏曲的叙事模式,同时把来自苏联电影的蒙太奇观念与好莱坞电影的叙事技巧结合进来,体现出中国早期电影人非常现代的艺术观念。

但是,我们应该看到,辛亥革命后的鸳鸯蝴蝶派小说与电影,依赖当时快速发展的传媒业而出现,①是有其特定的时代背景的。

学者孔范今认为:在过去的理解中,鸳蝴派小说一向是被视为低级趣味、"封建余孽"的,但是我们知道,现代化的一个重要标志就是现代都市的形成和发展,而鸳蝴派小说作为典型的市民文学,依托上海的市民空间,包括这些作家们的职业写作者的身份确认,借助现代传媒手段等,都是一种现代性的体现,是文学现代转型的一种独特需要和方式。②

从电影的发展来看,在 20 世纪 20 年代的中国,因为资本、技术、环境等,电影业并不成熟。在这个时候,鸳鸯蝴蝶派带着其独特的作风进入到电影中来,可以说是注入了一股活力。据程季华主编的《中国电影发展史》,20 世纪二三十年代,"中国各影片公司拍摄的共约六百五十部故事片,其中绝大多数都是由鸳鸯蝴蝶派文人参加制作的,影片的内容也多为鸳鸯蝴蝶派文学的翻版。这一批文人和已经堕落了的文明戏导

---

① 1906 年,上海出版的报刊达到 66 种之多,当时全国出版的报刊总数达到 239 种。这些报刊在发表政论新闻的同时,也发表诗歌和娱乐性质的文章,后来这些内容演变成了"副刊",副刊的发展导致文学刊物的出现和单独出版。其中,梁启超创办的《新小说》(1902),李嘉宝主编的《绣像小说》(1903),吴沃尧、周桂笙编辑的《月月小说》(1906),吴摩西编辑的《小说林》(1907)是当时四大文学刊物。

② 毛振华,宋娜. 孔范今:一位人文大家的文学史观[N]. 山东大学报,2008-01-16.

演、演员相结合，在相当长的时间内，盘踞了电影创作的编剧、导演、演员各个部门，占有极为优势的地位”①。

虽然受到许多口诛笔伐，但鸳鸯蝴蝶派的小说和电影所带来的娱乐依然受到大众的欢迎。早期的中国电影和鸳蝴蝴蝶派、文明戏结合在一起，可以说是中国的国情使然，“载道”与“娱乐”之争也可以说是中国早期电影不得不走的一步。

3.20 世纪三四十年代中国电影的“硬性”与“软性”之争

电影的“硬性”与“软性”之争可以看作“载道”与“娱乐”之争的延续。

李欧梵在《上海摩登》一书中引用了一本 20 世纪 30 年代的城市指南手册中的话：“电影本是外国的一种玩艺。自从流入中国以后，因电影非但是娱乐品，并且有艺术上的真义，辅助社会教育的利器，所以智识阶级中人首先欢迎……现在一般仕女，对电影都有相当认识了，所以‘看电影’算是一句摩登的口号。”②

在《上海摩登》这本书里，李欧梵似乎找到了中国现代主义文学的“根”，他从施蛰存、邵洵美、叶灵凤等人的所谓“颓废”作品发现了与西方的波德莱尔相衔接的现代性，并进而肯定了刘呐鸥、黄嘉谟等人所倡导的“现代电影”观念。

然而，在 20 世纪 30 年代，有一个值得注意的问题是，“现代电影”的概念是一个与“新兴电影”相对立的负面概念。1933 年 3 月，《现代电影》杂志创刊，以刘呐鸥、黄嘉谟为代表的“软性电影”论者将“新兴电影”与“现代电影”分别称为“硬性电影”与“软性电影”，指责“新兴电影”、左翼电影是“内容偏重主义”，形式感单薄欠缺，认为“现代电影”应该多研究形式，少发一些空洞的口号。“统观现代的国产片，在许多症状中，最大的毛病我看就是内容偏重主义……可是在技巧未完熟之前的内容过多症却是极其危险的。因为他是头重脚轻的畸形儿。”③

回溯历史让人唏嘘不已，因为历史的选择没有青睐那些现代派的文人们，“软性电影”论者也没有成为那个时代中国电影的主流，相反却成为时代的弃儿。被社会认可为代表电影正确方向的，并不是给眼睛“吃冰激凌”的“软性电影”，而是被称为“硬性电影”的左翼电影运动。

20 世纪三四十年代，一大批进步电影陆续出现，如《春蚕》《三个摩登女性》《渔光曲》《神女》《姊妹花》《大路》《桃李劫》《十字街头》《马路天使》等。其中，影片《风云儿女》的插曲《义勇军进行曲》更是传遍中华大地，久唱不衰，在中华人民共和国成立

① 程季华. 中国电影发展史(第一卷)[M]. 北京：中国电影出版社，1963：56.
② 王定九. 上海门径[M]//李欧梵. 上海摩登. 北京：北京大学出版社，2001：105.
③ 罗艺军. 1920—1989 中国电影理论文选(上册)[M]. 北京：文化艺术出版社，1992：259.

后被确定为国歌，成为时代的最强音。

1946 至 1949 年间，《一江春水向东流》（上、下两集）、《万家灯火》《乌鸦与麻雀》《松花江上》《夜店》《还乡日记》《遥远的爱》《幸福狂想曲》《小城之春》等优秀影片纷纷诞生。据相关统计，这期间电影《一江春水向东流》创下继影片《渔光曲》之后的最高卖座纪录：自 1947 年 10 月到 1948 年 1 月连续上映三个多月，观影达到712 894人次，盛况空前。

图 12－13　电影《一江春水向东流》海报（左）与剧照（右）

20 世纪 40 年代有一部黑白影片显得例外，它就是费穆导演的《小城之春》。《小城之春》在拍摄完成之初并没有引起多少人的注意，但在 20 世纪 80 年代被重新发现。影片所创造的长镜头、话外音和诗一般的东方意境，令人震惊。

图 12－14　电影《小城之春》剧照

《小城之春》曾被认为“反映了费穆作为一个小资产阶级艺术家的两重性及其软弱的性格，反映了他在解放战争的伟大时代中心情的苦闷、矛盾、灰暗和消沉”①。但是，作为《中国电影发展史》著者之一的李少白先生在原书出版 33 年之后，看法已有了很大的变化，他认为：“《小城之春》的历史价值在于：它对既有现代特征又有民族风格的中国电影，作了大胆超前的实验和成就卓著的求索，具有一种先行性的开启现代电影创作思维的历史意义。因此，正像巴赞评价奥逊·威尔斯的那样，费穆也‘有资格在为电影史庆功的凯旋门的显赫地位刻上他的名字’。”②应该说，这种重新评价是

① 程季华. 中国电影发展史（第二卷）［M］. 北京：中国电影出版社，1963：270-271.
② 李少白. 中国现代电影的前驱（上）——论费穆和《小城之春》的历史意义［J］. 电影艺术，1996（6）：78.

有其意义的。

4. 跨越“十七年”的谢晋及其政治伦理情节剧模式

新中国电影的“十七年”，既与政治紧密相连、经历艰难曲折，又在各种复杂环境下坚韧进取、获得瞩目成就。谢晋导演就是这一时期的代表人物，并且在改革开放新时期大放异彩。

从20世纪40年代末到90年代，谢晋的一系列情节伦理剧，主要通过对政治的反思与传统道德的重置，表达他与主流政治意识形态高度的同步性。

比如谢晋在“十七年”时期的代表作——《舞台姐妹》和《女篮五号》，新时期以《天云山传奇》为代表的“反思三部曲”，都是通过女性为家庭和爱情的献身，借忠守不渝、外柔内刚的女主角形象来寄托传统儒家的人文理想。

图12－15 电影《红色娘子军》海报

学者汪晖认为：“《红色娘子军》《舞台姐妹》通过琼花和春花的命运变迁提供了一个崭新的秩序的合理性和合法性的证明，在这个意义上，这两部影片是政治性的。在旧的‘权力—服从’关系中，琼花与春花的身份是童养媳，这一身份设计表明她们在这一权力关系中的位置是纯粹被动的，而她们与‘革命’的关系却是自主的、自觉的。但是，这种自愿的选择却需要诱导，并经过仪式化的过程，使人物的行为动机从利益的考虑（复仇、独立）转变为价值和信念的选择……革命，不仅仅意味着摧毁旧世界，还意味着建立新秩序，意味着素朴的感情必须被纳入一个信仰体系和意识形态之中，这个信仰体系和意识形态正是新秩序的合法性和合理性的牢固基础。”①

电影和时代是紧密相连的，时代所产生的文化思想，会一直引导着电影的内涵。20世纪80年代，诚如谢晋所说，是他“成熟”的年代，也是他人生最辉煌的年代。然而，成熟也意味着风格与模式的形成。从新中国成立初期的《红色娘子军》《舞台姐妹》，到“反思三部曲”——《天云山传奇》《牧马人》《芙蓉镇》，谢晋的电影总能站在时

① 汪晖. 政治与道德及其置换的秘密 谢晋电影分析[J]. 电影艺术，1990(2)：26.

代的巅峰之上。因此,对“谢晋模式”的研究也成为学界的热门话题。如《政治与道德及其置换的秘密——谢晋电影分析》《论谢晋的“政治、伦理情节剧”模式——兼论谢晋九十年代以来的电影》《从〈芙蓉镇〉看谢晋电影的“政治——伦理情节剧”模式》等文章,都认为谢晋电影和中国政治具有密切的关系,谢晋电影与主流意识形态保持了高同步性、具有相同主流意识形态机制的主流性、伦理价值取向上的正统性和审美趣味上的大众性。①

图 12－16　谢晋新时期电影剧照

同样,对谢晋模式的批评之声也不在少数。评论家朱大可认为,谢晋电影只不过是迎合了“一种标准的好莱坞式的审美眼光和习惯”,“谢晋模式被无法抹擦地烙上了俗电影的印记”,“问题还不在于谢晋模式的商业性质,一个更令人不安的情形是,谢晋所一味迎合的趣味,与所谓现代意识毫无干系,而仅仅是某种被人们称之为‘国民性’的传统文化心态,它们成了谢晋模式的种族基础,当这种心态无限膨胀并成为谢晋模式的坚硬内核时,某种经过改造了的电影儒学便悄然出世”。②

当谢晋模式被视为“中国文化变革进程中的一个严重的不谐和音、一次从‘五四’

① 严鸿. 论谢晋的“政治/伦理情节剧”模式——兼论谢晋九十年代以来的电影[J]. 电影艺术,1999(1):23-25.

② 朱大可. 谢晋电影模式的缺陷[N]. 文汇报,1986-07-18.

图 12－17 电影《黄土地》海报

精神的轰轰烈烈的大步后撤”①的时候，什么才是进步的现代电影呢？仲呈祥、饶曙光认为，陈凯歌执导的《黄土地》是这类电影的代表。“《黄土地》的创作，在时间维度上表现了创作主体文化意识的超前性。这部影片率先把摄影机悄悄地对准了以前鲜为人所注意的西北边陲上的贫瘠黄土，力图从文化哲学的宏观高度上对我们的民族性进行思考和探索。在这部影片中，历史、自然与人融为一体，纪实的客观再现与强烈的主观表现相结合，新的电影观念和影像风格确实给我们提供了一种感受世界和理解世界的新视点和新方式。”②

电影学者戴锦华认为：“第五代无疑是中国文化传统的承袭者。这是极深沉、极有使命感的一群人，而且颇多‘天降大任于斯人’的文化自觉。观第五代，与其说他们是一伙文化叛逆与艺术的不轨之徒，倒不如说他们是五四精神的正宗嫡系。”③

5. 学院派与“电影语言现代化”

张会军回忆说：“‘第五代’开始是对 20 世纪 80 年代初北京电影学院毕业学生的一个叫法。……时间一长，也就成了一种认同，主要是理论论述上的意识认同和理论认同。”“‘第五代’电影人出现之后，先命名了‘第五代’导演，然后逆向去说第四代、第三代……”④

按照从第五代倒着推的逻辑，第四代实际上是新中国大陆影坛学院派的第一代。如果把张暖忻、谢飞、郑洞天等跟以前的中国导演相比，则会发现他们身上体现了学院派明显的理论特色。可以说，在他们之前，中国电影史上从未出现过以理论探讨为先导的广泛的艺术实践活动。第四代电影是在张暖昕、李陀等人发起的关于《电影语言现代化》的理论论争引起巨大反响之后才引起国内外广泛关注的，如《沙鸥》《邻居》《小街》《城南旧事》《乡音》《红衣少女》《野山》等一批在电影语言和电影形式上进行探索的影片。

“第四代导演中的张暖忻、郑洞天和谢飞等都是北京电影学院的老师，而吴天明当时作为西安电影制片厂的厂长又对陈凯歌、张艺谋、黄建新等人的创作予以大力支

① 朱大可. 谢晋电影模式的缺陷[N]. 文汇报，1986-07-18.
② 仲呈祥，饶曙光. 文化反思中的新时期电影创作[J]. 当代电影，1987(1).
③ 戴锦华. 雾中风景：中国电影文化(1978—1998)[M]. 北京：北京大学出版社，2016：200-212.
④ 张会军. 北京电影学院 78 班回忆录[M]. 北京：中国社会科学出版社，2008：267.

持和积极扶持，所以第五代导演与第四代导演是一种师承和超越的关系。”①显然，在学界看来，新中国大陆影坛第五代与第四代是一脉相承的。

作为“文革”结束后第一批电影学院毕业生，他们在校期间接触到美国好莱坞三四十年代的经典电影、苏联五六十年代“解冻电影”以及意大利新现实主义电影、法国新浪潮电影等欧美现代电影，伯格曼、戈达尔、阿仑·雷乃、特吕弗、安东尼奥尼、费里尼等一批欧洲电影大师成为他们学习的榜样。他们还享受到当时中国高校最好的电影创作与实验条件，拍摄了大量实验短片，如《小院》《田野》《最后一个镜头》等。可以说，第五代电影是真正的探索电影，是在意大利新现实主义电影、法国新浪潮电影等现代电影思潮的影响，以及对“文革”进行社会反思的背景下出现的中国新电影。

在第五代之后，中国大陆影坛“第六代”的命名也被提了出来。虽然被欧洲“作者电影”的观念深深影响的第六代显得有点生不逢时，也经常游离在市场和主流意识形态之外，但他们和第五代一样，与他们的母校——北京电影学院存在明显的血肉联系。在第六代导演群体中，贾樟柯是一位明确坚守民间立场、标榜以独立影像书写个人记忆的电影导演。他说：“乌鸦解决乌鸦的问题，我解决我的问题。带着这样一种独立的、现代的精神，我们去看《北京杂种》，就能体会到张元的愤怒与躁动，我们也能理解《冬春的日子》中那些被王小帅疏离的现实感，而《巫山云雨》单调的平光表现着章明的灼痛。他们不再试图为一代人代言。其实谁也没有权利代表大多数人，你只有权利代表你自己，你也只能代表你自己。”②贾樟柯也是这么做的。他的一系列作品，均以20世纪70年代末期以来山西汾阳县城的历史变迁为素材，倾心观照各类小人物的日常生活及其生存境遇，在最具写实特征的叙事和影像中展现出世纪交替时期的中国历史一隅。

6. 中国式大片与新主流电影

2002年，电影《英雄》拉开了中国大片的序幕，并成为中国大陆电影类型化与产业化发展道路上的里程碑。在这一点上，张艺谋的类型选择、文化立场及其所开拓的大片市场，都有着深远的意义。

大片的出现就像一道分水岭，把中国电影分成了前工业时代和工业时代。在电影工业时代，第五代再次成为探索的先锋。从《英雄》发端，中国式大片一发而不可收。

---

① 周斌.从先锋探索到走向市场——论中国第五代电影导演的创作发展及贡献[J].艺术百家，2014(4)：123.

② 程青松，黄鸥.我的摄影机不撒谎：先锋电影人档案——生于1961—1970[M].北京：中国友谊出版公司，2002：367.

图 12－18　电影《英雄》海报

从创作角度来看，初创期的中国大片属于另一种形式的探索电影①。20 世纪 80 年代，第五代以先锋、探索的姿态出现于世人面前。而到了 21 世纪，电影工作者面临的是电影业的市场化转型。作为曾经的艺术片导演，他们所推崇的反传统、排斥叙事的风格，与市场乐于接受的商业电影并不一致。即便如此，《英雄》《无极》之类的作品的市场取向却是显而易见的。在商业电影的范畴里，早已功成名就的导演们再一次扮演了探索者的角色。

在大片的带领下，中国电影在商业和工业化潮流中逐渐摸索出一条具有中国特色的新道路。目前关于大片以及电影工业美学的讨论仍在进行中，而中国作为世界第二电影大国的地位已无可撼动。

（四）海外华语电影研究

华语文学与电影研究、重写文学史与重写电影史，是近十余年来海内外比较文学与电影研究的热点话题。其中，华语电影研究尤为引人瞩目。

李道新教授认为：“到目前为止，鲁晓鹏仍是海内外跨国电影研究与华语电影论述的主要代表之一，其在相关领域体现出来的理论水准、历史意识和学术造诣，足可作

① 第五代电影导演在改革开放的年代带着创新的激情走上影坛。他们对新的思想、新的艺术手法特别敏锐，力图在每一部影片中寻找新的角度。他们强烈渴望通过影片探索民族文化的历史和民族心理的结构。他们的作品主观性、象征性、寓意性特别强烈，在选材、叙事、人物刻画、镜头运用、画面处理等方面，都力求标新立异。当他们在 20 世纪 80 年代作为一个群体出现时，虽然人数不多，但给中国影坛带来了巨大的冲击。他们的电影在当时被称为“探索电影”。

为海外中国电影研究的经典文本和杰出范例。"①

需要指出的是,鲁晓鹏并非"华语电影"(Chinese - language film)这一术语的首创者,而是作为这一概念在英美学术界的主要阐释者而蜚声海内外的。这一概念"最先是由台湾和香港的学者在1990年代早期提出来的。……'华语电影'一语被用来指称所有出产于华语社会(Chinese - speaking society)的电影,来澄清从前使用的范畴"②。

电影属于大众文化,而大众文化与生俱来地对霸权心存反感。从文化研究的角度来看华语电影,它只能算是多元文化视野中的一种海外华人的视角,要将其与西方中心主义、美国中心主义、殖民主义区分开来。

华语电影作为一个还在不断完善的概念,引起争论也许是不可避免的。争论的核心在于华语电影这一概念有问题,还是华语电影本身就有问题。这是亟待厘清的。

针对鲁晓鹏提出的海外中国电影研究的四大范式——国族电影(Chinese national cinema)、跨国中国电影(transnational Chinese cinema)、华语电影(Chinese - language cinema)以及华语语系电影(Sinophone cinema),有学者认为:"'国族电影'指称的是中国大陆以'民族主义'为框架的电影研究。通过批判'国族电影',或比照欧洲宗主国与殖民地关系而生造出'华语语系电影'(Sinophone cinema),或转向'华语电影'(Chinese - language cinema)、'跨国中国电影'(transnational Chinese cinema)。无论何种范式,用后殖民主义理论来描述新中国少数民族影像历史已成基本路数,它构成了与既往的中国官方电影史学的尖锐冲突,也成为大陆电影史学界对主体性丧失的焦虑。"③

事实上,国内电影学界完全没有必要焦虑,中国电影要走向世界或是内地及港澳台地区的电影联合起来走向"大中华电影",无论如何都是一件可喜的事情。国内外学者立足于国际视野来研究这一问题,更应该是一件好事情。我们有必要引入新的视角、观点和方法,有必要寻找新的史料来完善主流电影史叙述,也有必要构建一个关于中国电影的学术共同体。

---

① 李道新.重建主体性与重写电影史——以鲁晓鹏的跨国电影研究与华语电影论述为中心的反思和批评[J].当代电影,2014(8):55.

② 鲁晓鹏,叶月瑜,唐宏峰.绘制华语电影的地图[J].艺术评论,2009(7):23.

③ 吕新雨.新中国少数民族影像书写:历史与政治——兼对"重写中国电影史"的回应[J].上海大学学报(社会科学版),2015(5).

推荐阅读

1. 戴锦华,王炎. 返归未来:银幕上的历史与社会[M]. 北京:生活 · 读书 · 新知三联书店,2019.

2. 普罗普. 故事形态学[M]. 贾放,译. 北京:中华书局,2006.

3. 博德里亚尔. 完美的罪行[M]. 王为民,译. 北京:商务印书馆,2000.

4. 麦克卢汉. 理解媒介——论人的延伸[M]. 何道宽,译. 北京:商务印书馆,2000.

5. 黑尔曼. 世界科幻电影史[M]. 陈钰鹏,译. 北京:中国电影出版社,1988.

6. 程季华. 中国电影发展史(第一、二卷)[M]. 北京:中国电影出版社,1963.

7. 李欧梵. 上海摩登:一种新都市文化在中国(1930—1945)[M]. 毛尖,译. 修订版. 北京:北京大学出版社,2010.

思考与讨论

1. 了解数字虚拟技术的发展。

2. 浅析后人类时代的影视叙事。

3. 中国电影史如何重写?

后 记

“传播与影视文化前沿”课程是中国农业大学传播学专业的研究生学位课。设立这门课程是为帮助学生了解和学习国内外有关新闻传播学、影视传播、文化研究等专业领域最新、最前沿的研究成果，希望学生能够掌握传播与影视文化相关研究的新视角、新方法，拓宽视野，并帮助他们结合个人学术兴趣和研究领域，顺利迈过传播与影视文化研究的门槛。

任何研究都不是一蹴而就的，需要打好基础，练好内功，并虚心向走在学术前沿的前辈们学习。其中，知识是一方面，更重要的是领会先行者们的探索精神，以及跨学科开展研究的勇气。也许我们对于前辈大师或同时代的佼佼者难以望其项背，目前更多的还只是跟着走，但我们不能失掉探索的勇气。作为学者或学生，我们没有理由因为学术之巅看起来是那么遥远而灰心失志，也不能因为学术道路的崎岖险峻而止步不前。路漫漫其修远兮，吾将上下而求索——这是古代先贤的告白，也是我们奋斗的不竭动力。

既然是前沿课，就不可能去泛泛地讲一些浅尝辄止的话题。最初，这门课打算邀请相关领域的顶级专家学者来授课，也曾先后邀请了王志敏（北京电影学院）、吴冠平（北京电影学院）、李道新（北京大学）、史可扬（北京师范大学）、史博公（中国传媒大学）、朱靖江（中央民族大学）、王灿发（中国传媒大学）、赵均（中国传媒大学）、惠东坡（北京联合大学）、曹三省（中国传媒大学）、邓绍根（中国人民大学）、鞠宏磊（中国政法大学）、王佳航（中国政法大学）、何春中（《中国青年报》社）、戴元初（山东大学）、邢戈（中国电视艺术委员会）、闫伟（中国电视艺术委员会）、毛湛文（中央民族大学）、刘新传（北京大学）等学者莅临中国农大授课。这些学者带来了他们的前沿研究成果，也启发我们的教学团队接续相关研究，并为一届届农大传媒学子授课。2020 年，在中国农业大学研究生院和人文与发展学院的支持下，本课程入选学校研究生教材建设项目,笔者也由此得以重新审视和编写这门课程的教材,并反思教学中的经验得失。教材由一批从事传播与影视文化研究的中青年学者担纲撰写,主要分工如下:

第一讲　导论:谈谈传播与影视研究(李焕征);

第二讲　华夏文化、历史与传播(李焕征);

第三讲　修辞传播学举要(惠东坡、李焕征);

第四讲　媒介融合的概念、特征、思路与实践(惠东坡);

第五讲　当代传播实践、理论想象与传播管理创新(王朋进);

第六讲　传播学的本土化实践与创新(李红艳);

第七讲　乡土农业知识的传承与创新发展(旷宗仁);

第八讲　健康传播与性别文化(曹昂);

第九讲　影视民俗学与民间文化传播(张志娟);

第十讲　纪录片历史与理论(陶涛);

第十一讲　西方电影理论的新发展与美欧电影文化(闫振惠);

第十二讲　新媒体时代影视文化的重构(李焕征、李聪)。

全书由李焕征负责统筹,并负责第一讲、第二讲、第三讲的一部分编写和第十二讲的编写;惠东坡教授负责第三讲的主体部分和第四讲的撰写;王朋进副教授负责第五讲的撰写,并作为副主编,通读了全书,做了大量工作;第六讲由李红艳教授负责撰写;第七讲由旷宗仁副教授根据自己的研究撰写;第八讲来自曹昂博士的一篇论文;第九讲得益于张志娟博士的倾力奉献;第十讲是中央戏剧学院教授、博士生导师陶涛的纪录片研究成果;第十一讲是闫振惠博士多年的研究积累。原定第十二讲由中国传媒大学曹三省教授撰写,但由于他工作实在太忙,不忍再打扰他,改由中央广播电视总台李聪和我合作完成。各位老师在繁忙的教学科研之余,积极支持这项工作,不计名利,不计报酬,令我感佩。其间我的研究生李宜霖负责联络,也做了大量工作。

书稿由众学者各自撰写,写作风格与手法各异,各章节之间也有不小差别。由于主编的水平有限,同时由于教材字数和统稿的限制,对各位学者的原稿有一些删改,缺点、错误在所难免,祈盼传播与影视界的专家及有识之士批评指正。还需要说明的是,本书并非专著,是一系列专题的汇集,许多问题在一讲的篇幅里难以讲深讲透,许多话题只是开了个头,希望以后有机会继续补充和修正本书。

另外,借此机会对中国传媒大学出版社总编辑赵均先生、责任编辑蒋倩女士的热诚帮助和辛勤工作表示感谢;也对中国农业大学研究生院以及人文与发展学院在项目立项以及经费方面给予的大力支持表示诚挚的谢意;向光临农大指导、授课的王志敏老师、史可扬老师、邓绍根老师、王灿发老师等表示谢意;对于帮助和支持这一教材出版的中国农业大学人文与发展学院的叶敬忠院长、龚利副院长、院办的刘伟同志，以及学校研究生院的王美玉同志，等等，在此一并表示感谢，恕我不再一一列举他们的名字了。

最后，希望本教材能更好地服务于中国农业大学传播学专业研究生的教学和研究，也为有兴趣探索传播与影视文化的朋友们提供一个借鉴和参考。

编者谨识

2022 年 4 月 25 日

图书在版编目(CIP)数据

传播与影视文化十二讲 / 李焕征主编. -- 北京 : 中国传媒大学出版社, 2023. 3（2024.11重印）
ISBN 978-7-5657-3369-7

Ⅰ. ①传… Ⅱ. ①李… Ⅲ. ①电视文化—文化传播—高等学校—教材 ②电影文化—文化传播—高等学校—教材 Ⅳ. ①G210

中国国家版本图书馆 CIP 数据核字(2023)第 007485 号

传播与影视文化十二讲

CHUANBO YU YINGSHI WENHUA SHIERJIANG

主　　编	李焕征
副 主 编	王朋进
策划编辑	蒋　倩
责任编辑	蒋　倩
封面设计	拓美设计
责任印制	李志鹏

出版发行	中国传媒大学出版社		
社　　址	北京市朝阳区定福庄东街 1 号	**邮　　编**	100024
电　　话	86-10-65450528　65450532	**传　　真**	65779405
网　　址	http://cucp. cuc. edu. cn		
经　　销	全国新华书店		

印　　刷	艺堂印刷(天津)有限公司
开　　本	787mm×1092mm　1/16
印　　张	14
字　　数	281 千字
版　　次	2023 年 3 月第 1 版
印　　次	2024 年11月第 2 次印刷

书　　号	ISBN 978-7-5657-3369-7/J · 3369	**定　　价**	56. 00 元

本社法律顾问: 北京嘉润律师事务所　郭建平